2024

Abitur

Original-Prüfungsaufgaben
mit Lösungen

Sachsen

Deutsch

STARK

29. neu bearbeitete und ergänzte Auflage
www.stark-verlag.de

Inhalt

Abiturprüfungsaufgaben Grundkurs 2021

Abiturprüfungsaufgaben Leistungskurs 2021

Abiturprüfungsaufgaben Grundkurs 2022

Abiturprüfungsaufgaben Leistungskurs 2022

Abiturprüfungsaufgaben Grundkurs und Leistungskurs 2023

Sobald die Original-Prüfungsaufgaben 2023 freigegeben sind, können Sie sie als PDF auf der Plattform MyStark herunterladen (Zugangscode vgl. Umschlaginnenseite des Buches).

Autorinnen und Autoren:

Übungsaufgaben:	Christian Heigel (Aufgabe 2), Barbara Zeller (Aufgabe 1)
Grundkurs:	Svenja Grünert (2022/1), Sylke Liehr (2020–2021/1–3, 2022/2 und 3)
Leistungskurs:	Ina Krenzke (2020/2, 2021/1, 2022/1), Peter Lippert (2019/2, 2022/3), Wolfgang Mohn (2019/3, 2020/1, 2021/3, 2022/2), Mareen Witte (2020/3, 2021/2)

Vorwort

Liebe Abiturientinnen und Abiturienten,

der vorliegende Band hilft Ihnen bei der gezielten und optimalen Vorbereitung auf die **schriftliche Abiturprüfung 2024** im Fach **Deutsch**.

Das einführende Kapitel „**Hinweise und Tipps**" …

- informiert Sie über die offiziellen Vorgaben und macht Sie mit den zur Wahl gestellten Aufgabenarten vertraut.
- liefert praktische Tipps, wie Sie bei der Bearbeitung der Aufgaben am besten vorgehen, und enthält eine Liste mit gängigen Operatoren.

Der anschließende Trainingsteil …

- bietet Ihnen **zwei Übungsaufgaben** im Stil der Prüfung – passend zu den thematischen Vorgaben für 2024.
- enthält eine Auswahl von **originalen Prüfungsaufgaben** aus den **Jahren 2019 bis 2023**, die Ihnen zeigen, was im Abitur auf Sie zukommt.
- gibt Ihnen konkrete **Hinweise und Tipps**, wie Sie die verschiedenen Aufgaben bewältigen können.
- führt Ihnen anhand von **ausformulierten Lösungen** unserer Autorinnen und Autoren vor Augen, wie ein mustergültiger Aufsatz geschrieben sein könnte.

Lernen Sie gerne am PC, Tablet oder Smartphone? Auf der **Plattform MyStark** haben Sie Zugriff auf:

- aktuelle **Original-Prüfungsaufgaben 2023** mit Lösungsvorschlägen
- ein **interaktives Grundlagentraining** zur Analyse von literarischen und pragmatischen Texten
- **Erklärvideos** zur Veranschaulichung der Textanalyse

Sollten nach Erscheinen dieses Bandes noch wichtige Änderungen in der Abiturprüfung 2024 vom Kultusministerium bekannt gegeben werden, finden Sie aktuelle Informationen dazu im Internet unter: *www.stark-verlag.de/mystark*

Wir wünschen Ihnen eine effektive Abiturvorbereitung und eine erfolgreiche Prüfung!

Die Autorinnen und Autoren sowie der Verlag

Hinweise zu den digitalen Zusätzen

Auf alle digitalen Zusätze können Sie online über die Plattform **MyStark** zugreifen. Ihren persönlichen Zugangscode finden Sie auf der Umschlaginnenseite.

PDF der Original-Prüfungsaufgaben 2023

Sobald die Original-Prüfungsaufgaben 2023 freigegeben sind, können Sie sie als PDF auf der Plattform MyStark herunterladen. Die entsprechende Datei finden Sie auf MyStark im Bereich „Dokumente".

Erklärvideos

Mehr Sicherheit im Umgang mit Texten: **Erklärvideos** veranschaulichen, auf welche Aspekte bei der Erschließung litererarischer und pragmatischer Texte zu achten ist.

Folgende Erklärvideos sind enthalten:

- Epische Texte analysieren
- Lyrische Texte analysieren
- Sachtexte analysieren

Interaktives Grundlagentraining

Das Online-Training **stärkt Ihre Kompetenzen** im Umgang mit verschiedenartigen Texten. Alle Aufgaben können direkt am PC oder Tablet bearbeitet werden. Sie erhalten dann sofort eine Rückmeldung zu Ihren Antworten.

Unter anderem werden diese Fertigkeiten durch kleinschrittige und abwechslungsreiche Aufgaben trainiert:

- Inhalt und Struktur von Texten herausarbeiten (Sachtexte, literarische Texte)
- sprachlich-stilistische Gestaltungsmittel bzw. die Leserlenkung untersuchen
- Figuren charakterisieren
- Motive und Themen analysieren
- Deutungsansätze entwickeln

Hinweise und Tipps zur schriftlichen Abiturprüfung

1 Grundlagen

1.1 Vorgaben für das Zentralabitur Deutsch 2024

Die schriftlichen Prüfungsaufgaben richten sich in Aufbau und Inhalt nach:

- den gültigen *Richtlinien und Lehrplänen Deutsch Sekundarstufe II* – Gymnasium für den Freistaat Sachsen.
  https://www.schulportal.sachsen.de/lplandb/index.php
- den ab 2017 für alle Bundesländer geltenden *Bildungsstandards im Fach Deutsch für die Allgemeine Hochschulreife*, im Internet zu finden unter:
  www.kmk.org/fileadmin/Dateien/veroeffentlichungen_beschluesse/2012/2012_10_18-Bildungsstandards-Deutsch-Abi.pdf,
- den jährlich aktualisierten *Hinweisen zur Vorbereitung auf die Abiturprüfung und die Ergänzungsprüfungen an allgemeinbildenden Gymnasien, Abendgymnasien und Kollegs im Freistaat Sachsen*:
  https://www.revosax.sachsen.de/vorschrift/19625#romII

1.2 Auswahl, Zeitrahmen und Hilfsmittel

In der Abiturprüfung im Fach Deutsch werden Ihnen im Grundkurs und im Leistungskurs jeweils vier unterschiedliche Aufgaben vorgelegt, von denen Sie eine auswählen müssen. Zur Bearbeitung (einschließlich Auswahl) stehen Ihnen im Grundkurs vier Stunden (240 Minuten) und im Leistungskurs fünf Stunden (300 Minuten) zur Verfügung. Zusätzlich werden Ihnen 15 Minuten Einlesezeit gewährt. Als Hilfsmittel ist ein Wörterbuch der deutschen Rechtschreibung zugelassen.

2 Prüfungsstoff

Das sächsische Kultusministerium hat eine Liste mit literarischen Werken festgelegt, die als potenzieller Prüfungsstoff gelten und deren Kenntnis vorausgesetzt wird. Mit diesen sollten Sie sich daher bei der Abiturvorbereitung intensiv auseinandersetzen. Im Jahr 2024 können folgende Ganzschriften oder Teile des literarischen Werks Gegenstand der Prüfung sein:

Im **Grundkurs:**

- Christoph Hein: *In seiner frühen Kindheit ein Garten*
- E. T. A. Hoffmann: *Der Sandmann*
- Juli Zeh: *Corpus Delicti*
- Euripides: *Medea*
- Friedrich Dürrenmatt: *Der Besuch der alten Dame*

Im **Leistungskurs:**

- Christoph Hein: *Landnahme*
- Friedrich Schiller: *Maria Stuart*
- Georg Büchner: *Woyzeck*
- Juli Zeh: *Corpus Delicti*
- Franz Kafka: *In der Strafkolonie*
- Euripides: *Medea*
- Christa Wolf: *Medea. Stimmen*

Die Aufgabenarten Analyse pragmatischer Texte, Erörterung pragmatischer Texte sowie Materialgestütztes Verfassen argumentierender und informierender Texte beziehen sich auf eines dieser **drei Themenfelder:**

- **Literatur/Lesen** (Leseprozesse, Funktion von Literatur, persönliche Leseerfahrung)
- **Sprache** (aktuelle Entwicklungen der deutschen Sprache: Sprachnormen, Sprachwandel, Sprachvarietäten)
- **Medien** (Medienbegriff, Medienwandel, Medienkritik, mediales Handeln)

3 Aufgabenarten

Gemäß den *Bildungsstandards* sind die Abituraufgaben entweder textbezogen oder materialgestützt, sodass es Aufgaben ohne Text- oder Materialgrundlage nicht geben wird. Die nachfolgende Übersicht illustriert die möglichen Schreibformate:

	Textbezogenes Schreiben				**Materialgestütztes Schreiben**	
Aufgabenart	Interpretation literarischer Texte	Analyse pragmatischer Texte	Erörterung literarischer Texte	Erörterung pragmatischer Texte	Materialgestütztes Verfassen informierender Texte	Materialgestütztes Verfassen argumentierender Texte

Aus: Bildungsstandards im Fach Deutsch für die Allgemeine Hochschulreife, KMK-Beschluss vom 18. 10. 2012, S. 24.

3.1 Interpretation literarischer Texte

Die häufigste Aufgabenart ist die Textinterpretation. Zugrunde liegen kann ein Ausschnitt aus einem bekannten **epischen**, **lyrischen** oder **dramatischen Werk** oder ein unbekannter Text, der meistens zusammenzufassen, zu erschließen und zu interpretieren sowie mit Bekanntem zu vergleichen ist. Es geht darum, den Text zu verstehen und dieses Verständnis sprachlich zum Ausdruck zu bringen. Es ist ratsam, ihn zu-

nächst mehrfach zu lesen, Auffälliges zu markieren, Beobachtungen zu notieren, Fragen an ihn zu stellen und sich zu überlegen, was charakteristisch und wesentlich daran ist. Sie sollen Ihre **Deutung** aus solchen Beobachtungen heraus entwickeln und **mit Zitaten belegen**.
Eine beliebte Variante stellt der **Textvergleich** dar, bei dem Werke unterschiedlicher Gattungen, Autoren, Epochen oder Form unter einem bestimmten Gesichtspunkt in Beziehung zueinander gesetzt werden. Häufig handelt es sich dabei um Ähnlichkeitsbeziehungen, um Kontraste von Themen und Motiven oder um unterschiedliche Verarbeitungen desselben Stoffes.

3.2 Analyse pragmatischer Texte

Die Textanalyse bezieht sich auf pragmatische Texte, also Sachtexte, die in ihrer Aussage und Struktur, ihrer Argumentation und Intention zu erschließen sowie in ihren Thesen oder spezifischen Positionen zu erläutern sind. **Eine reine Textanalyse wurde in Sachsen in den letzten Jahren nicht mehr gefordert.** Die für das Abitur ausgewählten Sachtexte setzen sich mit Themen des Deutschunterrichts, mit kultur- und gesellschaftspolitischen Fragen sowie Standortbestimmungen auseinander und sind in der Regel Ausgangspunkt für erörternde Darstellungsformen. Üblicherweise handelt es sich um journalistische Texte, Berichte, Kommentare, Kritiken, Reden oder Essays. Im Unterschied zu literarischen Texten sind sie nicht fiktional: Nicht ein lyrisches Ich oder ein erdachter Erzähler, sondern reale Persönlichkeiten ergreifen um einer spezifischen Botschaft (Intention, Wirkungsabsicht) willen das Wort. Sie wollen appellieren und überzeugen, manchmal aber auch provozieren. Dementsprechend sollte auch der Adressat des Textes herausgearbeitet werden. Die **Analyse des Textes** ist die **Grundlage erörternder oder gestaltender Schreibaufgaben**. Weil sie bei diesem Aufgabentyp als integraler Bestandteil vorausgesetzt wird, kann es sein, dass die Aufgabenstellung darauf nicht explizit Bezug nimmt.

3.3 Erörterung literarischer Texte

Die literarische Erörterung setzt Kompetenzen des Interpretierens von literarischen Texten voraus. Das Verständnis der literarischen Vorlage bzw. der im Hintergrund zu einem Textzitat stehende Volltext ist Grundlage für die im Zentrum stehende Erörterung. Bei dieser Aufgabenart müssen Sie also sowohl über literarische (Werk-)Kenntnisse verfügen, als auch folgerichtig argumentieren und Gesichtspunkte gegeneinander abwägen können, um daraus ein eigenes Fazit zu gewinnen.

3.4 Erörterung pragmatischer Texte

Diese Aufgabenart beinhaltet auf der Grundlage des untersuchenden Erschließens von pragmatischen Texten die Auseinandersetzung mit deren Problemgehalten. Die darin enthaltenen Auffassungen, Meinungen und Urteile beziehen sich in der Regel auf Inhalte des Deutschunterrichts. Somit können beispielsweise Rezensionen zu Pflichtlektüren oder Reflexionen über sprachliche Phänomene zum Gegenstand des Erörterns werden. Schwerpunkt der Bewertung sind aber weniger die dargelegten Kenntnisse zum behandelten Sachverhalt als vielmehr deren argumentative Entfaltung.

Hinweis: Die Praxis der letzten Jahre zeigt eine Tendenz zur Kombination der Aufgabenarten 3.3 und 3.4. So ist es z. B. möglich, dass zentrale Aussagen eines Sachtextes thematisch unter Bezug auf ein oder mehrere Werke der Lektüreliste kritisch zu prüfen sind.

3.5 Materialgestütztes Verfassen argumentierender und informierender Texte

Bei diesem Aufgabentyp wird Ihnen ein **Materialdossier** zu einem bestimmten Thema vorgelegt, das Ihnen als Grundlage für die eigene Textproduktion dienen soll. In der Regel wird dieses Dossier nicht nur zusammenhängende Texte, sondern auch sogenannte **diskontinuierliche Texte**, also Bilder, Grafiken etc. enthalten. Die vorgelegten Materialien müssen zunächst kritisch ausgewertet und um eigene Kenntnisse erweitert werden. Es geht dabei nicht darum, die Materialien detailliert zu analysieren, sondern darum, diese mit Blick auf die Aufgabenstellung inhaltlich zu sichten und über die Verwendung einzelner Informationen oder Argumente zu entscheiden. Sie sollen entweder einen argumentierenden oder einen informierenden Text schreiben. Bei einem **argumentierenden Text** gilt es, klar Stellung zur entsprechenden Problematik zu beziehen und den von der Aufgabe benannten **kommunikativen Kontext** zu berücksichtigen. Je nachdem, ob also z. B. ein Kommentar, ein Leserbrief für eine Tageszeitung oder aber ein Artikel für eine Schülerzeitung geschrieben werden soll, müssen Sie dem spezifischen Adressatenkreis gerecht werden und ein passendes sprachliches Register verwenden. Erwartungen und Interessen der potenziellen Leser sollten beachtet werden. Auch beim Verfassen eines **informierenden Textes** müssen Sie angemessen auf die kommunikativen Rahmenbedingungen reagieren. Hier ist in der Regel ein sachlich-darstellender und zum Teil erklärender Ton zur Informationsvermittlung gefordert, etwa wenn Sie den Eröffnungsvortrag zu einer Schulausstellung oder einen Zeitungsbericht schreiben sollen.

4 Tipps zur Arbeit mit Texten

Jede gelungene Prüfungsarbeit entsteht aus einem Zusammenspiel von genauem Eingehen auf die Aufgabenstellung und individuellem Zugang, also der Fähigkeit, den Text „zum Sprechen" zu bringen. Für die Prüfungssituation sollten Sie über ein **Repertoire an Fragen und Methoden** verfügen, mit denen Sie an Texte herangehen.

Interpretation einer dramatischen Szene

- Welchen Platz hat die Szene im Handlungszusammenhang? Welche Funktion kommt ihr zu? (Was wäre, wenn man sie streichen würde?)
- Wie sieht die Kommunikationssituation aus? Wie sind die Redeanteile bemessen?

- Welche Spannung liegt in der Szene? Wie spitzt sich die Auseinandersetzung zu?
- Gibt es einen Höhe- und Wendepunkt? Wo liegt er?
- Welche Rolle spielen Schauplätze, Requisiten oder Gesten?
- Was tragen die Regieanweisungen zum Verständnis bei?
- Was bleibt hinter dem gesprochenen Wort unausgesprochen, ist mitzudenken und lässt uns ahnen, wie es in der Figur wirklich aussieht bzw. was sie vielleicht plant?

Gedichtinterpretation

- Aus welcher Perspektive wird im Gedicht gesprochen?
- Wie begegnen wir dem lyrischen Subjekt, das implizit oder explizit sich und seine Sicht der Welt zum Ausdruck bringt? Wie spricht es? Welche Sprache wählt es?
- Welche gedankliche Gliederung lässt sich im Verlauf des Gedichts, in seinen einzelnen Strophen bzw. Sinneinheiten erkennen?
- Welche Versgruppen gehören zusammen?
- Können wir die lyrische Situation fließend als einen Erlebniszusammenhang mit einer spürbaren Atmosphäre wahrnehmen? Oder ist es ein spröder, intellektuell gedachter und gebauter Text, durchsetzt von Konjunktionen und Antithesen?
- Wie ist ein Motiv durchgeführt und inwieweit wandelt es sich?
- Wie unterstützt die formale Gestaltung die inhaltliche Aussage?
- Takt und Metrum sind wichtige Elemente der Klang- und Rhythmusgestaltung. Machen Sie sich bewusst, welche Wirkung sie auf den Text und die Gedichtaussage haben, welche Stimmung sie vermitteln oder verstärken.

Sie sollten hinhören und überlegen, wie das Gedicht wirkt, und untersuchen, wodurch diese Wirkung zustande kommt. In der ersten halben Stunde einer Gedichtinterpretation sollten Sie den Text auf sich wirken lassen, Fragen sammeln und noch nicht losschreiben. Übrigens: Wie das eine oder andere letztlich zu verstehen ist, kann nicht immer eindeutig entschieden werden: Gedichte haben einen offenen Deutungsraum. Die Interpretation muss daher nach Plausibilität streben, indem sie sich nahe am Gedicht bewegt und die Deutungsvorschläge durch konkrete Textbelege stützt.

Interpretation von epischen Texten

- Bei erzählender Literatur sollten Sie sich davor hüten, sich in der Fülle des Stoffes zu verlieren und zu viel Inhaltliches zu rekonstruieren.
- Sie müssen meistens den Romanausschnitt erst einmal im Romanganzen (im Kontext) verankern (situieren) und die Handlung knapp zusammenfassen, bevor Sie zur Textuntersuchung übergehen. Die Konzentration auf Wesentliches, die Fokussierung auf den vorliegenden Erzählstrang oder Aspekt und die Strukturierung der eigenen Darstellung sind hierbei entscheidend.
- Wichtig für das Verständnis ist es sehr oft, die Erzählperspektive und Haltung des Erzählers zu erkennen und zu deuten. Weiß er nicht mehr, als die einzelne Person

wissen kann, erzählt er gleichsam aus ihr heraus personal? Oder überschaut er eine Welt? Oder verschwindet er ganz hinter einem erzählenden Ich? Hegt der Erzähler Sympathie für seine Helden oder bleibt er ironisch distanziert?

- Wird linear-chronologisch erzählt oder gebrochen in Zeitsplittern, Facetten, Vorwegnahmen und Rückblicken?
- Entsteht ein realistisches Abbild der Wirklichkeit oder erscheint sie ins Artifizielle, Groteske, Absurde verfremdet?
- Welches Bild von der erzählten Zeit wird entworfen, mit welchen Fragen setzt sich der Autor in seinem Text auseinander?

Analyse von Sachtexten

- Bei Sachtexten ist es wichtig, Textsorte, Adressatenbezug und Kommunikationszusammenhang zu klären, denn oft reagieren Autoren auf ganz bestimmte Situationen, greifen mit ihrem Beitrag in eine öffentliche Debatte ein oder lösen eine solche aus. Bei der Wahl dieser Themen sollten Sie also über Hintergrundinformationen verfügen.
- Entscheidend ist es, das zentrale Problem zu erfassen, die Intention des Autors aus der Fülle der Aussagen herauszuarbeiten und die wichtigsten Argumente zu finden, die die vorgetragene Intention stützen.
- Bei Reden ist zu fragen, ob überzeugend argumentiert oder ob eher überredet, manipuliert, verschleiert und mit Emotionalität und Suggestion Stimmung erzeugt wird. Aufschlussreich bei der Untersuchung von Reden ist es, nach Merkmalen zu suchen, die vielleicht eine Wir-Gruppe von einer Feind-Gruppe abgrenzen.
- Der Übergang zu literarischen Texten ist dann fließend, wenn der Autor Dichter ist und in der Form des Essays schreibt.
- Bei Glossen und Polemiken kommt es sehr darauf an, Mittel der Ironie, der ironischen Übertreibung und Zuspitzung nicht zu überlesen.

Erörtern

- Um Thesen oder ein Problem kritisch abwägen zu können und zu einer begründeten Stellungnahme zu gelangen, müssen Sie die strittigen Aussagen zunächst genau erfassen.
- Da Sie den Leser von Ihrer eigenen Meinung überzeugen wollen, müssen Sie Ihre Behauptungen stets begründen und mit Beispielen untermauern.
- Achten Sie auf einen strukturierten Textaufbau und einen präzisen Sprachgebrauch. Der Leser sollte klar einem roten Faden folgen können.
- Es sollte deutlich erkennbar sein, welche Aussagen der Textvorlage entnommen sind (z. B. durch den Konjunktiv der indirekten Rede) und welche Ihre eigene Position widerspiegeln. Es bietet sich an, wichtige Textstellen oder Formulierungen wörtlich zu zitieren und Verweise auf längere Passagen mit entsprechendem Stellenausweis (Zeilenangabe) zu paraphrasieren.

- Am Ende Ihrer Erörterung sollten Sie zu einem Ergebnis kommen. Klare Zustimmung oder Ablehnung ist hierbei ebenso möglich wie ein vermittelndes Fazit.

Materialgestütztes Schreiben

Beim materialgestützten Schreiben wird in der Aufgabenstellung in der Regel ein Adressat genannt, an den sich der Text richten soll. Der informierende wie auch der argumentierende Text muss sich deshalb erkennbar am (potenziellen) Leser orientieren. Darüber hinaus achten Sie auf folgende Aspekte:

- Haben Sie alle Materialien ausgewertet? (Das heißt nicht, dass Sie alle zitieren müssen!)
- Sind die Informationen und Erkenntnisse der Materialien passend in Ihre Argumentationskette bzw. in die sachlogische Gliederung eines informierenden Textes eingefügt?
- Wird richtig zitiert? (Achten Sie auf die Angaben in der Aufgabe. Nicht immer muss wissenschaftlich korrekt zitiert werden!)
- Ist ein in sich geschlossener Text entstanden, der eine klare und eindeutige Aussage transportiert oder der einen nachvollziehbaren und überzeugenden Standpunkt vertritt?
- Sind alle Bedingungen erfüllt, die sich aus der Aufgabenstellung ergeben?

Einen guten Eindruck macht es immer, wenn Sie korrekt **zitieren** können. Sie sollten nicht zu umfangreich zitieren oder dem Leser das Zitat kommentarlos präsentieren. Zitate, oft nur Satzfragmente oder ein besonderes Wort, werden gewählt, weil sie aufschlussreich und vielsagend sind: Man muss also damit arbeiten, sie erläutern und kommentieren. Überhaupt ist es das A und O jeder Textarbeit, das Vorgefundene in die eigene Sprache zu überführen. Wer nur wiederholt, was der Autor sagt, bleibt erkenntnisblind. Die Anstrengung dagegen, Fremdes selbstständig in eigenen Worten wiederzugeben, wirft unwillkürlich Fragen auf und bedeutet damit den ersten Schritt zum Verständnis eines Textes.

Sehr ratsam ist es, über zentrale **Fachbegriffe** so zu verfügen, dass Sie über Erzähltes und Dargestelltes präzise Aussagen treffen können. Sie sollten etwa schreiben können: „Die Peripetie erkenne ich in dem Moment, in dem …“ Oder: „Hier wird der Beziehungsaspekt wichtiger als der Inhalt.“ Oder: „In diesen Ellipsen drückt sich aus, wie …“ – Wortarten, Satzteile und Nebensatztypen sollten ebenso korrekt bezeichnet werden können wie rhetorische Figuren, aus denen die Wirkung der gestalteten Sprache erst erwächst bzw. entsteht.
(Eine wertvolle Hilfe bei der Prüfungsvorbereitung stellt folgender Band dar: Werner Winkler, *Prüfungswissen Oberstufe,* Stark Verlag, Titel-Nummer 94406. Dort findet sich auch eine gute Übersicht über rhetorische Figuren auf den Seiten 23–26.)

5.1 Anforderungsbereiche (AFB)

In den *Bildungsstandards* werden **drei Anforderungsbereiche** definiert, die sich in den verschiedenen Aufgaben wiederfinden. Die einzelnen Bereiche bauen aufeinander auf und verlangen von Ihnen einen zunehmenden Grad an Abstraktionsfähigkeit und Problemlösungsvermögen. In jedem Bereich gilt es, eine Verstehensleistung, eine Argumentationsleistung und eine Darstellungsleistung zu erbringen.

- **Anforderungsbereich I** betrifft die **Reproduktion:** die Wiedergabe von gelernten Sachverhalten sowie die wiederholende Zusammenfassung, die oft in Einleitungen zum Tragen kommen kann. Der im Unterricht erarbeitete Hintergrund an Lektüre- und Faktenwissen, fachspezifische Arbeitstechniken, Methoden der Texterschließung sowie Darstellungstechniken sollen eingebracht werden.
- **Anforderungsbereich II** zielt auf die **Anwendung** erworbener Arbeitsweisen, auf Reorganisation von Bekanntem und Transferleistungen. Das sind solche Anforderungen, die ein selbstständiges Auswählen, Ordnen, Erläutern, Interpretieren oder Vergleichen verlangen. Erwartet wird von Ihnen eine eigenständige, argumentativ begründete Interpretation bzw. Erörterung, die zeigt, dass Sie in der Lage sind, Gelerntes auch auf unbekannte Zusammenhänge anzuwenden. Auf dem AFB II liegt in der Abiturprüfung das Hauptgewicht, die entsprechenden Kompetenzen werden auch entsprechend stark bewertet.
- **Anforderungsbereich III** betrifft die gedankliche Selbstständigkeit der Leistung: Hier müssen Sachverhalte und Zusammenhänge eigenständig ausgewertet, durchdacht und begründet beurteilt oder gestaltet werden. Sie sollen zu einer differenzierten und kritischen Wertung von Texten und Sachverhalten gelangen und Ihre Fähigkeit zu **Reflexion und Problemlösung** beweisen. Häufig gebraucht werden diese Anforderungen beim Resümieren und Bewerten von Arbeitsergebnissen.

Nicht alle Aufgabenstellungen sind dreiteilig aufgebaut; oft wird nur eine umfassende Arbeitsanweisung wie „erörtern", „interpretieren" oder „analysieren" eingesetzt, die Leistungen in allen drei Anforderungsbereichen erfordert. Wird die Aufgabe nicht weiter differenziert, entfällt damit zwar eine erste Strukturierungshilfe, zugleich haben Sie aber auch mehr Freiraum beim Gliedern Ihres Aufsatzes.

5.2 Operatoren

Operatoren sind **Arbeitsanweisungen**. Sie machen deutlich, welche Art von Aufgabenstellung gemeint ist, lassen sich den einzelnen Anforderungsbereichen zuordnen und geben einen Hinweis auf das Niveau der entsprechenden Aufgabe. Durch ihre konkreten Vorgaben dienen Operatoren sowohl dazu, Arbeitsaufträge eindeutig zu formulieren und voneinander abzugrenzen, als auch einheitliche Bewertungs- und Korrekturmaßstäbe zu setzen.

Die folgende, alphabethisch geordnete Operatorenliste wurde durch das Berliner Institut IQB (Institut zur Qualitätsentwicklung im Bildungswesen) entwickelt. Den einzelnen Operatoren werden dabei jeweils in Klammern die möglichen Anforderungsbereiche zugewiesen. Natürlich sind noch andere Operatoren denkbar, vor allem dann, wenn sie auch umgangssprachlich eindeutig verstanden werden. Außerdem können die angeführten Arbeitsanweisungen durch Zusätze, wie z. B. „im Hinblick auf …“, konkretisiert werden.

Operator	Definition	Beispiel
analysieren (I, II, III)	einen Text als Ganzes oder aspektorientiert unter Wahrung des funktionalen Zusammenhangs von Inhalt, Form und Sprache erschließen und das Ergebnis der Erschließung darlegen	*Analysieren Sie den vorliegenden Essay.* *Analysieren Sie den Text im Hinblick auf die Wirkung der sprachlichen Mittel.*
beschreiben (I, II)	Sachverhalte, Situationen, Vorgänge, Merkmale von Personen bzw. Figuren sachlich darlegen	*Beschreiben Sie die äußere Situation des Protagonisten.*
beurteilen (II, III)	einen Sachverhalt, eine Aussage, eine Figur auf Basis von Kriterien bzw. begründeten Wertmaßstäben einschätzen	*Beurteilen Sie auf der Grundlage der vorliegenden Texte die Entwicklungstendenzen der deutschen Gegenwartssprache.*
charakterisieren (II, III)	die jeweilige Eigenart von Figuren/ Sachverhalten herausarbeiten	*Charakterisieren Sie den Protagonisten im vorliegenden Textauszug.*
darstellen (I, II)	Inhalte, Probleme, Sachverhalte und deren Zusammenhänge aufzeigen	*Stellen Sie die wesentlichen Elemente des vorliegenden Kommunikationsmodells dar.*
einordnen (I, II)	eine Aussage, einen Text, einen Sachverhalt unter Verwendung von Kontextwissen begründet in einen vorgegebenen Zusammenhang stellen	*Ordnen Sie den folgenden Szenenausschnitt in den Handlungsverlauf des Dramas ein.*
erläutern (II, III)	Materialien, Sachverhalte, Zusammenhänge, Thesen in einen Begründungszusammenhang stellen und mit zusätzlichen Informationen und Beispielen veranschaulichen	*Erläutern Sie anhand der Textvorlage die wesentlichen Elemente der aristotelischen Dramentheorie.*
erörtern (I, II, III)	auf der Grundlage einer Materialanalyse oder -auswertung eine These oder Problemstellung unter Abwägung von Argumenten hinterfragen und zu einem Urteil gelangen	*Erörtern Sie die Position der Autorin.*
in Beziehung setzen (II, III)	Zusammenhänge unter vorgegebenen oder selbst gewählten Gesichtspunkten begründet herstellen	*Setzen Sie die Position des Autors in Beziehung zum Frauenbild des vorliegenden Textauszugs.*

interpretieren (I, II, III)	auf der Grundlage einer Analyse im Ganzen oder aspektorientiert Sinnzusammenhänge erschließen und unter Einbeziehung der Wechselwirkung zwischen Inhalt, Form und Sprache zu einer schlüssigen (Gesamt-)Deutung gelangen	*Interpretieren Sie das vorliegende Gedicht.* *Interpretieren Sie das Gedicht unter besonderer Berücksichtigung der Identitätsproblematik.*
sich auseinandersetzen mit (II, III)	eine Aussage, eine Problemstellung argumentativ und urteilend abwägen	*Setzen Sie sich mit der Auffassung des Autors auseinander.*
überprüfen (II, III)	Aussagen/Behauptungen kritisch hinterfragen und ihre Gültigkeit kriterienorientiert und begründet einschätzen	*Überprüfen Sie, inwieweit die These zutrifft, die Kunstauffassung der Autorin spiegle sich im vorliegenden Text wider.*
verfassen (I, II, III)	auf der Grundlage einer Auswertung von Materialien wesentliche Aspekte eines Sachverhaltes in informierender oder argumentierender Form adressatenbezogen und zielorientiert darlegen	*Verfassen Sie auf der Grundlage der Materialien einen Kommentar für eine Tageszeitung.*
vergleichen (II, III)	nach vorgegebenen oder selbst gewählten Gesichtspunkten Gemeinsamkeiten, Ähnlichkeiten und Unterschiede herausarbeiten und gegeneinander abwägen	*Vergleichen Sie die Naturschilderungen in den beiden Gedichten.*
zusammenfassen (I, II)	Inhalte oder Aussagen komprimiert wiedergeben	*Fassen Sie die Handlung der vorliegenden Szene zusammen.*

Aus: IQB, Grundstock von Operatoren (https://www.iqb.hu-berlin.de/abitur/dokumente/deutsch/)

6 Tipps

6.1 Praktische Tipps

Die **Wahl der Aufgabe** sollte sorgfältig getroffen werden, denn von der „richtigen" Aufgabe hängt ganz wesentlich der Erfolg der Arbeit ab. Deshalb sollten Sie nicht nur die Textvorlage, sondern auch die Aufgabenstellung genau lesen und sich selbst folgende Fragen beantworten:

- Was genau wird verlangt: Reproduktion, Erarbeitung, Beurteilung, Stellungnahme, Vergleich, Eigengestaltung?
- Welches ist die Schwerpunktaufgabe? Liegt sie mir?
- Welche Aufgabe fordert mich heraus? Wo kann ich meine Stärken einbringen?
- Ausschlaggebend sollte nicht die vermeintliche Leichtigkeit einer Aufgabe sein, sondern die Möglichkeit, sie auf ergiebige Weise zu lösen. Auch die Gelegenheit, Kenntnisse aus dem Unterricht einzubringen, ist ein Aspekt bei der Entscheidung.

Grundsätzlich werden Leistungen in zwei Kompetenzbereichen gefordert: bei der **Reproduktion** und bei der **Erarbeitung**.

- Zum ersten Typus gehört alles, was Sie „im Kopf“ haben sollten, wenn Sie den Prüfungsraum betreten: Wissen um Gattungen, Epochen, Autoren, Stoffe, Werke – das Hintergrundwissen, das für jede Bearbeitung und Einordnung nötig ist. Sie sollten es parat haben und nur noch entscheiden, was davon im jeweiligen Zusammenhang relevant ist.
- Beim Erarbeitungsteil liegt das Wissen noch nicht bereit, es ist mithilfe geeigneter Methoden erst noch zu erschließen. Das ist natürlich arbeits- und zeitaufwendiger als das Reproduzieren. Erarbeitungsaufgaben sind daher immer Schwerpunktaufgaben.

Ist die Entscheidung gefallen, sollten Sie möglichst nicht mehr wechseln, denn das wäre verschenkte Zeit. Eine grobe **Zeitplanung** ist immer hilfreich. Die 240 Minuten Bearbeitungszeit des Grundkurses (LK: 300 Minuten) entsprechen einem knapp fünfstündigen Unterrichtsvormittag (LK: sechsstündig). Es liegt also nahe, eine Grobplanung im 45-Minuten-Takt vorzunehmen. Bei Analyseaufgaben könnten Sie zum Beispiel zwei Unterrichtsstunden für die Konzeptphase ansetzen – Textmarkierungen, Skizzen, Aufsatzgliederung, Disposition, Ausformulierung von Kern- und Gelenkstellen –, etwa eine Stunde für die Reinschrift (LK: zwei Stunden) und eine Stunde für die Durchsicht und Feinkorrektur. Damit wären etwa vier (LK: fünf) Stunden verplant, sodass abzüglich der Pausen noch ein Puffer von einer knappen Stunde bleibt. Pausen sollten Sie erst nach Beendigung eines Arbeitsganges einlegen, im Idealfall erst vor der Reinschrift.

6.2 Hinweise zu den Bewertungskriterien

Das sächsische Kultusministerium betont, dass die Note nicht durch Addition von auf die Anforderungsbereiche bezogenen Teilnoten errechnet wird, sondern eine Gesamtwürdigung der erbrachten Leistung darstellt.

Bei der Bepunktung werden folgende Bewertungskategorien berücksichtigt:

- Verstehensleistung,
- Darstellungsleistung.

Besonderes Gewicht wird in der Bewertung darauf gelegt, dass

- die Darstellungen sachlich richtig sind,
- die Aussagen folgerichtig und begründet sind,
- die Darstellung und das Verständnis der Thematik den prinzipiellen Ansprüchen eines Grund- bzw. Leistungskurses entsprechen,
- die Arbeit einen bestimmten Grad an Selbstständigkeit, z. B. in der Entwicklung von Gedankengängen, aufweist,
- der Aufsatz über einen klaren Aufbau und eine klare Sprache verfügt,
- eine grundlegende Sicherheit im Umgang mit der Fachsprache und den entsprechenden Methoden aufzeigt wird und
- der Text sprachlich richtig und in der äußeren Form angemessen ist.

Hinweise und Tipps zur mündlichen Abiturprüfung

1 Allgemeines

Eine mündliche Abiturprüfung gibt es in jedem Fall im vierten und fünften Abiturfach. Daneben sind weitere mündliche Prüfungen im ersten bis dritten Abiturfach möglich, wenn die Leistung in den Abiturklausuren mit null Punkten bewertet worden ist oder ein Prüfling sich für eine freiwillige mündliche Prüfung meldet, z. B. um seinen Abiturdurchschnitt zu verbessern. Für mündliche Prüfungen im ersten bis dritten Fach gilt, dass sie nicht dem Stoffgebiet der Abiturklausur entsprechen dürfen.

Die mündliche Prüfung enthält in der Regel zwei gleichwertige Elemente, durch die einerseits die Fähigkeit zum **Vortrag**, andererseits die Fähigkeit zur Beteiligung am **Prüfungsgespräch** überprüft wird. Es gelten ansonsten grundsätzlich dieselben Kriterien für die Bewertung wie bei den schriftlichen Anforderungen, wobei es besonders darauf ankommt, dass man auch in mündlicher Rede gewandt und präzise argumentiert, ohne den Faden zu verlieren.

Zunächst erhalten Sie eine Aufgabenstellung, die aus einer oder mehreren Teilaufgaben bestehen kann. Für die Bearbeitung dieser Aufgabe stehen Ihnen im Vorbereitungsraum 20 Minuten zur Verfügung. Innerhalb dieser Zeit sollen Sie einen 10- bis 15-minütigen Vortrag vorbereiten, der in sich geschlossen und logisch untergliedert ist. Während des Vortrages können Sie sich auf die Texte sowie auf Ihre stichwortartigen Aufzeichnungen stützen.

Die Kürze der Vorbereitungszeit schließt aus, dass Sie Ihren Vortrag schriftlich ausformulieren; vielmehr ist es, ähnlich wie bei der Sichtungsphase in der Klausur, notwendig, den Vortrag durch sinnvolles Markieren und knappe Anmerkungen vorzubereiten.

Der zweite Prüfungsteil besteht aus einem Prüfungsgespräch, in dem Ihr Hintergrundwissen und Ihre Fähigkeit, größere fachliche und sachliche Zusammenhänge zu erschließen und darzustellen, überprüft werden.

Die größten Schwierigkeiten bei der mündlichen Abiturprüfung liegen erfahrungsgemäß im ersten Teil, also in dem mindestens 10-minütigen zusammenhängenden, gegliederten Vortrag. Da es für solch lange Vorträge kaum echte Übungsmöglichkeiten im Unterricht gibt, zumindest nicht für jeden Einzelnen, fehlt es weitgehend an konkreten Vorerfahrungen; daher im Folgenden einige Tipps, wie Sie sich auf diese Prüfungssituation vorbereiten und Ihren Vortrag ansprechend gestalten können.

Tipps für die 20-minütige Vorbereitung

- Themenstellung: Was ist die Zielrichtung der geforderten Bearbeitung?
- Operatoren: Welche konkreten Anforderungen werden gestellt? Bei Mehrteiligkeit: Welche Gliederungshilfe bieten die Teilaufgaben? Welcher Aufgabe kommt das größte Gewicht zu?
- Einstieg: Mit welcher Einleitung führt man den Vortrag schnell und stringent zum Kern der Aufgabenstellung?
- Texte: Fachbegriffe an den Rand schreiben, Quellen-Anmerkungen ergänzen, Stichwörter für den Vortrag festlegen; wichtige Zitatstellen markieren.
- Gliederung: Nummerieren Sie Ihre Markierungen, damit Sie Ihren Vortrag anhand dieser Reihenfolge gestalten können.
- Grobstruktur: Nennung der Aufgabenstellung – Einleitung – Bearbeitung der Teilaufgaben – Schlussteil.
- Beenden Sie Ihren Vortrag mit einem klaren Fazit oder zur Not mit einem kurzen Ausblick auf das, was Sie aus Zeitgründen nicht thematisieren konnten.

Tipps für den Vortrag

- Zeitmanagement: Legen Sie eine Armbanduhr neben Ihr Konzept, schreiben Sie, bevor Sie zu sprechen anfangen, den konkreten Zeitraum für Ihren Vortrag auf Ihr Konzept – so haben Sie klare zeitliche Anhaltspunkte.
- Nutzen Sie die Anmerkungen, die Sie während der Vorbereitungszeit angefertigt haben, als Leitfaden Ihres Vortrages.
- Sprechen Sie möglichst frei, klammern Sie sich nicht an Ihr Konzept.
- Sprechen Sie klar, deutlich und hinreichend laut.
- Achten Sie auf ein angemessenes Sprechtempo. Versuchen Sie, nicht zu schnell zu sprechen.
- Vermeiden Sie sowohl „Endlossätze“ als auch Aneinanderreihungen und monotone Satzanfänge („Und … und … und …“).
- Verwenden Sie die Fachsprache, die Sie gelernt haben, um zu verdeutlichen, dass Sie Ihr Metier beherrschen.

- Zitate/Textbelege: Verdeutlichen Sie während des Vortrages, worauf sich Ihre Aussagen stützen, indem Sie Schlüsselstellen mit Zeilenangaben anführen.
- Ein gelegentlicher Blickkontakt zu Ihrem Prüfer oder den übrigen Beisitzern zeugt von einem souveränen Umgang mit der Situation und den Kommunikationsregeln.
- Bewegen Sie sich bei Ihrem Vortrag auf einer einheitlichen Sprachebene und vergegenwärtigen Sie sich, dass die Adressaten Ihres Vortrages Deutschlehrerinnen und Deutschlehrer, also Fachleute, sind.

Sie können diesen ersten Teil der mündlichen Prüfung üben, indem Sie Arbeitsaufträge aus diesem Band zugrunde legen, die Vorbereitungszeit exakt einhalten und zwei Kursmitglieder als fiktive Prüfungskommission hinzuziehen. Lassen Sie sich anschließend von Ihrer „Prüfungskommission" begründet darlegen, ob Ihr Vortrag sprachlich und inhaltlich verstanden wurde.
Ebenso können Sie natürlich in der Familie oder im Freundeskreis das Referieren üben oder zu diesem Zweck Ihren Vortrag selbst aufnehmen und überprüfen.

3 Prüfungsteil II: Prüfungsgespräch

Die zeitliche Dauer des zweiten Prüfungsteils entspricht derjenigen des ersten Teils: 10 bis 15 Minuten je nach Verlauf. Das Thema des Prüfungsgesprächs muss einem anderen Kurshalbjahr entnommen sein als der für den vorangegangenen Vortrag vorgegebene Gegenstand. Meistens stellt der Prüfer durch eine kurze Überleitung einen Zusammenhang zwischen Ihrem Vortrag und dem Gegenstand des zweiten Teils der Prüfung her; das gibt auch Ihnen die Gelegenheit, an Ihren Vortrag anzuknüpfen. Sie sollten sich dabei aber nicht wiederholen oder gar den Eindruck erwecken, dass Sie dem Thema des Prüfungsgesprächs ausweichen wollen.

Im weiteren Verlauf sollen Sie Ihre Kommunikationskompetenzen im Rahmen eines Fachgesprächs unter Beweis stellen: Zeigen Sie sich also als gewandter Gesprächspartner, der adressatengerecht und sachkundig die Fragen und Impulse aufgreift und möglichst selbstständig und ergiebig damit umgeht.

Tipps für das Prüfungsgespräch

- *Sprechanteil:* Je eigenständiger und umfassender Sie als Prüfling mit den Fragen und Impulsen umgehen, desto besser! Begnügen Sie sich nicht mit Kurzantworten, führen Sie länger aus.
- *Erfassen der Frageintention:* Achten Sie auf die Operatoren und auf fachliche Kernbegriffe! Führen Sie sinnvolle Beispiele oder Vergleiche aus dem Unterricht an, zeigen Sie Ihr Hintergrund- und Allgemeinwissen. Aber schweifen Sie nicht ab, bleiben Sie beim Thema.
- *Gesprächsaufbau durch den Prüfer:* In der Regel gestaltet der Prüfer ein solches Gespräch nach dem Prinzip „Vom Einfachen zum Schwierigen, vom Einzelfallbeispiel zum Allgemeinen/Modellhaften". Wenn Sie einen Bezug zu einer Ihnen

passend erscheinenden Theorie oder zu einem aus dem Unterricht bekannten Beispiel selbst herstellen können: Tun Sie dies!

- *Unterrichtsbezüge:* Hintergrund aller Fragen und Impulse ist das aus dem Unterricht Bekannte. Stellen Sie also nach Möglichkeit über das gerade angesprochene Einzelbeispiel hinaus Vergleiche zu dem im Unterricht Behandelten an, weisen Sie auf Gemeinsamkeiten oder auch auf Unterschiede hin. Machen Sie somit deutlich, dass Sie den Gesprächsgegenstand aus dem Prüfungsgespräch in größere Zusammenhänge einordnen können.
- *Verständnisproblem:* Sollten Sie mit einer einzelnen Frage einmal nichts anfangen können: Verlieren Sie keine Zeit, bitten Sie an einer solchen Stelle um eine kurze ergänzende Erläuterung.
- *Unterbrechungen:* Lassen Sie sich nicht irritieren. Der Prüfer möchte Ihnen entweder zurück auf den Haupt(frage)weg helfen oder den Themenschwerpunkt wechseln, was vielleicht nur daran liegt, dass die Prüfungszeit allmählich knapp wird: Werten Sie solche Unterbrechungen in jedem Fall als für Sie günstig und hilfreich.
- *Mimik und Gestik:* Lassen Sie sich nicht durch Äußerlichkeiten irritieren: Die Prüfer werden sich bemühen, eine neutrale Atmosphäre herzustellen. Wenn das Prüfungsgespräch beispielsweise weniger persönlich verläuft als eine normale Unterrichtsstunde, ist das kein beunruhigendes Zeichen.

TIPP Wenn Sie an die bevorstehende Prüfung denken, wird Ihnen immer noch ein wenig mulmig? – Scannen Sie den nebenstehenden QR-Code und sehen Sie sich unser Video mit vielen hilfreichen Tipps z. B. zu selbstbewusstem Auftreten, angemessener Kleidung, positivem Denken usw. an.

Übungsaufgabe 1:
Materialgestütztes Verfassen informierender Texte

Thema: Die Kulturtechnik Schreiben im digitalen Zeitalter

Material 1: Karikatur von Bernd Zeller aus der Zeitschrift Deutsche Sprachwelt (2015)

© Bernd Zeller

Material 2: Christian Doelker (Kommunikationswissenschaftler), Was ist überhaupt eine Kulturtechnik? (2016)

Kulturtechniken sind Methoden, um Inhalte einer Kultur anderen mitteilen und für nachfolgende Generationen überliefern zu können. Die bekanntesten Kulturtechniken sind Lesen und Schreiben. Kulturtechniken setzen also eine Methode der Verschlüsselung (z. B. als Schriftzeichen) und Entschlüsselung voraus. Dank Kulturtechniken können Mitteilungen aufgezeichnet und damit allgemein verfügbar gemacht werden.

Mit den heutigen Aufzeichnungsmitteln (Film, digitale Speichermedien etc.) ist es auch möglich, Bilder und Töne aufzuzeichnen und damit aufzubewahren und weiterzugeben. Fernsehen und die Benutzung des Computers sowie anderer neuer Medien sind deshalb folgerichtig ebenfalls Kulturtechniken, und wie Lesen und Schreiben müssen sie gelernt werden.

Aus: Prof. Dr. Christian Doelker, Kulturtechniken und Medien – Infoset Medienkompetenz: 10 Fragen – 10 Antworten, MPFS 2016, http://www.mpfs.de/fileadmin/files/Infoset/PDF/MPFS_Infoset_Kulturtechniken_2016.pdf

Material 3: Ursula Scheer, Finnland ohne Schreibschrift[1]: Schreibst du noch, oder tippst du schon? (2015)

[…] Seit der digitale Mensch wischt, tippt, klickt und mit Google redet, führt die Handschrift Rückzugsgefechte. Dass die Fähigkeit, mit der Hand zu schreiben, eine überkommene Kulturtechnik ist, die eigentlich niemand mehr braucht, glauben offenbar immer mehr Menschen. […]

„Flüssig tippen zu können ist eine wichtige nationale Kompetenz", sagte Minna Harmann, die im finnischen Bildungsministerium die neuen Richtlinien erarbeitet hat, gegenüber der „Helsinki Times". Schneller SMS verschicken und Texte auf dem Tabletcomputer bearbeiten zu können, das gehört jetzt zu den neuen Bildungszielen. Einzelne Buchstaben auf Papier mit der Hand zu verbinden, sagte Minna Harmann, sei für viele Kinder derart mühsam, dass es zu Schreibblockaden führe. Der Computer löse das Problem und erlaube es den Schülern, sich stärker auf den Inhalt des Geschriebenen zu konzentrieren. […]

In den Niederlanden gibt es inzwischen mehr als zwanzig sogenannte Steve-Jobs-Schulen, in denen iPads Lehrbücher und Hefte ersetzen – von der ersten Klasse an. Auch in vielen amerikanischen Bundesstaaten steht die Handschrift vor dem Aus. Dort wechseln Schüler häufig nach einem Jahr mit der Handschrift an die Tastatur und die Tablets. […]

Nun sind Kulturtechniken kein Selbstzweck. Schrift wurde erfunden, um Sprache vom Sprecher unabhängig durch Zeit und Raum zu transportieren, nicht damit Kinder ihre Feinmotorik schulen. Worte in Stein meißeln heute nur noch Steinmetze[2], und keiner beklagt es. […] Studien aus den Vereinigten Staaten und Frankreich zeigen, dass das Schreiben mit der Hand mehr ist als ein nostalgisches Relikt für Füllfederhalterliebhaber. Denn wer Buchstaben auf dem Papier erschafft, statt sie auf einer Tastatur auszuwählen, wer sie mit einer Handbewegung zu Worten verbindet, der aktiviert mehr Hirnregionen und vergisst das Notierte weniger leicht. Die relative Langsamkeit des Vorgangs unterstützt die Gedankenfindung und fordert Konzentration, nicht nur bei Kindern. Statt Achtsamkeit in Zen[3]-Seminaren zu üben, könnte es also auch das Befolgen eines alten Bundespost-Slogans tun: Schreib mal wieder.

Ursula Scheer, Schreibst du noch, oder tippst du schon?, FAZ, 14. 01. 2015, http://www.faz.net/aktuell/feuilleton/finnland-ohne-schreibschrift-schreibst-du-noch-oder-tippst-du-schon-13368180.html, © Alle Rechte vorbehalten. Frankfurter Allgemeine Zeitung GmbH, Frankfurt. Zur Verfügung gestellt vom Frankfurter Allgemeine Archiv

1 Im Gegensatz zur Druckschrift werden die Buchstaben eines Wortes in einer Schreibschrift weitgehend miteinander verbunden. Ebenso wie deutsche Schülerinnen und Schüler lernen auch finnische weiterhin, mit der Hand zu schreiben, allerdings nicht in verbundener Form.
2 Steinmetz: Handwerker, der Steine bearbeitet
3 Zen: japanische Form des Buddhismus, in der Meditationstechniken eine große Rolle spielen

Material 4: Peter Praschl, … das Ende der Handschrift? (2012)

[…] Selbstverständlich ist das Schreiben mit der Hand eine Kulturtechnik. Aber ebenso gewiss handelt es sich um eine, die den Menschen immer weniger von Nutzen ist – so wie die Kulturtechnik des Reitens. Ganz schön, aber nicht mehr rasend wichtig. Es gibt verständlicherweise keine belastbaren Untersuchungen darüber, wie viel noch mit der Hand geschrieben wird – aber dass es nicht mehr sehr oft vorkommt, zeigt ein Blick aufs eigene Leben oder in die nähere Umgebung. Die Einkaufslisten; die paar Notizen, die man sich noch macht; die Briefe, die man dann und wann schreibt, wenn sie besonders persönlich wirken sollen; oft genug gibt es auch Tage, an denen das Einzige, was man von Hand schreibt, die Unterschrift auf einem Kreditkartenbeleg ist.

Vielleicht hat das Tippen von Texten auf Tastaturen ja Vorteile, welche die Nachteile, die durch das Verschwinden der Handschrift entstehen, mehr als wettmachen: Auf dem Computer geschriebene Korrespondenzen lassen sich bequemer durchsuchen als Zettel in den weggeräumten Kartons mit den alten Briefen, die Löschtaste entsorgt Fehler und missverständliche Formulierungen rückstandsloser als Durchstreichungen, die automatische Rechtschreibkorrektur hilft dabei, peinliche Schnitzer zu vermeiden. Seit es das Internet gibt, lassen sich Liebeserklärungen, Danksagungen und Was-ich-dringend-noch-sagen-wollte-Nachträge so impulsiv auf den Weg bringen, wie die Gefühle es verlangen. Und seit man sich per SMS für schöne Abende und tolle Essenseinladungen bedanken kann, ist man häufiger höflich als zu den Zeiten, da man erst anderntags ein Billett schreiben konnte, das man korrekt frankieren und zum Briefkasten bringen musste. Vor allem aber ist die von Maschinen erzeugte Schrift zuverlässig lesbarer als die von Hand mit einem Stift aufgetragene. […]

Das Irritierende an den Wehklagen über das Verschwinden der Handschrift ist ja, dass sie in einer Zeit auftauchen, in der vermutlich so viel wie noch nie zuvor in der Menschheitsgeschichte geschrieben wird. Immer größere Anteile unserer Kommunikationen werden verschriftlicht. Kann schon sein, dass wir das Höchstpersönliche von Handschriften nur noch selten vor Augen bekommen, doch die Netz-Kultur, die es verdrängt hat, ist (auch) viel intimer, persönlicher, privater, als es die analoge vor der medialen Revolution sein konnte. […]

Aus: Peter Praschl, … das Ende der Handschrift?, Süddeutsche Zeitung Magazin, Nr. 6/2012, 14. 02. 2012, https://sz-magazin.sueddeutsche.de/sprache/das-ende-der-handschrift-78780.
Aus lizenzrechtlichen Gründen kann ein den Artikel illustrierendes Bild nicht abgedruckt werden.

Material 5: Eva Dignös, Was haben wir gelacht! Kommunikation 2.0: Ein Emoji wird in Großbritannien zum Wort des Jahres 2015 gekürt (2015)

Triumph des gelben Smileys über die Welt der Buchstaben: Für die Sprachbeobachter der britischen Oxford Dictionaries ist ein Emoji das Wort des Jahres. Die Begründung der Jury: Das Grinsegesicht, dem die Freudentränen aus den Augen spritzen, sei der Ausdruck, der das vergangene Jahr sprachlich am besten reflektiere. Die Bedeutung der Emojis in der Kommunikation habe 2015 enorm zugenommen. Und das beliebteste Gelbgesicht sei nun einmal das Freudentränen-Emoji gewesen. Woher Oxford Dictionaries das weiß? Die Institution, die der Oxford University angeschlossen ist, ließ einen Anbieter von Tastatur-Apps auswerten, welche Emojis am häufigsten genutzt werden. [...]

Aus: Eva Dignös, Was haben wir gelacht!, Süddeutsche Zeitung, 17. 11. 2015, http://www.sueddeutsche.de/kultur/britisches-wort-des-jahres-was-haben-wir-gelacht-1.2740952; Bildquelle: By permission of Oxford University Press, www.oup.com

Material 6: Gabriele Paschek (Kommunikationswissenschaftlerin), Heute schon mit der Hand geschrieben? (2012)

[...] [S]owohl geistig als auch körperlich scheint es von Vorteil, seine Gedanken ohne technische Hilfe aufs Papier zu bringen.

So vermutet ein Team um die Psychologin Sandra Sülzenbrück, dass das Schreiben per Hand die Feinmotorik fördert. Die Forscher vom Leibniz-Institut für Arbeitsforschung in Dortmund verglichen rechtshändige Probanden, die angaben, besonders viel mit der Tastatur zu schreiben, mit Rechtshändern, die häufiger zu Stift und Papier griffen. Beide Gruppen mussten einen Geschicklichkeitsparcours je einmal mit der rechten Hand und einmal mit der linken absolvieren. Die Computerfans brauchten nur mit rechts deutlich länger als die Schreiberlinge. Ihnen fehlte offensichtlich die Übung in genau koordinierten Bewegungen.

Gravierender als diese physischen Auswirkungen könnten aber jene auf kognitiver Ebene sein. Laut der französischen Neurowissenschaftlerin Marieke Longcamp und ihren Kollegen fällt es Kindern und Erwachsenen leichter, neue Schriftzeichen zu lernen, wenn sie diese auf altmodische Weise produzieren – und nicht an Laptop oder PC. [...]

Im Experiment trainierte ein Teil der Probanden die Buchstaben handschriftlich, die anderen mit einer speziellen Tastatur. Nach dem Training sowie mehrere Wochen später kontrollierten die Forscher den Lernerfolg. Und siehe da: Die Handschreiber hatten die Nase eindeutig vorn. Ihnen gelang es wesentlich besser, die gelernten Schriftzeichen von spiegelverkehrten Kopien zu unterscheiden. Gerade damit hadern übrigens Erstklässler besonders. Spiegelverkehrt sind in unserem Alphabet die Buchstaben „d“ und „b“ sowie „p“ und „q“. Sie bereiten vielen Schulanfängern mehr Kopfzerbrechen als Lettern, denen ein ähnliches Pendant fehlt. Auch Legastheniker haben mit dieser Spiegelbildlichkeit häufig Probleme. Demzufolge könnte ein reines Lernen mit der Tastatur Lese- und Rechtschreibschwächen fördern.

Es erscheint also sinnvoll, dass junge Abc-Schützen ihre ersten Buchstaben mit einem Stift in ihrem Heft verewigen. Ob man auf die Taste „d" oder „S" drückt, macht vom Bewegungsablauf her kaum einen Unterschied. Besteht die Aufgabe jedoch darin, ein „S" zu Papier zu bringen, müssen Schüler jeden Schwung und den exakten Verlauf des Buchstabens mit Hilfe der eigenen Hand nachvollziehen. Jedes Schriftzeichen wird so mit einer einzigartigen Körperbewegung verknüpft – ein entscheidender Vorteil gegenüber dem Tippen per Tastatur. Die entsprechenden Erregungsmuster im Gehirn lassen sich auch mittels funktioneller Magnetresonanztomografie (fMRT)[1] sichtbar machen. [...]

Aus: Gabriele Paschek, Heute schon mit der Hand geschrieben?, Gehirn und Geist 9/2012, http://www.schattenblick.de/infopool/sozial/psychol/spfor176.html

1 funktionelle Magnetresonanztomografie: bildgebendes Verfahren zur Veranschaulichung der Gehirnaktivität

Material 7: Günther Birkenstock (Kulturwissenschaftler), Die Handschrift im digitalen Zeitalter (2012)

[...] Im Grunde sind sich die Spezialisten einig. Es ist außerordentlich wichtig, die Handschrift als Kulturtechnik zu erhalten. Doch der gegenteilige Trend ist derzeit zu sehen. Liegt das nur an der Entwicklung neuer Techniken wie Smartphone und Laptop? Denn mit der Hand schreiben immer weniger Menschen. Insbesondere in der Schule wird die Schere zwischen Kindern, die gut schreiben können, und denen, die nur mühsam Sätze zu Papier bringen, immer größer. Das konstatiert die Pädagogik-Professorin Angela Enders von der Uni Regensburg. [...]

Pädagogin Enders beklagt diese Entwicklung und betont, das Verdrängen der Handschrift führe dahin, dass Schüler andere Wahrnehmungs- und Denkformen entwickelten, „weil Texte, die mit der Hand geschrieben werden, besser durchdacht werden müssen als Texte, die am Computer getippt werden. Das nennt man Zerflatterungsprozesse." Am Computer könne man etwas einfügen und nachschieben, zum Schluss noch ein Rechtschreibprogramm durchlaufen lassen. Mit der Hand müssten die Kinder von Anfang an planen und überlegen, was will ich überhaupt schreiben: „Das führt dazu, dass Kinder auch anders denken lernen, nämlich stärker logisch und schlussfolgernd". [...]

Aus: Günther Birkenstock, Die Handschrift im digitalen Zeitalter, Deutsche Welle, 24. 09. 2012, http://www.dw.com/de/die-handschrift-im-digitalen-zeitalter/a-16253281

www.dw.de: Internetauftritt der „Deutschen Welle", des staatlichen Auslandsrundfunks der Bundesrepublik Deutschland

Material 8: Henning Lobin u. a., Lesen und Schreiben im digitalen Zeitalter (2010)

Einer der größten medien- und kulturtechnischen Umbrüche der Menschheitsgeschichte fand vor mehreren Tausend Jahren statt: die Erfindung der Schrift. Vorher mussten Informationen im Gedächtnis festgehalten, also auswendig gelernt und mündlich überliefert werden. Mit Erfindung der Schrift wurde es möglich, Informationen außerhalb des Körpers zu speichern. Sie kommt daher einer medien- und kulturtechnischen Revolution gleich. Lesen und Schreiben gehören seitdem zu den fundamentalen Kulturtechniken.

Die Kultur, in der wir leben, ist für uns mit ihren kulturellen Produkten, Prozessen und Praktiken wie eine Sprache, in die wir hineingeboren werden. Wie in unsere Muttersprache wachsen wir auch in unsere Kultur hinein, lernen die wichtigsten Texte, Ereignisse und Werte kennen, schaffen Querbezüge und lernen, durch Interpretation kulturellen Sinn zu erkennen. Grundlage dieser Sichtweise ist die Vorstellung, dass die Kultur aus einem System von Zeichen besteht, das uns kulturelle Bedeutung vermittelt.

Und wenn es um Zeichen geht, ist Kommunikation nicht weit: Zeichen sind zum Kommunizieren da. Anders als beispielsweise Feuermachen oder Ackerbau, die zu den wichtigsten allgemeinen kulturtechnischen Errungenschaften der Menschheit zählen, sind Lesen und Schreiben Teil der grundlegenden Kulturtechniken des Kommunizierens, Basis weiterer kommunikativer Kulturtechniken wie des Archivierens und des Recherchierens. […]

Schon mit der Erfindung der Schrift und des Buchdrucks wurden kulturkritische Stimmen laut: Die Schrift zerstöre das Gedächtnis (Sokrates), führe mithin zu einem Verlust der Kontrolle über die Sprache. Im 15. Jahrhundert wurde der Buchdruck im Vergleich mit der „Jungfrau“ Feder als „Hure“ beschimpft: Hier wird also der Kontrollverlust über den Text kritisiert. Im digitalen Zeitalter wird das kontemplative, das konzentrierte Schreiben vielleicht auf der Strecke bleiben und Einfluss auf das begriffliche Denken und die argumentative Komplexität haben. […]

Wie die neuen Praktiken des Lesens und des Schreibens die Formation unserer künftigen Kultur prägen werden, werden wir jedoch erst dann genauer erkennen können, wenn die erste Generation der Digital Natives1 unter diesen Bedingungen herangewachsen und selbst produktiv geworden ist, ohne auch nur eine ferne Erinnerung daran, wie die Schriftkultur ohne digitale Hilfsmittel funktionierte.

Aus: Henning Lobin, Sabine Heymann, Jana Klawitter, Regine Leitenstern, Lesen und Schreiben im digitalen Zeitalter, Spiegel der Forschung 27/2010, 2 – Sonderheft Spitzenforschung, S. 14–23, http://geb.uni-giessen.de/geb/volltexte/2011/7989/pdf/Sdf_2010_SdrH_14_23.pdf

1 Digital Natives: Personen, die in der digitalen Welt aufgewachsen sind

Material 9: Bevölkerung in Deutschland nach Anwendungsbereichen des PCs (2015), Auszug (ausgewählte Anwendungsbereiche)

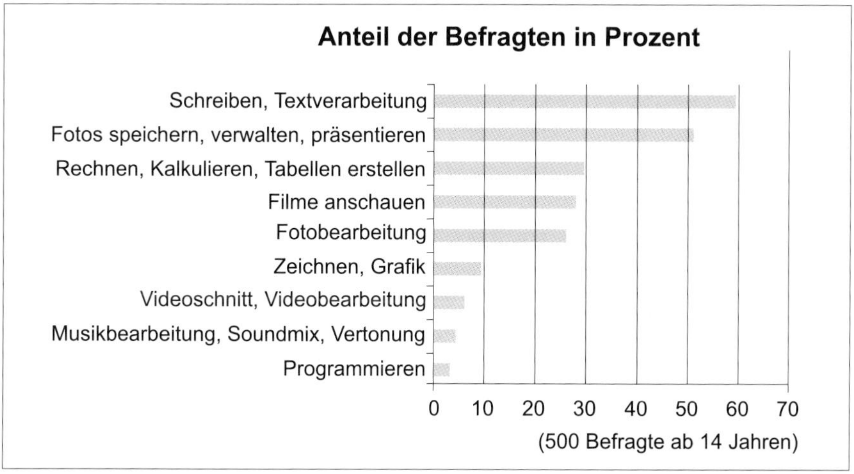

nach Daten des IfD Allensbach

Arbeitsanweisung:

Ihre Schule will sich zukünftig als Medienschule profilieren. In diesem Zusammenhang soll eine Broschüre für Eltern erstellt werden, die über unterschiedliche Aspekte des digitalen Lernens informiert. Das Thema Ihres Beitrags ist „Die Kulturtechnik Schreiben im digitalen Zeitalter“.

Verfassen Sie diesen Beitrag, der über die Auswirkungen des digitalen Wandels auf die Kulturtechnik Schreiben informiert, den Stand der Diskussion beschreibt und eigenes Wissen über aktuelle Entwicklungen mit einbezieht!

Nutzen Sie dazu die folgenden Materialien (1–9) sowie eigene Kenntnisse und Erfahrungen! Bezüge auf die Materialien können ohne Zeilenangabe unter Nennung der Autorin bzw. des Autors und ggf. des Titels erfolgen.

Ihr Text soll etwa 1 200 Wörter umfassen.

Diese Übungsaufgabe stammt aus der offiziellen bayerischen Abiturprüfung 2018 (Prüfungsaufgabe 4).

Lösungsvorschlag

Welche Aufgabenart liegt vor?

Die Aufgabe verlangt einen informierenden Text für eine Broschüre, die sich an die Eltern der Schüler richtet. Damit ist der Adressatenbezug vorgegeben. Anders als bei einem Vortragstext geht es nicht darum, die Leser immer wieder anzusprechen, sondern eher um eine ***sachliche Darstellung.*** *Die* ***Intention*** *des Textes darf aber zumindest in der Einleitung und im Schluss formuliert werden. Auch der* ***Anlass*** *des Schreibens sollte erwähnt werden. Nachdem in der Aufgabe ganz allgemein von einer möglichen Profilierung der Schule die Rede ist, können Sie den Kontext selbst genauer bestimmen.*

Was verlangt die Aufgabenstellung von mir?

Im Unterschied zu einer argumentierenden Schreibform muss der Fokus des Beitrags auf der ***sachlichen Information*** *liegen. Das ist insofern erwähnenswert, als die Gegenüberstellung von Pro- und Kontra-Argumenten in den Materialien angelegt ist und so dazu verführen könnte, den Aufsatz tatsächlich antithetisch und argumentativ aufzubauen. Natürlich müssen die Verteidiger der Handschrift genauso zu Wort kommen wie die Befürworter des Schreibens am PC. Vermeiden sollten Sie aber in jedem Fall, subjektive Wertungen einzubringen. Das umfassende Material erlaubt einen differenzierten Zugang zum Thema. Das sollten Sie nutzen, um die* ***Bandbreite der Einstellungen*** *darzulegen. Die Aufgabenstellung verlangt darüber hinaus auch, die* ***eigenen Erfahrungen*** *zum Thema zu berücksichtigen. Angesichts der Vielzahl des Materials und der Kürze des Aufsatzes sollten Sie sich aber hüten, allzu ausführliche Beschreibungen einzubauen.*

Wie gehe ich bei der Bearbeitung der Aufgabe am besten vor?

Verschaffen Sie sich zunächst einen ***Überblick*** *über die Materialien. Sie können für jede Quelle eine Stichwortsammlung anlegen. Unterscheiden Sie dabei gleich von Anfang an zwischen den Informationen, die Sie übernehmen wollen, und konkreten Textzitaten, die Ihnen für den Aufsatz sinnvoll erscheinen. Wichtig ist, dass Sie nicht alle* ***Aussagen*** *der Materialien aneinanderreihen, sondern diese* ***gezielt auf die Intention Ihres Textes bezogen*** *auswählen. Wie in der Aufgabe ausgeführt reicht die bloße Nennung der Quelle als Angabe aus. Bei direkten Zitaten schreiben Sie das Material einfach in die Klammer (Mat. 1), bei indirekten Übernahmen setzen Sie ein „vergleiche“ dazu (vgl. Mat. 2).*

Die Aufgabe gibt einen Hinweis auf die ***Länge des Textes*** *(1 200 Wörter). Dies ist als Richtschnur zu sehen, die ohne Probleme um 100 Wörter unter- oder überschritten werden kann. Achten Sie aber bereits bei Ihrem ersten Entwurf darauf, dass der Aufsatz nicht zu lang wird.*

Wie kann ich meinen Aufsatz am besten strukturieren?

Am Anfang sollten Sie den ***Anlass*** *für die Erstellung der Broschüre nennen, dann das* ***Thema*** *des vorliegenden Beitrags – am besten mit* ***Leitfragen****, die beantwortet werden sollen. Im* ***Hauptteil*** *wird sich Ihr Text zunächst mit der* ***Definition*** *des Begriffs „Kulturtechnik“ beschäftigen, die Folgen der Digitalisierung für die Kulturtechnik des Schreibens anführen und dann* ***Chancen und Probleme des digitalen Schreibens*** *vorstellen. Ein* ***Ausblick*** *kann Ihren Aufsatz abrunden.*

Was gibt es sonst noch zu beachten?
Zentral für eine gute Arbeit ist die ***Geschlossenheit der Darstellung****, die sich aus dem roten Faden Ihres Textes ergibt. Dazu ist es manchmal besser, die ein oder andere Information wegzulassen und sich auf die Zusammenhänge innerhalb der Ausführungen zu konzentrieren. Nicht derjenige schreibt den besten Aufsatz, der alle Aspekte aller Materialien unterbringt, sondern derjenige, dem es gelingt, einen Text zu verfassen, der aus einem Guss ist.*
Übrigens: Nachdem ein in den Materialien wiederkehrendes Thema die Fähigkeit zu einer ***leserlichen Handschrift*** *ist, sollten Sie tatsächlich selbst darauf achten, dass Ihr Aufsatz in einer entsprechenden äußeren Form vorgelegt wird!*

Handschrift ade? Auswirkungen der Digitalisierung auf die Kulturtechnik Schreiben

Einleitung: Medienkonzept als Auftrag

Alle Gymnasien werden aktuell vom Kultusministerium aufgefordert, ein **eigenes Medienkonzept** zu entwickeln. Auch unsere Schule arbeitet gerade an diesem Konzept und will sich in Zukunft verstärkt als Medienschule profilieren. Mit dieser Broschüre wollen wir Sie, liebe Eltern, über den Stand der Diskussion informieren. Im folgenden Beitrag geht es um die Auswirkungen der Digitalisierung auf eine der wichtigsten Kulturtechniken: das Schreiben.

Hauptteil: Kulturtechnik Schreiben im digitalen Zeitalter

Die **Digitalisierung** führt, das wird immer deutlicher, zu gravierenden Veränderungen auf allen Ebenen der Gesellschaft und in allen Lebensbereichen. Das gilt auch für die **Kulturtechnik des Schreibens**. Für die Schule stellen sich dadurch grundsätzliche Fragen, denn eine Bildungsstätte ist ohne Texte – den zu lesenden wie den zu schreibenden – nicht vorstellbar. Inwieweit hat sich, so muss gefragt werden, der digitale Wandel bereits auf das Lesen und Schreiben ausgewirkt? Wie sieht die **Zukunft unserer Schrift bei immer weiter steigendem Einfluss digitaler Medien** aus? Was sind die aktuellen Expertenmeinungen zu diesen beobachtbaren Veränderungen? Dies sind die Themen, mit denen wir uns als Schule beschäftigen müssen, um den richtigen Weg einzuschlagen.

Fragen zum Einfluss der Digitalisierung

Mitteilung und Überlieferung

Kulturtechniken sind dazu da, „Inhalte einer Kultur anderen mitteilen und für nachfolgende Generationen überliefern zu können" (Doelker, Mat. 2). Lesen und Schreiben gelten dabei als die wichtigsten dieser **zivilisatorischen Errungenschaften.** Vor ihrer Erfindung war die Weitergabe von Information nur mündlich und durch direkten Kontakt möglich. Die **Weiterentwicklung** einer Gesellschaft konnte so nur sehr langsam vonstattengehen. Durch **Aufzeichnungssysteme**, die mit Schrift arbeiten, gelingt dies wesentlich effizienter.

Bedeutung für die Entwicklung der Gesellschaft

Christian Doelker betont, dass Kulturtechniken immer eine „Methode der Verschlüsselung (z. B. als Schriftzeichen) und Entschlüsselung“ (Mat. 2) voraussetzen.

Schnelligkeit und Einfachheit des digitalen Schreibens

Um überhaupt Gebrauch von diesen Techniken machen zu können, ist ein **Lernprozess** erforderlich, der sich allerdings stark verändert hat. Lag der Fokus vor der Digitalisierung noch ganz auf dem Erlernen des handschriftlichen Schreibens, gilt heute zunehmend, dass diese Fähigkeit „immer weniger von Nutzen ist“ (Praschl, Mat. 4). Informationen können **viel leichter digital aufgezeichnet und weitergegeben** werden. Dazu braucht man keine wissenschaftlichen Befunde, jeder, der seinen Tagesablauf Revue passieren lässt, weiß das.

Auswirkungen auf Kommunikation und Schule

Der digitale Wandel hat dazu geführt, dass **Sprache und Kommunikation** sich zunehmend **im digitalen Umfeld** abspielen. Eine erste auffällige Veränderung ist dabei die **Ausweitung des Zeichensystems:** Nicht nur Worte, sondern auch Bildzeichen werden für die Kommunikation eingesetzt. Das haben eindrucksvoll die Sprachbeobachter der britischen Oxford Dictionaries bestätigt, indem sie 2015 erstmals ein **Emoji zum Wort des Jahres** kürten. Der gelbe Smiley mit den Freudentränen gab damals nach Meinung der Experten die Lage der Dinge am besten wieder (vgl. Dignös, Mat. 5). In den sozialen Medien ist heute eine Kommunikation ohne Zeichensprache gar nicht mehr vorstellbar.

zunehmende Bedeutung der Zeichensprache

Reaktion der Schulen

Viele **Schulen** haben auf diese Entwicklungen reagiert und digital aufgerüstet. Heute setzen zahlreiche Lehrkräfte **Computer und Tablets im Unterricht** regelmäßig ein. So existieren in den Niederlanden bereits mehr als 20 sogenannte Steve-Jobs-Schulen (vgl. Mat. 3), in denen auf Lehrbücher und Hefte verzichtet wird, stattdessen gibt es iPads. In vielen amerikanischen Schulen erlernen die Schüler nur noch ein Jahr lang die Handschrift und schreiben in der Folge alles auf Tablets oder PCs. Und in Finnland hat das Bildungsministerium neue Richtlinien herausgegeben, um auf den digitalen Wandel vorbereitet zu sein. Das Verschicken von digitalen Nachrichten und das Bearbeiten von Texten am Tablet sind hier Lehrinhalte.

Beispiele aus USA und Finnland

Stand der Diskussion

Der digitale Einfluss auf Bildung ist also allerorten spürbar, allerdings führt er auch dazu, dass die **Fähigkeit, mit der Hand zu schreiben, speziell bei Kindern abnimmt.** Dies bestätigt der Kulturwissenschaftler Günther Birkenstock in seinem Artikel „Die Handschrift im digitalen Zeitalter“ (vgl. Mat. 7). Laut seiner Beobachtung wird besonders in Schulen die Schere zwischen Kindern, die problemlos mit der Hand schreiben können, und denen, die dabei erhebliche

Schwierigkeiten haben, immer größer. Das allein wäre nicht schlimm, könnte man doch die Handschrift digital ersetzen, durch Tippen oder vielleicht sogar durch gesprochene Texte, die der PC in geschriebene Texte umwandelt. Es ist jedoch die übereinstimmende Meinung der Experten, dass der Verlust der Fähigkeit, mit der Hand Buchstaben, Sätze und auch längere Texte zu Papier zu bringen, einhergeht mit **abnehmender Feinmotorik**, **einer nachlassenden Konzentration**, **geringerer Lernleistung** und Merkfähigkeit.

Vorteile der Handschriftlichkeit:

Studien haben nachgewiesen, dass es sehr wohl einen Unterschied macht, ob man Buchstaben mit der Hand trainiert oder mit dem PC und der Tastatur. Der Lernerfolg war eindeutig: „Die Handschreiber hatten die Nase […] vorn." (Paschek, Mat. 6) Wichtig ist diese Beobachtung vor allem für den Umgang mit **Legasthenie**, denn gerade das Erlernen der schwierigen spiegelverkehrten Buchstaben „d" und „b" oder „p" und „q" kann durch das einstudierte Bewegungsmuster in der Handschrift zumindest unterstützt werden.

besserer Lernerfolg durch Handschrift

Aber nicht nur auf der Ebene der Motorik stellt man Vorteile der Handschrift fest, sondern auch im Hinblick auf die **Produktion von komplexen Texten**. Nach Aussage der Pädagogin Angela Enders werden „Texte, die mit der Hand geschrieben werden, **besser durchdacht**" (Mat. 7), weil man vor dem Losschreiben erst überlegen und planen muss. Am PC, die Erfahrung macht man schon als Schüler, werden Texte ohne nachzudenken getippt und bei Bedarf immer wieder überarbeitet.

höhere Qualität bei handgeschriebenen Texten

Bei der Diskussion über digitale Aufzeichnungssysteme sollte man übrigens auch nicht vergessen, dass man sich – mehr als bei handschriftlichen Notizen – mit Fragen der **Datensicherheit** und des **Datenschutzes** auseinandersetzen muss. Digitalisierte Daten sind schneller hergestellt, sie bleiben aber auch unter Umständen immer und weltweit verfügbar.

kein Problem mit Datenschutz

Die Probleme, die durch das allmähliche Verschwinden der Handschrift entstehen können, müssen bei den Entscheidungen über eine digitale Schule berücksichtigt werden. Aber auch die **positiven Seiten digitalen Schreibens** sollten nicht übergangen werden.

Vorteile des digitalen Schreibens:

Zunächst muss ein **Missverständnis** ausgeräumt werden: Auch digitale Texte müssen geschrieben werden, sie alleine können also nicht als Beleg dafür herangezogen werden, dass die Kulturtechnik des Schreibens verloren geht. Schon immer gab es genau dann kritische Stimmen, wenn die Schreibtechnik sich verändert hat. Der **Buchdruck** wurde ebenso verdächtigt, zu einem „Kontrollverlust über den Text" (Lobin, Mat. 8) zu führen, wie später dann Schreibmaschine und Computer. Selbst die Erfindung der Schrift wurde kritisiert,

unveränderter Schreibvorgang

denn sie würde, so die Ansicht des Philosophen Sokrates, das **Gedächtnis** zerstören. Ganz ähnlich klingen heute die Stellungnahmen von Manfred Spitzer, der durch die Digitalisierung eine demente Gesellschaft heraufkommen sieht.

Schreiben mit Textverarbeitung

Fakt ist, dass **gegenwärtig mehr denn je geschrieben** wird (vgl. Praschl, M 4). Und der PC steht den meisten Usern vor allem als Schreibgerät zur Verfügung. Knapp 60 % der Bevölkerung gaben bei einer Umfrage im Jahr 2015 an, den PC für die Textverarbeitung zu nutzen – dieser Anwendungsbereich liegt auf Platz 1 und stellt sich somit als die wichtigste Aktivität am PC dar (vgl. Mat. 9). Die Vorteile des Schreibens mit einem **Textverarbeitungsprogramm** sind eindeutig. Zum einen ist die **Konzentration** auf die Handschrift für Kinder durchaus **anstrengend** und führt vielleicht sogar zu „Schreibblockaden", so die finnische Bildungsexpertin Minna Harmann (vgl. Mat. 3). Wenn dagegen das Schreibgerät eine Tastatur sei, könne man sich eben **besser auf die Inhalte fokussieren**.

Konzentration auf Inhalt

Fehlervermeidung

Kommunikation gelingt, wenn die ausgetauschten Botschaften eindeutig und möglichst **fehlerfrei übermittelt** werden. Auch in dieser Beziehung ist der PC ein Gewinn, können doch Zusatzfunktionen wie die Rechtschreibprüfung dafür sorgen, dass weniger Fehler gemacht werden. Zudem hat der Schreiber die Möglichkeit, digitale **Texte permanent** zu **überarbeiten** und so an der Qualität zu feilen. Dass digitale Texte für den Leser leichter zu entziffern sind als Handschriften, sollte zumindest erwähnt werden.

leichteres Überarbeiten, bessere Lesbarkeit

Such- und Speichermöglichkeit

Einleitend wurde schon darauf hingewiesen, dass zur Kulturtechnik des Schreibens die **Möglichkeit des Speicherns** gezählt werden muss. Auch hier sind die Vorteile digitaler Systeme eindeutig. Das Durchsuchen von handschriftlichen Notizen ist wesentlich schwerfälliger als der Suchbefehl im Textverarbeitungsprogramm. Archivierung – und damit die **Sicherung von Wissen** – gelingt deutlich effektiver.

Fazit: Aufruf zur Diskussion

Die dargestellten technischen Entwicklungen begleiten den Alltag, sie werden sich kaum zurückschrauben lassen, zumal heute die ersten Schulabgänger als **Digital Natives** aufgewachsen sind, also von Kindesbeinen an mit digitalen Endgeräten konfrontiert waren. Wie die Schule damit umgehen soll, muss offen und fortlaufend diskutiert werden. Wir hoffen, dass Sie, liebe Eltern, diesen Prozess aufgeschlossen und kritisch begleiten.

Übungsaufgabe 2: Erörterung literarischer Texte

Thema: Georg Büchner, Woyzeck (1836/37)

Was ist das, das in uns lügt, mordet, stiehlt? Auszug aus einem Gespräch mit dem Regisseur Ulrich Rasche (2019)

In einem Interview zu seiner „Woyzeck"-Inszenierung am Theater Basel und dem Münchner Residenztheater erläutert der Regisseur Ulrich Rasche sein Verständnis des Dramas.

Ich finde es wichtig, dass wir Woyzeck nicht nur als Opfer wahrnehmen. Er besitzt viele Eigenschaften, die ihn als einen starken und in sich ruhenden Charakter auszeichnen. Woyzeck wird dadurch für andere zu einem Objekt, dessen Nähe man sucht oder das man vielleicht sogar besitzen möchte. Eine Figur, die einseitig die Repressionen einer Gesellschaft erdulden muss, ohne sie auch als Rad im Getriebe zu begreifen, interessiert mich im Grunde nicht. Wenn wir heute im Theater Machtverhältnisse untersuchen wollen, müssen wir im Auge behalten, dass unser Zusammenleben schon lange nicht mehr in einer oppositionellen Struktur wie Herr und Knecht oder Arm und Reich abgebildet werden kann. Im Grunde leiden alle Figuren in „Woyzeck" unter den gesellschaftlichen Verhältnissen und an der Einrichtung der menschlichen Existenz schlechthin. Beides zusammenzudenken, ist für mich die größte Herausforderung der Arbeit. Büchner zeichnet ein kritisches Bild einer Gesellschaft, wie sie in der Restaurationsphase nach 1815 in Deutschland geherrscht hat. Dabei unterscheidet er klar zwischen der feudalen Klasse, dem liberalen Bürgertum und den Armen am unteren Ende der Leiter. Dennoch schildert Büchner auch soziale Konflikte innerhalb der oberen Klasse und deren Unfähigkeit, ihr Leben so zu gestalten, dass sie es als freie und gleichberechtigte Individuen genießen können. Angesichts der drohenden Aufstände und Proteste innerhalb der Bevölkerung, die in revolutionäre Handlungen münden könnten, wird das Militär zweckentfremdet und zur Unterdrückung der Opposition eingesetzt. Die Offiziere werden ihrer eigentlichen Aufgabe enthoben und sind gezwungen, ein inaktives, monotones Leben in den Garnisonsstädten zu führen. Der Hauptmann beispielsweise leidet aufgrund dieser Situation unter einer Melancholie, wie es bei Büchner heißt, die wir heute als Depression beschreiben würden. Er langweilt sich und weiß nicht, wie er seine Zeit verbringen soll. Da er aufgrund der strikten Verordnungen des Militärs nicht heiraten darf und durch die moralische Doktrin der Kirche zum Triebverzicht verurteilt ist, dehnt sich für ihn der Augenblick zu einer beängstigenden Leere, die er nicht füllen kann. Zwischen Woyzeck und dem Hauptmann bildet sich eine Beziehung zwischen Bewunderung und Ablehnung. Woyzeck liebt sein uneheliches Kind, das er mit Marie gezeugt hat. In ihm erkennt er eine beneidenswerte Hingabe an seine Familie. Diese alle gesellschaftlichen Regeln ignorierende Bindung gibt ihm Grund und Sicherheit zu leben. Woyzeck leidet unter den Umständen seines Lebens nicht wirklich, solange ihm die

Liebe zu seiner Frau und seinem Kind nicht genommen wird. Er ist eigentlich ein ganz zufriedener Mensch, der sieht, in welchen Verhältnissen er lebt und damit glücklich sein kann, obwohl alle sozialen Faktoren das Gegenteil sagen. Das ist der Punkt, wo Woyzeck für den Hauptmann interessant wird. Tatsächlich entwickelt sich das Drama auch erst, als Woyzeck das Fundament seines Lebens entzogen wird. Natürlich gibt Büchner den Prozessen, durch die das passiert, großen Raum, aber es ist wichtig, Woyzeck zunächst in einem hellen Licht zu sehen, in seiner charakterlichen Größe und Liebesfähigkeit.

„Woyzeck" von Georg Büchner. Programmheft des Residenztheaters München. Spielzeit 2019/20.

Arbeitsanweisung:

Arbeiten Sie die Argumentation heraus und bestimmen Sie die Position des Regisseurs Ulrich Rasche.

Setzen Sie sich mit der Position Rasches auseinander.

Lösungsvorschlag

*Im **ersten Teil der Aufgabenstellung** wird von Ihnen verlangt, die **Kernaussagen Rasches herauszuarbeiten**. Dazu sollten Sie die zentrale(n) These(n) identifizieren und die Argumentationsstruktur des Textes untersuchen. Sie müssen also herausfinden, wie der Autor seine These(n) begründet und anhand welcher Beispiele er sie illustriert. Im Hinblick auf das Vorgehen empfiehlt es sich, den Text mehrmals zu lesen und die unterschiedlichen Aspekte farbig zu markieren sowie Randnotizen anzufertigen. In Ihrem ausformulierten Text sollen Sie die Aussagen des Autors auf sachliche Weise (d. h. ohne Wertungen!) und **in eigenen Worten wiedergeben**, zentrale Formulierungen können Sie zitieren. Bei Rasches Aussagen sollten Sie bedenken, dass der Autor Theaterregisseur ist und seine Deutung des „Woyzeck"-Dramas dementsprechend auf eine **Realisierung des Werks auf der Bühne** ausgerichtet ist. Dies schlägt sich in seiner Interpretation insofern nieder, als er den Dramentext sowohl im Hinblick auf seine Bedeutung für die Gegenwart (zum Zeitpunkt der Theaterinszenierung) betrachtet als auch in seinem historischen Entstehungskontext. Achten Sie beim Lesen bereits auf aus Ihrer Sicht **fragwürdige Aspekte** in Rasches Argumentation. Diese sollten Sie notieren, da Sie sie für die Bearbeitung der zweiten Teilaufgabe benötigen.*

*Ausgehend von Ihren Ergebnissen aus Teilaufgabe 1 sollen Sie sich in der **zweiten Teilaufgabe** eigenständig und auf der Basis Ihrer Textkenntnis zu „Woyzeck" mit dem vorgegebenen Sachtext auseinandersetzen. Es wird also eine **differenzierte Erörterung der Kernthesen aus Rasches Text und ihrer Begründungen** verlangt. Dabei soll **Ihre eigene Position** deutlich werden. Diese kann zustimmend oder ablehnend sein bzw. in einer Kombination aus diesen beiden Haltungen bestehen. Dazu müssen Sie Ihre Position **argumentativ entfalten**, d. h. in der Auseinandersetzung mit den Aspekten aus Rasches Text eigene Thesen entwickeln und diese begründen. Als Basis der Begründung dient **Ihre Kenntnis des „Woyzeck"-Dramas**. Diese schließt ein sehr gutes Wissen über Aufbau, Handlung, Themen, Figuren und (historische) Kontexte ebenso ein wie plausible Deutungen des Werks. Dabei sollten Sie auch auf die im Unterricht erarbeiteten Aspekte zurückgreifen. Rufen Sie sich **zentrale Textstellen** aus Büchners Drama in Erinnerung, die Sie für die Begründung Ihrer Position nutzen können. Bei der Ausformulierung Ihres Textes ist es ratsam, zentrale Stellen aus dem Drama zu zitieren (mit Angabe der Seitenzahl).*

Die sehr pointierten Aussagen Rasches zum Opferstatus von Woyzeck und dem Hauptmann fordern zu einer differenzierten Betrachtung heraus. Es bietet sich zudem an, auch Rasches Ansatz, das Drama aus einer Analyse aktueller gesellschaftlicher Verhältnisse heraus zu deuten, kritisch zu hinterfragen. Wenn Sie einzelnen Positionen widersprechen wollen, sollten Sie Aspekte aus dem „Woyzeck"-Drama herausgreifen, die bei Rasche zu kurz kommen, nicht erwähnt, nicht ausreichend oder schlüssig begründet oder anders gedeutet werden, als Sie es vor dem Hintergrund Ihres Textverständnisses für angemessen halten.

*Beide Teilaufgaben sollten **nicht isoliert voneinander behandelt**, sondern in einem **zusammenhängenden Aufsatz** dargestellt werden. Diesen sollten Sie mit einer Einleitung beginnen, die thematisch zielführend ist und die Basisinformationen zu Werk und Außentext enthält. In der **Überleitung** zu Teilaufgabe 2 bietet es sich an, die Thesen*

Rasches nochmals zusammenfassend auf den Punkt zu bringen. Damit schaffen Sie eine gute Basis für die anschließende ***Auseinandersetzung****. Schließen Sie Ihren Aufsatz mit einem* ***Fazit*** *ab, das Ihre wesentlichen Ergebnisse knapp und pointiert zusammenfasst.*

Teilaufgabe 1
Einleitung
Autor, Titel, Erscheinungsjahr, Thema

Wenn Regisseurinnen und Regisseure Stücke für das Theater inszenieren, tun sie dies auf der Grundlage einer eigenen Interpretation der jeweiligen Werke. Ein wesentliches Ziel sehen die Theatermacher oft darin, kanonische Texte auf ihre Bedeutung für die Gegenwart zu befragen. Zugleich grenzen sie die eigene Sichtweise auf das Werk meist gegenüber älteren Deutungen ab. Von ähnlichen Überlegungen lässt sich der Regisseur Ulrich Rasche in seinen Interpretationsansätzen zu Georg Büchners unvollendetem Drama „Woyzeck" (1837) leiten. In einem Interview anlässlich seiner Inszenierung des Dramas am Münchner Residenztheater (in der Spielzeit 2019/20) plädiert er für eine – gegenüber traditionellen Deutungen – neue Sicht auf die Figur Woyzeck im Kontext der im Stück vorgeführten gesellschaftlichen Verhältnisse.

Hauptteil
Neudeutung Woyzecks und anderer Dramenfiguren

Im Mittelpunkt von Rasches Ausführungen steht eine **Neubewertung der Opferrolle Woyzecks**. Eine ausschließliche Wahrnehmung Woyzecks als Opfer bzw. als Figur, „die einseitig die Repressionen einer Gesellschaft erdulden muss" (Z. 4 f.), lehnt Rasche ab. Dieser aus seiner Sicht uninteressanten Sichtweise (vgl. Z. 6) stellt er eine **positive Deutung** des Protagonisten als „starke[r] und in sich ruhende[r] Charakter" (Z. 2) gegenüber. Durch diese Eigenschaften werde Woyzeck für andere attraktiv und zu einem „Objekt, dessen Nähe man sucht oder das man vielleicht sogar besitzen möchte" (Z. 3 f.). Zugleich rücken aus Rasches Sicht **andere Figuren** in den Fokus, die **ebenfalls als Opfer gesellschaftlicher Verhältnisse** gedeutet werden können. Der Regisseur formuliert in diesem Zusammenhang die These, dass alle Figuren im Stück unter den sozialen Zwängen und „an der Einrichtung der menschlichen Existenz schlechthin" litten (Z. 10 f.).

Bezug auf historischen Hintergrund und aktuelle Gegenwart

Um diese Position zu begründen, verfolgt der Regisseur **zwei Argumentationsstränge**, die sich auf verschiedene Zeitebenen beziehen: einerseits auf die Gegenwart zum Zeitpunkt seiner eigenen Theaterinszenierung und andererseits auf die Entstehungszeit von Büchners Drama. Beide Ebenen möchte er in seiner Theaterarbeit miteinander verknüpfen (vgl. Z. 11 f.). Die **Gegenwart** wird für Rasche insofern zum Bezugspunkt, als es ihm, ausgehend von Büchners Drama, auch um die **Untersuchung von aktuellen Machtverhältnissen** geht. Diese bestimmt er *ex negativo*, indem er die These aufstellt, dass das gegenwärtige Zusammenleben „nicht mehr in einer oppositionellen Struktur wie Herr und Knecht oder Arm und Reich abgebildet werden“ könne (Z. 8 f.). Im Hinblick auf den **historischen Kontext** des Stücks erläutert er die Herabwürdigung des Militärs zu einem Mittel, mit dem nach 1815 – in der restaurativen Phase in Deutschland – freiheitliche Bestrebungen unterdrückt wurden. Indem er ausführt, dass Offiziere aufgrund des Verlusts ihrer angestammten Tätigkeiten zu einem eintönigen, inaktiven Leben (inklusive Triebverzicht) verurteilt waren, charakterisiert Rasche den **Hauptmann als Opfer der gesellschaftlichen Umstände**, das unter Depressionen leide.

Beziehung Hauptmann /Woyzeck

Zudem erkennt er in dem **Verhältnis des Hauptmanns zu Woyzeck** „eine Beziehung zwischen **Bewunderung und Ablehnung**“ (Z. 28 f.) sowie ein Interesse des Hauptmanns an seinem Gegenüber, das auch auf Neid (vgl. Z. 30) beruhe. An Woyzeck nehme der Hauptmann positiv konnotierte Aspekte wahr, wie dessen Liebe zu seinem unehelichen Kind und eine „Hingabe an seine Familie“ (Z. 30), die sich über alle Konventionen hinwegsetze. Diese Beziehungen gäben Woyzeck Sicherheit und einen Lebenssinn.

Rasches Charakterisierung von Woyzeck

Aufgrund dieser Merkmale charakterisiert Rasche **Woyzeck** als einen – trotz der Verhältnisse, in denen er lebt und die ihm bewusst sind – **glücklichen und zufriedenen Menschen**. Er zeige sich „in seiner charakterlichen Größe und Liebesfähigkeit“ (Z. 39 f.), bis ihm die Grundlage seiner Existenz, Maries Liebe, zerbricht (vgl. Z. 36 ff.). Laut Rasche beginnt die **negative Entwicklung** der Dramenhandlung **erst mit dieser Verlusterfahrung Woyzecks**.

Zusammenfassung von Rasches Position

Der Regisseur weist die Reduzierung Woyzecks auf ein Opfer sozialer Verhältnisse also in zweifacher Hinsicht zurück. Erstens deutet er Woyzeck als einen über weite Strecken zufriedenen sowie seine Zufriedenheit wahrnehmenden Charakter. Zweitens relativiert er den Opferstatus Woyzecks insofern, als er postuliert, dass auch andere Figuren als Opfer gesellschaftlicher Strukturen gelten können, was er an der Figur des Hauptmanns festmacht.

Teilaufgabe 2

Überleitung

Wenn Rasche eine einseitige Betrachtung Woyzecks als Opfer gesellschaftlicher Verhältnisse ablehnt, dann erkennt er damit zugleich an, dass Woyzeck zumindest zu Teilen als ein solches betrachtet werden kann.

Position Rasches

Widerlegung: Woyzeck als Opfer von Hauptmann und Doktor

Diese **Fremdbestimmung** lässt sich anhand der zahlreichen **Abhängigkeitsverhältnisse** festmachen, die im Drama dargestellt werden. So tritt Woyzeck aufgrund **materieller Not** in die Dienste des Hauptmanns und des Doktors, um den Lebensunterhalt für sich und seine kleine Familie zu sichern. Dabei wird er von den Vertretern gesellschaftlicher Institutionen – des Militärs und der Medizin – auf unterschiedliche Weise **unterdrückt** bzw. in seine untergeordnete

Rolle verwiesen. Er ist den **Demütigungen des Hauptmanns** ausgesetzt, der ihn durch Fangfragen als „ganz abscheulich dumm" (S. 16) herabzuwürdigen versucht und sich angesichts von Woyzecks unehelichem Kind als moralisch überlegen darstellt (vgl. S. 16). Der Vertreter des Militärs nutzt also seine Stellung als Vorgesetzter, um Woyzeck dessen Abhängigkeit vorzuführen. Der **Doktor** wiederum bedient sich seiner überlegenen Position als medizinische Autorität sowie der Not Woyzecks, um diesen für **fragwürdige wissenschaftliche Experimente** zu missbrauchen (vgl. S. 19f., 24f.). In beiden Fällen wird Woyzeck für die Vertreter der gesellschaftlichen Ordnung zu einem **Objekt**, an dem sie ein je eigenes Interesse haben. In dem Ernährungsexperiment – Woyzeck darf nur noch Erbsen essen – begegnen sich medizinische und militärische Macht: Versuche an Soldaten mit einseitiger Ernährung dienten dazu, eine günstige und effiziente Versorgung des Militärs zu erproben.

An diesem Punkt zeigt sich ein Bezug zu Rasches Beobachtung, dass Woyzeck für andere Figuren „zu einem Objekt [wird], dessen Nähe man sucht oder das man vielleicht sogar besitzen möchte" (Z. 3f.). Sowohl der Doktor als auch der Hauptmann zeigen sich in physischer wie psychischer Hinsicht zudringlich und ergreifen Besitz von ihm, indem sie sich über seine Grenzen hinwegsetzen und seine Unversehrtheit bedrohen. Auf diese Weise wird **Woyzeck zum Objekt militärischer und medizinischer Machtausübung**.

teilweise Zustimmung zu Rasches Aussage: Interesse anderer an Woyzeck

Anders als Rasche es nahelegt, dominieren hier jedoch Erkenntnis- und Machtinteressen und **weniger Bewunderung oder Neid**. Der Hauptmann mag Woyzeck möglicherweise um Dinge beneiden, die ihm selbst verwehrt bleiben – vor allem Familie und ein Ausleben der Sexualität. Aufgrund der fehlenden Innensicht – ein Charakteristikum der Gattung Drama – äußert sich dies jedoch allenfalls indirekt in den Aussagen des Hauptmanns. Wenn dieser die eigene Verführbarkeit durch sexuelle Reize erwähnt, seine Triebunterdrückung hervorhebt (vgl. S. 17) und zugleich Woyzecks Triebhaftigkeit anprangert (vgl. S. 16), dann mag man darin auf einer psychologischen Ebene **Projektionen des Hauptmanns** erkennen, mittels derer er eigene Wünsche externalisiert. Diese Deutung ist allerdings höchst **spekulativ** und nicht vom Text gedeckt. Zudem liegt im Drama eine starke **Fokussierung auf Woyzeck** vor, der im Mittelpunkt nahezu aller Szenen steht. Aufgrund dieser Konzentration auf die Titelfigur führt die Handlung viel stärker vor, wie sich die Verhaltensweisen des Hauptmanns auf Woyzeck auswirken. Die Beweggründe des Militärs geraten dagegen in den Hintergrund. Die **Beziehung Woyzeck – Hauptmann** zeichnet sich somit weniger durch (geheime) Nähe aus als durch ein **Ausnutzen der Machtposition** innerhalb der militärischen Hierarchie, auf deren unterster Stufe der Rekrut Woyzeck

Relativierung: Unklarheit der Motive des Hauptmanns; Fokus auf Ausbeutung Woyzecks

steht. In diesem Sinne ist auch ein Leiden an der „Existenz schlechthin" (Z. 11) weniger Thema des Dramas als **konkrete soziale Abhängigkeits- und Machtstrukturen**. Büchner arbeitet hier auf der Basis zeitgenössischer Fakten und Quellen, die etwa in seiner politischen Schrift „Der Hessische Landbote" (1834 gemeinsam mit Friedrich Ludwig Weidig verfasst) erläutert werden.

Zustimmung: Woyzecks Charakterstärke

Dass Woyzeck ein gewisses Maß an **charakterlicher Stärke** aufweist, wie Rasche feststellt, lässt sich am Text durchaus belegen. So setzt er den Demütigungen des Hauptmanns eigenständige Gedanken entgegen, mit denen er sich gegenüber den tautologischen Aussagen seines Vorgesetzten (vgl. S. 16: „Moral das ist wenn man moralisch ist") sogar überlegen zeigt. Auch **durchschaut** Woyzeck die **Verbindung von Armut und Ausbeutung** und die Tugendhaftigkeit als ein Privileg der höheren gesellschaftlichen Schichten: „[A]ber wenn ich ein Herr wär und hätt ein Hut und eine Uhr und en Anglaise und könnt vornehm rede, ich wollt schon tugendhaft sein." (S. 17) Eine Stärke Woyzecks zeigt sich darüber hinaus auch im **Erdulden** der zahlreichen Formen der Unterdrückung, deren Folgen sich in **körperlichen und seelischen Degenerationserscheinungen** offenbaren.

Widerlegung: negative Auswirkungen auf Woyzecks Gesundheit

Diese Auswirkungen thematisiert Rasche nicht. Doch gerade sie sind es, die Woyzeck in viel stärkerem Maße zu einem **Opfer gesellschaftlicher Verhältnisse** machen, als es der Regisseur nahelegt. Zudem widerlegen sie die Aussage, Woyzeck leide „nicht wirklich" (Z. 32 f.) an den Verhältnissen. Er hat mit Angstzuständen, Halluzinationen, Unruhe und erhöhtem Pulsschlag zu kämpfen. Vor allem die körperlichen Beschwerden dürften eine Folge des Ernährungsexperiments sein. In diesem Zusammenhang kann auch nicht von Zufriedenheit und Glück gesprochen werden, allenfalls von einer **Anpassung an seine von Ausbeutung geprägte Lage**, die mit großem Leid verbunden ist.

Widerlegung: negative Auswirkungen auf Familie

Auch die **familiäre Situation** bleibt, anders als Rasche dies sieht, nicht unberührt von den sozialen Determinanten und ist deshalb keine „alle gesellschaftlichen Regeln ignorierende Bindung" (Z. 31): Vielmehr ist sie aufgrund des fehlenden kirchlichen Segens gesellschaftlich **geächtet**, sie ist zudem geprägt von **Armut** sowie einem Mangel an Zeit, die zu einer zunehmenden Entfremdung der Partner führen. Zwar sind die Liebe Woyzecks zu seinem Sohn Christian (vgl. S. 15) und das Sorgen für seine Familie unter schwierigen Bedingungen ein Ausdruck von „**Größe und Liebesfähigkeit**" (Z. 40). Was Rasche dabei jedoch nicht berücksichtigt, ist, dass Woyzeck **kaum Zeit bleibt, sich seiner Familie zu widmen**. Aufgrund der zahlreichen Arbeiten (Militärdienst, Stöckeschneiden für den Hauptmann, Rasieren des Hauptmanns, Versuchsobjekt und Assistent des

Doktors) ist er permanent beschäftigt und kann sich bei seinen kurzen Besuchen zu Hause seiner Familie nicht emotional zuwenden (vgl. Maries Aussage nach einem solchen Besuch: „Er [Woyzeck] hat sein Kind nicht angesehn", S. 11). Stattdessen liefert er rasch seinen Lohn bei Marie ab, um dann zu einer weiteren Tätigkeit zu hetzen (vgl. S. 15). Somit ist die Liebe zu Frau und Kind keinesfalls eine sorgenfreie.

Widerlegung von Rasches Woyzeck-Bild

Letztlich ist Rasches **Charakterisierung Woyzecks als „in sich ruhende[r] Charakter" (Z. 2) nicht zutreffend**. Tatsächlich steht diese im Widerspruch zu Woyzecks Rastlosigkeit, seiner Zerrissenheit zwischen der Versorgung der Familie und seinen Arbeiten sowie zu den Beschreibungen anderer (vgl. Hauptmann: „er sieht immer so verhetzt aus", S. 16). Es ist also fraglich, ob erst die Untreue Maries die Entwicklung zum Schlechten auslöst, wie Rasche mit seiner Anspielung auf das „Fundament seines Lebens", das Woyzeck entzogen werde, andeutet (vgl. Z. 37). Denn nicht erst der Liebesverrat Maries (vgl. Z. 32 f.) löst das **Leiden** Woyzecks aus. Vielmehr ist dieses **von Beginn der Dramenhandlung an** vorhanden, als Folge seiner ausweglosen sozialen Situation (vgl. etwa die Eingangsszene, die die Angstvisionen und Halluzinationen Woyzecks zeigt, S. 9). Schließlich kulminieren in Woyzecks Eifersucht und der Ermordung Maries die gesamten Erfahrungen der Unterdrückung. Das „Fundament des Lebens" ist für Woyzeck von Anfang an aufgrund seiner sozialen Stellung und Armut brüchig; mit dem Verlust von Maries Liebe geht es dann vollends entzwei.

bedingte Zustimmung: auch andere Figuren als Opfer deutbar

Gleichwohl ist **Rasche** zumindest **in Ansätzen zuzustimmen**, wenn er feststellt, dass nicht nur Woyzeck durch die sozialen Bedingungen negativ beeinflusst werde, sondern „[i]m Grunde […] **alle Figuren** in ‚Woyzeck' **unter den gesellschaftlichen Verhältnissen**" (Z. 9 f.) **litten**. Im Hinblick auf den **Hauptmann** kann Rasche dies, auch unter Rückgriff auf zeitgeschichtliche Kontexte, plausibel machen. In der Tat scheinen dessen Langeweile und Melancholie Folge seines ereignislosen Dienstes zu sein. Seine Disziplinierung von Woyzeck ließe sich dann – wenn auch, aufgrund der fehlenden Innensicht, wiederum in spekulativer Weise – als **Kompensation** lesen, die seine eigenen Verlust- und Verzichterfahrungen, allen voran seine Triebunterdrückung, ausgleichen soll. Auch ist der Hauptmann nicht nur aktiv an der Unterdrückung anderer beteiligt, sondern er wird **selbst Opfer von Machtausübung**. So spielt der Doktor mit der Angst des Hauptmanns vor dem körperlichen Verfall und einer tödlichen Krankheit und bringt diesen damit in seelische Nöte (vgl. S. 21). Wie Woyzeck wird er zum Objekt wissenschaftlichen Interesses. Zu ergänzen wäre, dass auch Woyzecks Geliebte **Marie als ein Opfer** der gesellschaftlichen Verhältnisse gesehen werden kann.

Ihre soziale und wirtschaftliche Notlage sowie der ebenfalls sozial bedingte Verlust der Bindung an Woyzeck machen sie anfällig für die Verführungen des Tambourmajors, an die sie die Hoffnung auf einen sozialen und materiellen Aufstieg knüpft (vgl. S. 14f.). Selbst das **Kind** ist stark von der prekären sozialen Lage geprägt, was Woyzeck hellsichtig bemerkt, als er Marie gegenüber sagt, dass sein Sohn „sogar Schweiß im Schlaf" (S. 15) habe.

Woyzeck allerdings als ein „Rad im Getriebe" (Z. 5) und ein Opfer unter anderen einzuordnen, **verfehlt** die im Drama deutlich werdende **Differenzierung**. Es ist zu bedenken, dass sich die gesellschaftlichen Rahmenbedingungen höchst unterschiedlich auf Woyzeck und die anderen Charaktere auswirken – **abhängig von ihrem sozialen Status:** Woyzeck als Vertreter der unterprivilegierten Schicht und die Repräsentanten des Bürgertums mit ihren Privilegien haben mit sehr unterschiedlichen Problemen zu kämpfen. Dies gilt vor allem im Hinblick auf die **Befriedigung materieller Grundbedürfnisse**. Während der Hauptmann unter Langeweile und Beschäftigungslosigkeit leidet, aber materiell abgesichert ist, muss Woyzeck fortwährend um die physischen Grundlagen seiner Existenz fürchten. Hier offenbart sich das Phänomen des Pauperismus, d. h. der Massenarmut, als eines der zentralen Probleme im 19. Jahrhundert.

Einwand: Leugnen sozialer Unterschiede durch Gleichsetzung von Woyzeck mit anderen Figuren

Als höchst **fragwürdig** ist **Rasches Ansatz** einzustufen, seine Deutung mit **heutigen gesellschaftlichen Verhältnissen** zu begründen. Zwar ist es ein nachvollziehbares Erkenntnisinteresse eines Theaterregisseurs, die Bedeutung eines Dramas aus einer früheren Epoche für die Gegenwart zu suchen. Dies ist insofern sinnvoll, als Theater, auch wenn es ältere Texte zur Aufführung bringt, immer im Hier und Jetzt stattfindet. Problematisch erscheint es jedoch, wenn Rasche zentrale Aspekte des Textes so umdeutet, dass sie zwar den Verhältnissen zum Zeitpunkt der Inszenierung entsprechen, nicht jedoch denjenigen, die im Text dargestellt werden. In der Gesellschaft der 1830er-Jahre gab es sehr wohl **klare Oppositionen und soziale Ungleichheiten** (arm vs. reich, privilegiert vs. nicht privilegiert, gebildet vs. ungebildet) und auch heute ist das im Übrigen noch der Fall in der deutschen Gesellschaft und, in z. T. noch gravierenderem Ausmaß, weltweit. Die Argumentationslogik, aus einer Diagnose heutiger Verhältnisse die Charakterisierung einer Dramenfigur abzuleiten, die stark von den Bedingungen ihrer Entstehungszeit geprägt ist, ist als **anachronistisch** zu bewerten. Ein solches Vorgehen führt, wie gezeigt werden konnte, zu Deutungen, die am Text vorbeigehen.

Einwand: Hinterfragen der Methode, heutige Erfahrungen auf Dramenfiguren von 1837 zu projizieren

In der Gesamtbewertung erscheint **Rasches Position zwiespältig:** Seine historisch gut informierten Ausführungen zur Figur des Hauptmanns machen überzeugend deutlich, dass auch der Vertreter des Militärs unter gewissen gesellschaftlichen Bedingungen seiner Zeit zu leiden hat. Diesen Zustand jedoch mit demjenigen Woyzecks zu parallelisieren, erscheint höchst fragwürdig. Zu unterschiedlich sind die an die jeweilige soziale Schicht gebundenen Lebensverhältnisse und deren Folgen. Vollends an der im Text geschilderten Lebensrealität vorbei geht Rasches Bild von Woyzeck als einem glücklichen und zufriedenen, in sich ruhenden Menschen. Die damit verbundene **Relativierung seines Opferstatus** missachtet vor allem die sozioökonomischen Bedingtheiten und Machtverhältnisse, die in Büchners Drama deutlich werden. **Fragwürdig** ist auch Rasches **methodischer Zugang**, heutige soziale Verhältnisse zugrunde zu legen, um ein Bild des Protagonisten zu zeichnen. Maßstab einer Interpretation sollte zunächst der Text in seinem Entstehungszusammenhang sein. Die Frage nach Gemeinsamkeiten und Unterschieden zwischen Entstehungs- und Jetztzeit ist ein davon unabhängiger Schritt. Vermischt man beide Aspekte miteinander, wie Rasche das tut, wird man weder dem Text noch der eigenen Gegenwart gerecht.

Fazit

differenziertes Abwägen zwischen zutreffenden und problematischen Aussagen Rasches

Leistungskurs Deutsch (Sachsen): Abiturprüfung 2019
Aufgabe 2: Interpretation eines literarischen Textes

Franz Kafka (1883–1924): In der Strafkolonie (1914, Auszug)

„[…] Das ist mein Plan; wollen Sie mir zu seiner Ausführung helfen? Aber natürlich wollen Sie, mehr als das, Sie müssen.“ Und der Offizier faßte den Reisenden an beiden Armen und sah ihm schweratmend ins Gesicht. Die letzten Sätze hatte er so geschrien, daß selbst der Soldat und der Verurteilte aufmerksam geworden waren; trotzdem sie nichts verstehen konnten, hielten sie doch im Essen inne und sahen kauend zum Reisenden hinüber.

Die Antwort, die er zu geben hatte, war für den Reisenden von allem Anfang an zweifellos; er hatte in seinem Leben zu viel erfahren, als daß er hier hätte schwanken können; er war im Grunde ehrlich und hatte keine Furcht. Trotzdem zögerte er jetzt im Anblick des Soldaten und des Verurteilten einen Atemzug lang. Schließlich aber sagte er, wie er mußte: „Nein.“ Der Offizier blinzelte mehrmals mit den Augen, ließ aber keinen Blick von ihm. „Wollen Sie eine Erklärung?“ fragte der Reisende. Der Offizier nickte stumm. „Ich bin ein Gegner dieses Verfahrens“, sagte nun der Reisende, „noch ehe Sie mich ins Vertrauen zogen – dieses Vertrauen werde ich natürlich unter keinen Umständen mißbrauchen –, habe ich schon überlegt, ob ich berechtigt wäre, gegen dieses Verfahren einzuschreiten, und ob mein Einschreiten auch nur eine kleine Aussicht auf Erfolg haben könnte. An wen ich mich dabei zuerst wenden müßte, war mir klar: an den Kommandanten natürlich. Sie haben es mir noch klarer gemacht, ohne aber etwa meinen Entschluß erst befestigt zu haben, im Gegenteil, Ihre ehrliche Überzeugung geht mir nahe, wenn sie mich auch nicht beirren kann.“

Der Offizier blieb stumm, wendete sich der Maschine zu, faßte eine der Messingstangen und sah dann, ein wenig zurückgebeugt, zum Zeichner hinauf, als prüfe er, ob alles in Ordnung sei. Der Soldat und der Verurteilte schienen sich miteinander befreundet zu haben; der Verurteilte machte, so schwierig dies bei der festen Einschnallung durchzuführen war, dem Soldaten Zeichen; der Soldat beugte sich zu ihm; der Verurteilte flüsterte ihm etwas zu, und der Soldat nickte.

Der Reisende ging dem Offizier nach und sagte: „Sie wissen noch nicht, was ich tun will. Ich werde meine Ansicht über das Verfahren dem Kommandanten zwar sagen, aber nicht in einer Sitzung, sondern unter vier Augen; ich werde auch nicht so lange hier bleiben, daß ich irgendeiner Sitzung beigezogen werden könnte; ich fahre schon morgen früh weg oder schiffe mich wenigstens ein.“

Es sah nicht aus, als ob der Offizier zugehört hätte. „Das Verfahren hat Sie also nicht überzeugt“, sagte er für sich und lächelte, wie ein Alter über den Unsinn eines Kindes lächelt und hinter dem Lächeln sein eigenes wirkliches Nachdenken behält.

„Dann ist es also Zeit“, sagte er schließlich und blickte plötzlich mit hellen Augen, die irgendeine Aufforderung, irgendeinen Aufruf zur Beteiligung enthielten, den Reisenden an. „Wozu ist es Zeit?“ fragte der Reisende unruhig, bekam aber keine Antwort. […]

Aus: Franz Kafka: In der Strafkolonie. In: Franz Kafka: Das erzählerische Werk, Bd. 1, hrsg. von Klaus Hermsdorf. Rütten & Loening Berlin 1983, S. 189–191

Wolf Kittler (*1945): In dubio pro reo[1] (2007)

[…] Es ist die Geschichte eines Mannes, des Reisenden, der, ohne etwas Böses getan zu haben, sich plötzlich in der Rolle eines Henkers, wenn nicht Mörders wiederfindet, die Geschichte eines Mannes, der buchstäblich seine Unschuld verliert. […]

Aus: Wolf Kittler: In dubio pro reo. In: Kafkas Institutionen, hrsg. von Arne Höcker, Oliver Simons. Transcript Verlag Bielefeld 2007, S. 39

1 In dubio pro reo: Im Zweifel für den Angeklagten, juristische Klausel

Arbeitsanweisung:

Interpretieren Sie den Textauszug unter besonderer Berücksichtigung der Funktion des Reisenden in der Erzählung.

Beurteilen Sie auf der Grundlage Ihrer Interpretationsergebnisse die Gültigkeit der Aussage von Wolf Kittler.

Lösungsvorschlag

Bevor Sie mit der Bearbeitung der Aufgabe beginnen, sollten Sie die Arbeitsanweisung möglichst genau erfassen, schließlich gibt diese Ihnen ***konkrete Analysekriterien*** *vor: In diesem Falle müssen Sie innerhalb Ihrer Interpretation insbesondere die* ***Funktion des Reisenden*** *erklären und anschließend die* ***Aussage von Wolf Kittler*** *beurteilen. Es kommt hinzu, dass der Textauszug aus Kafkas „In der Strafkolonie" nicht allzu umfangreich ausfällt, weshalb Sie über eine* ***solide Werkkenntnis*** *verfügen müssen. Glücklicherweise können Sie aber mit Kittlers These den Interpretationsrahmen abstecken: Es geht um die* ***Schuld oder Unschuld des Reisenden****.*
Aus dieser ersten Erkenntnis leitet sich schnell die ***Problemfrage*** *ab, auf deren Grundlage Sie dann weitere Analysekriterien festlegen können. Beachten Sie dabei diesen Tipp: Je klarer Ihre Frage an dieser Stelle formuliert ist, desto leichter wird Ihnen die aspektorientierte Analyse gelingen. Ist Ihre Frage zu weitreichend, könnten Sie sich in den verschiedenen Deutungsebenen verlieren.*
Nachdem Sie Ihre Analyse sowie Ihre ersten Interpretationsansätze vorformuliert haben, sollten Sie eine Einleitung entwickeln. Besonders überzeugend wirken dabei Eröffnungen, die ***gesellschaftskritische oder alltägliche Bezüge*** *besitzen, weil diese dem Leser Ihres Textes zeigen, dass Sie in der Lage sind, die* ***literarische Vorlage*** *zu abstrahieren und* ***auf andere bzw. aktuelle Problemfelder*** *zu* ***übertragen****.*
In Ihrem Schlussteil können Sie einen ***Bogen zur Einleitung*** *herstellen. Werfen Sie in der Einleitung Fragen auf, sollten Sie diese auf Grundlage Ihrer Interpretation beantworten. Es ist hier durchaus möglich, eine* ***wertende Position*** *einzunehmen, wenn Sie diese begründet vertreten.*

Einleitung:
Menschen in Entscheidungssituationen

Das **Fällen von Entscheidungen** ist nicht immer leicht. Jeder, der einmal stundenlang über ein Problem gegrübelt hat und dann doch nicht zu einem Entschluss gekommen ist, kann dies nachvollziehen. Gleichwohl gibt es aber auch Entscheidungen, die keinen Aufschub dulden und innerhalb kürzester Zeit getroffen werden müssen. Das **Helfen bei einem Unfall** ist ein Beispiel dafür. Dabei muss man in Sekundenschnelle den Entschluss fassen, zu helfen. Und obwohl die Antwort eigentlich logisch und klar sein sollte, mehren sich die Situationen, in denen Menschen die **Verantwortung von sich schieben** und sich gegen die Unterstützung eines Verletzten entscheiden. Doch ist dieses Verhalten menschlich? Und was treibt diese Menschen an, die doch eigentlich genau wissen, was zu tun wäre?

Entscheidungen literarischer Figuren

Mit diesen Fragen beschäftigen sich nicht nur Juristen, Philosophen und Psychoanalytiker, sondern auch **Literaten**, indem sie ihre Figuren ähnlichen Herausforderungen aussetzen und damit **exemplarische Lösungsansätze** liefern. In Juli Zehs Roman *Corpus Delicti* steht beispielsweise Mia Holl vor der Entscheidung, ob sie gegen das politische System der METHODE vorgehen oder mit der Vergangenheit abschließen soll, obwohl sie selbst von der **Fehlbarkeit dieses**

gesellschaftlichen Modells ausgeht. Auch im vorliegenden Textauszug aus *In der Strafkolonie* (1914) von Franz Kafka werden diese Fragen aufgeworfen, die nach der Interpretation und nach der Beurteilung einer Aussage von Wolf Kittler beantwortet werden sollen.

Überleitung zu Kafkas *In der Strafkolonie*

Interpretation:

Plot von *In der Strafkolonie*

In der Erzählung *In der Strafkolonie* wird der Protagonist, der als „der Reisende" bezeichnet wird, vom Kommandanten einer militärisch organisierten Kolonie gebeten, an einer **Hinrichtungsprozedur** teilzunehmen, die ein Offizier mithilfe einer speziellen Maschine ausführt. Jener Offizier, der seine **Begeisterung für die Funktionsweise der Maschine** mit dem Reisenden teilen möchte und ihm deshalb detailliert den Aufbau des Gerätes sowie den Ablauf des zwölfstündigen Hinrichtungsprozesses erklärt, versucht, den Reisenden von der **Wichtigkeit des Apparates** zu überzeugen. Während dieser Erläuterung wird dem Reisenden bewusst, dass der Offizier sowohl Kläger, Richter und Henker eines Verurteilten ist, der wiederum gar nicht weiß, dass, wofür und wie er bestraft wird.

Reisender als Gegner des Verfahrens

Aus diesem Grund **spricht sich** der Reisende **gegen die Hinrichtungsprozedur aus**, nachdem er vom Offizier zu seiner Position zum Verfahren gefragt wird. Der Offizier, der von der Meinung des Reisenden überrascht zu sein scheint, begnadigt plötzlich den Verurteilten, startet den Apparat und setzt sich selbst der Folter der Maschine aus. Während der Reisende, der verschonte Verurteilte und ein beistehender Soldat den **Qualen des Offiziers** gebannt zuschauen, zerfällt das Gerät in seine Einzelteile, bis es schließlich stoppt und der Leichnam des Offiziers aus den Überresten geborgen wird. Die Erzählung endet damit, dass der Reisende die Strafkolonie verlässt.

Verortung des Textauszuges

Der vorliegende Textauszug lässt sich **kurz vor dem Wende- und Höhepunkt der Erzählhandlung**, der beginnenden Selbsttötung des Offiziers, verorten.

resolute Entscheidung des Reisenden

Betrachtet man die Figur des Reisenden, so erscheint dieser zunächst souverän. Dies kann man schon anhand seiner **erhöhten Redeanteile** erkennen (vgl. Z. 13–20, 27–31), in denen er ausführlich seine Auffassung sowie Vorgehensweise erklärt. So macht er deutlich, dass er „ein **Gegner dieses Verfahrens**" (Z. 13) sei, und sich auch nicht „beirren" (Z. 20) lasse, er dem Kommandanten aber **nur „unter vier Augen**" (Z. 29) seine Sichtweise erklären würde. Dies wird auch sprachlich durch die Wahl von Worten gestützt, die absolute Zustände beschreiben. Der Reisende habe „keine Furcht" (Z. 9), dem Offizier seine Ansicht mitzuteilen; auch „[d]ie Antwort, die er zu geben [habe, sei] zweifellos" (Z. 7 f.). Sein Entschluss sei sogar so „klar" (Z. 18), dass er sich „natürlich" (Z. 18) an den Kommandanten wenden müsse.

auffällige Wortwahl des Reisenden

Hierbei wird ein besonderes Bild des Reisenden gezeichnet, der sich stets **seiner moralisch-ethischen Überzeugungen sicher** ist. Seine Handlungen hingegen deuten auf das **Gegenteil** hin: Schließlich erträgt er die Erklärungen des Offiziers zur Funktionsweise der Maschine sowie die beginnende Folter des Verurteilten und greift mit seinen Worten erst nach der konkreten Frage des Offiziers ein (vgl. Z. 1). Auch „zöger[t]" (Z. 9) er zu Beginn seiner Ausführungen und wird nach der Reaktion des Offiziers sogar „unruhig" (Z. 37). Die **Inkongruenz zwischen seiner inneren Haltung und seinen äußeren Handlungen** gipfelt darin, dass er den Offizier nicht rettet, als dieser sich der Maschine aussetzt.

Zurückhaltung des Reisenden

Gedanken vs. Handlungen

Der Offizier hingegen tritt hingegen klar auf und stellt somit einen **Kontrast zum Reisenden** dar. Sein Handeln, seine Körpersprache, seine Gefühle und seine Gedanken erscheinen während der gesamten Erzählung **im Einklang**. Mithilfe des Textauszuges wird dies sichtbar: Im Zuge seiner Unsicherheit, ob ihn der Reisende auch unterstützen werde, redet er sich in Rage, er ist laut und wird sogar körperlich (vgl. Z. 2 f.: „Und der Offizier faßte den Reisenden an beiden Armen […]. Die letzten Sätze hatte er […] geschrien […]"). Gleichzeitig wird diese Reaktion durch seine Worte noch verstärkt; er wechselt vom Modalverb „wollen" zu „müssen" (Z. 1 f.: „Aber natürlich wollen Sie, mehr als das, Sie müssen."). Dadurch gewinnt seine Äußerung an Kraft. **Seine Bitte wird** damit auf gewisse Weise **zum Befehl, zur Verpflichtung**.

Übereinstimmung von Wort und Tat beim Offizier

forsches, emotionales Auftreten des Offiziers

Auch kurz nachdem er vom Forschungsreisenden abgewiesen wird, wirken seine **Handlungen, Gefühle und Gedanken kongruent**. So ist der Offizier dieses Mal „stumm" (Z. 13, 21) und verliert sich in Details, indem er an der Maschine hantiert, „als prüfe er, ob alles in Ordnung sei." (Z. 22 f.) Er wirkt innerlich gebrochen, **sein Weltbild scheint zerstört**, nun muss er sich zunächst finden, ist fassungslos und kann nur das Offensichtliche wiederholen: „Das Verfahren hat Sie also nicht überzeugt" (Z. 32 f.). In diesem Augenblick scheint er außerdem nicht aufnahmefähig zu sein, weil es nicht so aussieht, „als ob [er] zugehört hätte" (Z. 32) und er eher mit seinem „Nachdenken" (Z. 34) beschäftigt ist.

Fassungslosigkeit des Offiziers angesichts der Entscheidung des Reisenden

Nach den Ausführungen des Reisenden erweckt er jedoch den Anschein, wieder entschlossen zu sein. Dies wird durch seine Ankündigung, dass es „[d]ann […] also Zeit" (Z. 35) sei, und an seinen „hellen Augen" (Z. 35) erkennbar, die symbolisch auf seinen nun **veränderten mentalen Zustand** hinweisen. Seine **selbstinitiierte Hinrichtung**, die nach dem Textauszug folgt, bekräftigt dies. Und auch hier wieder gleicht seine innere Gefühls- und Gedankenwelt seinen äußeren Handlungen.

entschlossene Reaktion: Selbsttötung des Offiziers

Vergleicht man den Offizier mit dem Reisenden, so wird schnell erkennbar, dass der Offizier nicht nur **dynamischer** auftritt, sondern dass er außerdem in jeder Hinsicht die deutlich **stärkere Figur** darstellt: Er ist konsequent, seine Handlungen folgen seinen inneren Überzeugungen und er scheut sich nicht, seine Ansichten mitzuteilen. Der Reisende hingegen, dessen Tätigkeiten sich auf das Sprechen und Hinterhergehen (vgl. Z. 27) beschränken, verhält sich durch sein **Nicht-Eingreifen** unmoralisch, ist im Geiste aber von gänzlich anderen Absichten (vgl. Z. 13 ff.) geprägt. So ist dem überzeugten Offizier ein unsicherer Reisender gegenübergestellt. Für den Leser nimmt der Forschungsreisende eine von Zerrissenheit gekennzeichnete Rolle ein, an der man **exemplarisch menschliches Handeln nachvollziehen** kann.

Vergleich: Offizier vs. Reisender

Gegensätzlichkeit der Figuren

Insgesamt besitzt der Reisende in der Erzählung je nach Perspektive noch weitere Funktionen. Für den Verurteilten tritt er als **Retter** auf. Für den Kommandanten ist er eine Art **Sündenbock:** Der Kommandant scheint die Verantwortung für das Fortbestehen der Maschine und für die Hinrichtungsprozesse auf den Reisenden abzuschieben. Für sich selbst, also in seinen eigenen Augen ist der Reisende ein **neutraler Forscher**. Betrachtet man jedoch seine Funktion für den Offizier, so entsteht ein spannendes Konzept: Der Reisende scheint eine Art **moralisch-ethischer Prüfstein** für den Offizier zu sein, was bezogen auf die Überzeugungen und Handlungen der beiden Figuren auf den ersten Blick widersprüchlich erscheint. Dieser **scheinbare Konflikt** kann aber dadurch gelöst werden, dass man sich eine einfache Wahrheit bewusst macht: Kein Mensch hält sich selbst für unmoralisch oder böse. So ist es auch beim Offizier, der von sich glaubt, dass sein Handeln vernünftig sei und der Gesellschaft diene.

unterschiedliche Funktionen des Reisenden

Bedeutung des Reisenden für den Offizier

Umso schwieriger ist es für den Reisenden, seine Position zu verdeutlichen. Statt seiner Ansicht mit klaren Worten Nachdruck zu verleihen, sucht er Ausflüchte, indem er seine **eigene Berechtigung zum Einschreiten** überdenkt (vgl. Z. 15 f.). Auch die Art und Weise seines Plans, nämlich „unter vier Augen" (Z. 29) mit dem Kommandanten zu sprechen, ist zwar diplomatisch, erscheint aber im Vergleich zu den forschen Handlungen des Offiziers eher als schwach. Diese **Asymmetrie** ist es auch, die den Reisenden letztendlich scheitern lässt und von der die Leser lernen sollten. Schließlich macht sich der Reisende durch seine **mangelnde Stärke** und durch sein **fehlendes Handeln** mitschuldig.

zögerliches Verhalten des Reisenden

Wolf Kittler, der Kafkas *In der Strafkolonie* untersucht, sieht den Reisenden sogar als „Henke[r], wenn nicht Mörde[r]" (Z. 2, Kittler), ohne dass dieser „etwas Böses getan" (Z. 1, Kittler) habe. Diese **ex-**

Beurteilen von Kittlers Aussage:

treme Interpretation zeigt in besonderem Maße, welche gravierenden Konsequenzen sich aus der **Passivität des Reisenden** ergeben können. Dieser ist **nicht in der Lage**, die **Verantwortung zu übernehmen**, weil er zu beschäftigt ist mit seinen eigenen Bedürfnissen: So weiß er nicht, welche Rechte er eigentlich hat (vgl. Z. 15: „ob ich berechtigt wäre"), und fragt sich sogar, „ob [sein] Eingreifen auch nur eine kleine Aussicht auf Erfolg haben könnte" (Z. 16 f.).

fragwürdige Tatenlosigkeit des Reisenden

Auch sein **diplomatisches Auftreten** deutet darauf hin, dass es ihm wichtig ist, wie er von anderen beurteilt wird (vgl. Z. 28–31). Auf diese Weise ist er so auf sich selbst fixiert, dass er seinem moralisch-ethischen Ideal nicht folgen kann. Dies ist der Grund, warum er laut Kittler „buchstäblich seine Unschuld verliert" (Z. 3, Kittler). Dass der Reisende dabei „die Rolle eines Henkers" oder „Mörders" (Z. 2, Kittler) innehaben soll, stellt eine **grenzwertige Deutung** dar. Schließlich hat der Forschende nicht die Intention, den Offizier tatsächlich zu töten. Deshalb kann man ihm zwar **Fahrlässigkeit, aber nicht Vorsatz** unterstellen.

Zustimmung für Kittler: Schuld des Reisenden

Relativierung von Kittlers hartem Urteil

Schluss:

Wenn man die Figur des Reisenden also genauer betrachtet, so kann man besser nachvollziehen, warum viele Menschen zwar das Wissen um das richtige Handeln besitzen, aber dennoch nicht verantwortungsvoll agieren und beispielsweise bei einem Unfall helfen. Man kann durchaus behaupten, dass dieses **Verhalten menschlich, aber gleichzeitig ethisch verwerflich** ist. Diese Menschen besitzen nicht das Bewusstsein, dass es in einer solchen Situation **nicht um die eigenen Befindlichkeiten** geht. Nach der Frage, ob man sich selbst in Gefahr bringen würde, muss sofort die Überlegung folgen, wie es der betroffenen Person geht und wie man ihr helfen kann. Es sollte dabei nicht im Vordergrund stehen, wie man selbst gesehen wird und was man verpassen könnte. Hierbei hilft den Menschen die Literatur. Sie kann uns vor Augen führen, was passiert, wenn nicht gehandelt wird. Und damit kann sie uns unterstützen, ein **Bewusstsein für unsere eigene Verantwortung** zu entwickeln, damit wir am Ende eben nicht schuldig werden, „ohne etwas Böses getan zu haben" (Z. 1 f., Kittler).

Rückbezug zur Einleitung

Literatur als Orientierungshilfe

Melanie Arzenheimer (*1972): Gelobtes Land (2016)

Wo nach
der Ankunft
die Herkunft
die Zukunft
nicht
überschattet.

Aus: Melanie Arzenheimer: Heimat. Gedichte, hrsg. von Anton G. Leitner. Reclam Stuttgart 2017, S. 42

Christa Wolf (1929–2011): Medea. Stimmen (1996)

Medea

Auch tote Götter regieren. Auch Unglückselige bangen um ihr Glück. Traumsprache. Vergangenheitssprache. Hilft mir heraus, herauf aus dem Schacht, weg von dem Geklirr in meinem Kopf, warum höre ich das Klirren von Waffen, kämpfen sie denn, wer kämpft, Mutter, meine Kolcher, höre ich ihre Kampfspiele in unserem Innenhof, oder wo bin ich, wird denn das Geklirr immer lauter. Durst. Ich muß aufwachen. Ich muß die Augen öffnen. Der Becher neben dem Lager. Kühles Wasser löscht nicht nur den Durst, es stillt auch den Lärm in meinem Kopf, das kenn ich doch. Da hast du neben mir gesessen, Mutter, und wenn ich den Kopf drehte, so wie jetzt, sah ich die Fensteröffnung, wie hier, wo bin ich, da war doch kein Feigenbaum, da stand doch mein geliebter Nußbaum. Hast du gewußt, daß man sich nach einem Baum sehnen kann, Mutter, ich war ein Kind, fast ein Kind, ich hatte zum erstenmal geblutet, aber ich war doch nicht deswegen krank, du hast doch nicht deswegen bei mir gesessen und mir die Zeit vertrieben, den Kräuterumschlag auf Brust und Stirn gewechselt, mir meine Hände dicht vor die Augen gehalten und mir die Linien in den Handflächen gezeigt, zuerst die linke, dann die rechte, wie verschieden, du hast mich gelehrt, sie zu lesen, oft habe ich mich ihrer Botschaft entzogen, habe die Hände zu Fäusten geballt, habe sie ineinander verschlungen, habe sie auf Wunden gelegt, habe sie zu der Göttin aufgehoben, habe das Wasser vom Brunnen getragen, das Leinen mit unseren Mustern gewebt, habe sie in den warmen Haaren der Kinder vergraben. Einmal, Mutter, in einer anderen Zeit, habe ich mit meinen beiden Händen zum Abschied deinen Kopf umspannt, seine Form ist als Abdruck in meinen Handflächen geblieben, auch Hände haben ein Gedächtnis. Jeden Flecken von Jasons Körper haben diese Hände abgetastet, erst heute nacht, aber ist denn jetzt Morgen, und welcher Tag.

Ruhig. Ganz ruhig, eins nach dem anderen. Besinn dich. Wo bist du. Ich bin in Korinth. Der Feigenbaum vor der Fensteröffnung der Lehmhütte war mir ein Trost, als sie mich aus dem Palast des Königs Kreon wiesen. Warum? Das kommt später. Ist das Fest vorüber, oder muß ich noch hingehen, wie ich es Jason schließlich zugesagt habe. Du

kannst mich jetzt nicht im Stich lassen, Medea, von diesem Fest hängt viel ab. Nicht für mich, habe ich ihm gesagt, und das weißt du auch, aber meinetwegen, ich komme, habe ich zu ihm gesagt, aber das ist das letzte Mal. Du hast mir damals jene winzige Linie in der linken Hand mit dem Fingernagel nachgezogen, du hast mir gesagt, was es bedeuten würde, wenn sie irgendwann einmal die Lebenslinie kreuzte, du hast mich gut gekannt, Mutter, lebst du noch.
Sieh her. Da kreuzt diese winzige Linie, die sich vertieft hat, die andere. Paß auf, hast du gesagt, Hochmut läßt dein Inneres erkalten, mag ja sein, aber Schmerz, Mutter, Schmerz hinterläßt auch eine wüste Spur. Wem sage ich das. Wie dunkel es auch gewesen ist, als wir an Bord der „Argo“ gingen, deine Augen habe ich gesehen und nicht vergessen können, ihr Blick brannte mir ein Wort ein, das ich vorher nicht kannte: Schuld.

Aus: Christa Wolf: Medea. Stimmen. Luchterhand München 1996, S. 13 f.

Figurenverzeichnis

Medea	Kolcherin, Tochter des Königs Aietes
Lyssa	Kolcherin, Medeas Vertraute
Arinna	Kolcherin, Lyssas Tochter
Jason	Schiffsführer der „Argo“
Agameda	Kolcherin, vormals Medeas Schülerin
Kreon	König von Korinth
Akamas	Korinther, erster Astronom des Königs Kreon
Presbon	Kolcher, Veranstalter der Spiele in Korinth
Leukon	Korinther, zweiter Astronom Kreons
Glauke	Korintherin, Tochter Kreons

Arbeitsanweisung:

Erschließen Sie die in Melanie Arzenheimers Gedicht *Gelobtes Land* gestaltete Problematik.

Erörtern Sie diese in Bezug auf Christa Wolfs Roman *Medea. Stimmen.* Nutzen Sie auch den Textauszug für Ihre Argumentation.

Lösungsvorschlag

Die Besonderheit der vorliegenden Aufgabe zur literarischen Erörterung liegt in der Kombination von ***Elementen des Erörterns und des Interpretierens****, was sowohl für das Gedicht als auch für den Romanauszug gilt. Diese Aufgabe verlangt von Ihnen sichere Werkkenntnisse zu Christa Wolfs Roman „Medea. Stimmen“, ohne die Sie die Erörterungsleistung nicht erbringen können. Den Gegenstand Ihrer Erörterung müssen Sie aber zuvor erst erschließen, indem Sie das* ***Gedicht von Melanie Arzenheimer*** *auf seinen Sinngehalt hin untersuchen und inhaltliche Bezüge zwischen Gedicht und Roman herstellen. Der* ***beigegebene Romanauszug*** *(aus der ersten „Stimme“ Medeas) kann Ihnen dabei behilflich sein. Darüber hinaus können aber sicher auch* ***Lektüreerfahrungen zur „Medea“ des Euripides bzw. Kenntnisse zum Medea-Mythos*** *sinnstiftend eingebracht werden, wenn Sie dadurch an die Rezeptionsgeschichte von Stoffen und Motiven in der literarischen Tradition anknüpfen wollen. Bezüge zu weiteren Lektüren, die sich inhaltlich zwar anbieten (etwa zu Christoph Heins „Landnahme“) sollten, wenn überhaupt, nur sparsam hergestellt werden. Weil die Aufgabenstellung ganz explizit nur auf Christa Wolfs Werk abzielt, sollte die* ***argumentative Auseinandersetzung mit wechselnden Deutungen zur Figur der Medea*** *in historischen, psychologischen, sozialen oder (auto)biografischen Kontexten auch für Sie im Mittelpunkt Ihrer Überlegungen stehen.*

Einleitung: Annäherung an Medea

„Jeder Mensch ist Ausländer. Fast überall.“ Ist dieser alte Spruch der Schlüssel zur antiken Wunderheilerin Medea? Die ihren Bruder zerstückelt und ihre Kinder ermordet haben soll? Zu Medea, dem Monster oder doch der liebenden Mutter? Die zwar aus Kolchis geflohen, aber in Korinth nie angekommen ist?

Verknüpfung mit Thema „Heimat“

Heimatlosigkeit, Entwurzelung, Verlustängste: Das sind Assoziationen zur Problematik, die bei der Lektüre der beiden vorliegenden Texte aufkommen. Man muss sie hinterfragen, wenn man sich der Figur der Medea nähern will, die ihre **Spuren in der Geschichte der Weltliteratur hinterlassen** hat und darüber hinaus auch in mehreren Opern, Verfilmungen und zahllosen bildnerischen Darstellungen verewigt wurde. Die auch heute noch auf deutschen und internationalen Bühnen gespielt wird und immer wieder aufs Neue **Anlass** gibt **zu kontroversen Interpretationen**. Diese Annäherung wird nicht einfach sein, aber sie wird zeigen, warum so viele verschiedene Perspektiven möglich sind auf eine Frau, die aus der grauen Vorzeit zu kommen scheint, aus dem antiken Mythos vor mehr als 2000 Jahren – deren Probleme uns allerdings auch noch heute betreffen.

Medeas enorme Wirkungsgeschichte

Erschließen des Gedichts: *Gelobtes Land*

Melanie Arzenheimers Gedicht mit dem Titel *Gelobtes Land* stammt aus dem Jahr 2016, erschienen in einem **Sammelband mit dem Namen „Heimat“**. Heutzutage werden diese beiden Begriffe bzw. ihre Bedeutungen im gesellschaftlichen Diskurs oftmals gleichgesetzt. Das ist hier offensichtlich nicht der Fall. Die beiden Titel verweisen in ihrem Zusammenspiel vielmehr auf ein Thema, das auch auf die Situation Medeas in Korinth zutrifft.

Arzenheimers Trick für die ungeheure Verdichtung ihres Themas (in gerademal einem Dutzend Wörter, in einem Halbsatz) besteht dabei einerseits in der **antithetischen Gegenüberstellung von Verheißung** (Titel) **und Enttäuschung** (Überschattung, vgl. V. 6), andererseits in der kumulativen Verwendung der drei Begriffe „Ankunft", „Herkunft" und „Zukunft" (V. 2–4). Diese können ihren gemeinsamen Wortursprung aus dem Verb „kommen" nicht verbergen. Durch ihre Nominalisierung und die **jeweilige Platzierung in einem gesonderten Vers** erhalten sie ihr ganz eigenes Gewicht.

inhaltliche und sprachlich-formale Gründe für die Aussagekraft des Gedichts

Wo die eigene Vergangenheit (die Herkunft aus einer verlorenen Heimat) die Exilsituation (die Ankunft in der Gegenwart) beeinflusst und damit die Lebensgestaltung in der Zukunft problematisch erscheinen lässt, kann kein guter Ort für die Existenz eines Menschen sein. Die in der Überschrift angedeutete Erinnerung an das „gelobte Land" (des Alten Testaments) bleibt in einem solchen Kontext **eine bloße Verheißung**, eine Illusion, eine Utopie. Was im Gedicht als Überschattung (vgl. V. 6) bezeichnet wird, kann einerseits als ein individuelles Gefühl verstanden werden, das für **Fremdheit oder Unbehaustheit** steht. Andererseits lassen sich darunter auch äußere Einflüsse auf den Einzelnen vorstellen, beispielsweise **kulturelle Missverständnisse**, **überhöhte Erwartungen** oder **falsche Schuldzuweisungen**.

Vergangenheit – Gegenwart – Zukunft

Bedeutung des Begriffs „überschatten"

Für das anzustrebende Ziel, diese Überschattung aufzuheben, gibt es im Prinzip zwei Wege, die aber nicht getrennt voneinander gedacht werden können: Der Fremdling (Ausländer, Migrant, Flüchtling) muss bereit sein, sich den **Rahmenbedingungen im Land seiner Wahl** anzupassen, d. h. prinzipiell dessen Sitten und Gebräuche zu erkennen, anzuerkennen und im besten Fall für sich zu adaptieren. Und, andersherum, muss es das Ziel der aufnehmenden Gesellschaft sein, diese **Adaption** zu ermöglichen, damit eine **Integration** denkbar wird. Für den einzelnen Ankömmling heißt das in jedem Fall, dass seine Identität nach der Ankunft eine andere sein wird als vorher. **Anzukommen ist** in diesem Verständnis auch **eine Aufgabe** – und zwar im doppelten Wortsinn.

Integration als doppelte Herausforderung

Erörterung:

Das Thema der Ankunft wird auch in Christa Wolfs Roman *Medea. Stimmen* von Beginn an immer wieder angesprochen. Bereits in dem **Motto von Elisabeth Lenk**, das den Roman einleitet, klingt es an, wenn die Rede davon ist, dass Epochen einander „durch die Zeitwände hindurch“ begegnen können. Wenn man Hans Magnus Enzensbergers Sentenz richtig versteht, dass das einzig wahre Ausland die Vergangenheit sei, dann begegnet uns mit Medea also die **Inkarnation der Fremdheit:** Sie ist nicht nur aus der Zeit gefallen, sondern auch aus allen Räumen, die sie aus den verschiedensten Gründen immer wieder verlassen musste.

Motiv der Fremdheit

Kontext und Inhalt der vorgelegten Textstelle

Im vorgegebenen Textauszug, als erste „Stimme“ in Wolfs polyphonem Roman spricht Medea über ihre **verlorene Heimat in Kolchis**, über ihre Kindheit und deren Ende, über ihre Mutter, ihren Mann Jason und über die **Verluste**, die mit diesen beiden Figuren einhergingen. Weil diese Rede aber eine **Rede im Fieber** ist und an niemand Bestimmten gerichtet, **ist** sie **assoziativ**. Das erlaubt es der Autorin, einer Ouvertüre gleich, verschiedene Akkorde anzuschlagen, Themen anzureißen, die sich erst im weiteren Verlauf des Romans ausgestalten, durchgeführt, d. h. entwickelt werden und **leitmotivisch** immer wiederkehren.

Erinnerung und Reflexion

Hier und jetzt erinnert sich Medea an früher und **reflektiert ihre derzeitige Situation**. Dabei erkennt sie bereits ihre **Position als Außenseiterin** als singulär, zwischen allen Stühlen. Mit dem letzten Wort des Textauszuges werden die verschiedenen Assoziationsfelder verknüpft: Mit Jason wegzugehen aus der Heimat ihrer Kindheit, bedeutete „Schuld“ (Z. 39). Medea erfährt diese **Schuldzuweisung aus dem Blick der Mutter**. Diese war doch für sie da gewesen, hatte sich um sie gesorgt, über ihre Bildung und Ausbildung gewacht, hatte sich für sie verantwortlich gefühlt – und wurde nun von ihr verlassen. Man kann das als **Verrat Medeas an ihren Wurzeln** deuten, aber auch als **Hypothek auf ihre Zukunft**, wenn man die Beziehung zu Jason als einen Beweggrund für ihre Abreise gelten lassen möchte. Das Schicksal ihres Bruders Absyrtos wird an dieser Stelle noch nicht erwähnt.

Medeas Abreise aus Kolchis als Schlüsselereignis

Erzählweise des Romans

Es ist die Erzählweise Christa Wolfs, die in dieser Eingangssequenz wie im gesamten Roman immer wieder **neue Perspektiven eröffnet**. Aus den von ihr erzählten Figuren heraus hören wir ihre Stimmen. Aus ihrem Blickwinkel schauen wir auf die jeweils anderen Akteure. Die **wechselnden Binnensichten** von Medea, Jason, Agameda, Akamas, Leukon und Glauke ermöglichen es der Autorin, ihre **Botschaft schrittweise** zu **entfalten**, sie im Wechselspiel einer Aussage auf die anderen zu verkleiden, zu verbergen und zu relativieren und zu enthüllen.

Multiperspektivität

mögliche Vorbehalte des Lesers

Der Leser nimmt zunächst – in Kenntnis der *Medea* des Euripides – eine **brutale, menschenverachtende Gesinnung der Titelheldin** an: Immer wieder werden Medea in der Jahrtausende alten Rezeption die Mitwirkung am Raub des Goldenen Vlieses, die Zerstückelung des Bruders, die Mitverantwortung am Tod des Pelias, die Tötung der Nebenbuhlerin zugeschrieben, nicht zuletzt die **Ermordung der eigenen Söhne**.

Umdeutung des Medea-Mythos durch Christa Wolf

Nicht so in Christa Wolfs Roman. Wie bereits in dem gegebenen Textauszug deutlich wird, ist **Medea alles andere als ein Monster**. Vielmehr wird sie uns als **Opferfigur** vorgeführt, die aufgebrochen war, um an einem anderen, besseren Ort als Kolchis einen **Neuanfang wagen** zu können. Sie ist auf der Suche nach einem gelobten Land, sieht sich aber mit den Überschattungen konfrontiert, die aus ihrer Vergangenheit stammen. Diese reichen bis in ihre Gegenwart und beeinflussen ihre Zukunft.

Symbolik des Baums

Die Schwierigkeiten der aktuellen Situation Medeas macht Wolf auf metaphorische Weise und in der **Reflexion vergangener Erlebnisse** anschaulich. So gelingt ihr mit dem Bild des geliebten Nußbaums auf dem Hof in Kolchis (vgl. Z. 9 f.) eine eindrucksvolle **Kontrastierung** zum Feigenbaum (vgl. Z. 9, 25), der vor dem Fenster der Lehmhütte in Korinth steht. „Hast du gewußt, daß man sich nach einem Baum sehnen kann, Mutter […]" (Z. 10 f.). Die Textstelle erinnert mich an ein sibirisches Sprichwort, in dem es sinngemäß heißt: „Nicht wo du die Bäume kennst, wo die Bäume dich kennen, ist deine Heimat." Die **Sehnsucht nach** dem **Baum ist** die **Sehnsucht nach** der **Heimat**, nach der Geborgenheit im Schoß der Familie, nach kindlicher Unbeschwertheit und Unschuld. Sicher nicht zufällig erinnert sich Medea daran, dass sie „zum erstenmal geblutet" hatte (Z. 11); ein Ereignis, das für den Übergang von der Kindheit zum Erwachsenendasein steht und auf ihre künftige Mutterschaft hindeuten kann.

Heimweh

Bedeutung der Hände

In ähnlich vielschichtiger Weise thematisiert Wolf – bzw. ihre Erzählerin Medea – die Facettenvielfalt ihrer Hauptfigur in einem anderen Sprachbild. In der Aussage „auch Hände haben ein Gedächtnis" (Z. 21) bündeln sich **Erinnerungen Medeas aus verschiedenen Lebensstadien** in vielfältiger Weise. Die eigenen Kinderhände als Gegenstand der Erkenntnis (vgl. Z. 13 ff.) werden ebenso thematisiert wie die zur Faust geballten Hände als Ausdruck starker Emotionen (vgl. Z. 16), ihre Funktionen im Gebet der **Priesterin** (vgl. Z. 17), bei der Arbeit als **Heilerin** (vgl. Z. 17) oder als liebende **Mutter** (vgl. Z. 19.). Diese Hände haben aber („in einer anderen Zeit", Z. 19) auch schon Abschied genommen von der eigenen Mutter und sie bewahren das Gedächtnis an den Geliebten (vgl. Z. 22).

Medeas Hände als Ausdruck der Vielschichtigkeit

neue Sichtweisen auf Medeas Leben

Dieses Sichtbarmachen von „**Lebenslinien**" (vgl. Z. 32) ist eine der Stärken in Wolfs Roman, mit dem sie dem antiken Mythos eine neue, ganz andere Deutung zu geben vermag. Rezensenten haben kritisiert, dass eine **Medea ohne Mord keine Medea** mehr sei, und sie haben den literarischen Wert des Romans in der Tradition des Mythos infrage gestellt. Ich finde, dass der Mythos gerade dadurch am Leben gehalten werden kann, dass immer neue Blickweisen probiert und dem Lesepublikum angeboten werden. Wenn es wie bei Christa Wolf möglich wird, dem alten Stoff **neue Geschichten mit Bezügen zu unserer Gegenwart** abzulauschen, können auch die überlieferten Storys für uns junge Leser spannend bleiben.

Frage nach Medeas Wesenskern

Für die Autorin Christa Wolf gilt das mit dem Stoff aus der Antike in besonderer Weise. Zunächst kann sie aufgrund ihrer eigenen Biografie mit dem **Thema einer verlorenen Kindheit** umgehen. Literarisch hat sie das mit ihrem Roman *Kindheitsmuster* von 1976 bereits gezeigt, in dem die Ich-Erzählerin auf der **Suche nach ihrer Identität** in verschiedenen Erzählebenen Vergangenheit und Gegenwärtiges miteinander verknüpft. Im Zusammenhang mit den **Folgen des Zweiten Weltkriegs** wurde sie selbst aus ihrem Geburtsort im heutigen Polen, dem Land ihrer Kindheit, vertrieben. Sie kennt also die die Verluste, die mit einem solchen biografischen Bruch einhergehen, aus eigenen Erfahrungen.

biografischer Hintergrund des Romans:

Vertreibung im Jahr 1945

Ähnlich gravierend für sie müssen die Erlebnisse um den **Epochenumbruch 1989** gewesen sein. Zwar findet nun keine erneute Vertreibung statt; aber das von ihr **als Heimat verstandene Land DDR** zerbricht und geht unter. Auch ohne ein Land verlassen zu müssen, verliert sie ihren gewohnten Lebensraum, und damit einen nicht unerheblichen **Teil ihrer Identität**. *Was bleibt?,* fragt sie daraufhin in einem 1990 erschienenen Text – und wird für diesen Beitrag zur Erinnerungskultur angefeindet. Ganz offensichtlich war dieses Zeugnis ihrer Herkunft im Land ihrer Ankunft nicht erwünscht. Als sechs Jahre später der Roman *Medea. Stimmen* erscheint, ist dies ihr erstes selbstständiges literarisches Werk nach der Wiedervereinigung. Ein gelobtes Land kann Christa Wolf in der Bundesrepublik Deutschland aber nicht erkennen. **Kolchis und Korinth** funktionieren im Roman **als Metaphern für zwei unterschiedliche Gesellschaften**, die aber dem Einzelnen weder hier noch da dic gewünschten Entfaltungsmöglichkeiten garantieren können.

Auflösung der DDR 1989–1990

Exemplarität von Kolchis und Korinth

Was Medea bewog, Kolchis zu verlassen, war nach der Deutung Christa Wolfs **weder das Goldene Vlies noch die Liebe zu Jason**. Vielmehr bot ihr Jasons Erscheinen erst die Möglichkeit zur Flucht aus der Heimat, in der sie es nicht mehr aushielt: Die Tötung des Absyrtos geschah **auf Geheiß des Aietes**, der befürchtete, sein Sohn könne ihm den Thron streitig machen – sie ist demzufolge nicht, wie bei Euripides, eine Freveltat Medeas, sondern löst vielmehr ihren

Wolfs Begründung für Medeas Flucht aus Kolchis

Weggang aus der Heimat erst mit aus. Angekommen im korinthischen Exil entdeckt sie, dass Absyrtos sein Gegenstück in der ermordeten Königstochter Iphinoe hat – also beide Königreiche auf **ähnlich inhumanen Verhältnissen** gründen.

Die **Konfrontation mit diesen Verhältnissen** müssen andere Figuren nicht aushalten: Anders als Medea, die dem Geheimnis auf die Spur kommt, als sie Merope hinterherschleicht, haben z. B. **Agameda und Presbon** zwar ebenfalls eine kolchische Herkunft. Es gelingt ihnen jedoch, in der korinthischen Gesellschaft anzukommen. Zwar sind sie gemeinsam mit Medea aus Kolchis geflohen, nun aber **integrieren** sie sich im neuen Umfeld, allerdings um einen hohen Preis. Als ehemalige Schülerin Medeas muss sich Agameda selbst verraten, um ihrer inzwischen zur Feindin erklärten Lehrerin zu schaden. Skrupellos schläft sie sich in der korinthischen Gesellschaft nach oben, während Presbon **aus Karrieregründen** (als Veranstalter der königlichen Spiele) seine Herkunft nahezu vergessen zu haben scheint. Wenn Ankunft in einem neuen sozialen Umfeld diese Art von Anpassung erfordert, muss gefragt werden, ob sie dann noch gewollt ist.

weitere Figuren: Agameda und Presbon

fragwürdige Integration in Korinth

Medea **bekennt sich zu ihrer Herkunft**, schon rein äußerlich: Sie trägt die bunten, leuchtenden Kleider ihrer kolchischen Heimat und ihr Haar offen, wie sie es von früher gewohnt ist. Dass sie damit Anstoß erregt in einer Gesellschaft, in der andere Gepflogenheiten herrschen, stört sie nicht. Sie bringt neben ihren Bräuchen auch **ihr Wissen und ihre Fähigkeiten mit nach Korinth**, und sie möchte beides mit allen teilen. So setzt sie ihre Heilkräfte ein, um Glauke Linderung zu verschaffen, so berät sie die Korinther, wie das Überleben während einer Hungersnot möglich werden kann. Aber sie stellt sich mit diesen besonderen Fähigkeiten eben auch außerhalb der Gemeinschaft – **sie erregt Neid und Missgunst**.

Medea als bekennende Kolcherin in Korinth

Medeas Leistung für Korinth

Auf diesem Nährboden gedeihen denn auch die **Intrigen**, von Akamas und Agameda, die Medeas positive Ausstrahlung ins Gegenteil verkehren – ihre **Diffamierung als böse Frau und gar Hexe** ist dieser erfolgreichen Kampagne geschuldet. Die Gerüchte von Medeas Schuld am Tod des Absyrtos und von deren Giftmord an Glauke fallen auf fruchtbaren Boden. Der **kulturelle Unterschied** zwischen den in Kolchis noch gelebten matriarchalischen Werten und der korinthischen, von Männern dominierten Gesellschaft ist immer wieder Anlass zu Skepsis und Abwehr. Er führt letztendlich dazu, dass die um ihre Dominanz fürchtenden Herrscher in Korinth **Medea zum Sündenbock** machen, was in letzter Konsequenz selbst dann noch funktioniert, als die von den Korinthern selbst gesteinigten Kinder Medeas zu Medeas Mordopfern erklärt werden.

gezielter Rufmord an Medea

Patriarchat vs. Matriarchat

Die Geschichte Medeas in der Lesart Christa Wolfs ist damit ein Zeiten überwindendes, **zeitloses Narrativ**, das ohne Probleme in den Neunzigerjahren des vorigen Jahrhunderts verstanden werden konnte – und heute, nach der **Flüchtlingskrise 2015** und dem damit verbundenen wieder erstarkenden **Heimatbewusstsein** erneut auf dem Prüfstand steht.

Aktualität von *Medea. Stimmen*

Christa Wolf führt uns vor Augen, **wie irrational Ängste vor dem Anderen**, dem Unbekannten, dem Fremden sind. Die Verbindung von Medea und Oistros macht anschaulich, dass man sogar „ohne Herkunft" (so ähnlich drückt es Leukon aus) in gelingender Partnerschaft aufgehen kann. Wenn man **das Fremde nicht als Bedrohung, sondern als Herausforderung** betrachtet, muss man es nicht bekämpfen, sondern kann die Chancen erkennen, die in der Andersartigkeit liegen.

mögliche Lehre aus Wolfs Roman

Fazit:

In unserem Zeitalter, das von globalen Herausforderungen wie Klimawandel, Bürgerkriegen und den damit verbundenen Migrationsprozessen geprägt ist, besteht die **humanistische Verantwortung** darin, in gemeinsamen Anstrengungen die Aufgaben der Zukunft zu erkennen, anzugehen und zu meistern. Diese Gemeinsamkeit bedeutet auch, dass mein syrischer, ghanaischer oder afghanischer Nachbar in meiner Heimat **nicht nur geduldet** wird, sondern dass er **sich aktiv einbringen darf** und sie durch seine Mitgestaltung auch zu seiner, zu einer neuen Heimat machen kann. Die rechtliche Grundlage dafür wurde übrigens schon vor 70 Jahren in das Grundgesetz der Bunderepublik aufgenommen: „**Niemand darf wegen** seines Geschlechtes, seiner Abstammung, seiner Rasse, seiner Sprache, **seiner Heimat und Herkunft**, seines Glaubens, seiner religiösen oder politischen Anschauungen **benachteiligt** oder bevorzugt **werden**." (GG Art 3) Die Würde Medeas ist unantastbar.

Übertragen der Lehre auf aktuelles Thema

Martin Suter (*1948): Decision Making (2007)

Steffen sieht ihn von weitem. Er steht zwischen zwei Schaufenstern dicht an der Hauswand, trägt eine Schildmütze und hält eine Zeitschrift in der Rechten, die er den Passanten diskret entgegenhält, wenn sie auf seiner Höhe sind. Der Mann verkauft das Straßenmagazin. Ein Arbeitsloser.

Steffen ist versucht, auf die andere Straßenseite zu wechseln. Nicht, weil ihn die fünf Franken reuen würden, er ist nicht knauserig. Doch die Begegnung hätte er ganz gerne vermieden. Nicht die mit dem Mann, die mit dem Phänomen. Aber das Reformhaus, in dem er für Rosemarie die Bachblüten[1] abholen soll, liegt auf dieser Seite, zehn Meter nach dem Arbeitslosen. Jemand, der ihn dabei beobachtet, wie er eine verkehrsreiche Straße zweimal überquert, nur um einem Straßenmagazinverkäufer aus dem Weg zu gehen, könnte daraus falsche Schlüsse ziehen. Zum Beispiel, daß er dem Thema aus dem Weg gehen wolle. Weil es für ihn eines sei. Oder werden könnte.

Das wäre natürlich Unsinn, Steffen befindet sich in gefestigter Stellung im oberen Middlemanagement, zwar nicht gerade unkündbar, aber ziemlich unersetzlich. Er bleibt also auf Kurs.

Am besten, er kauft eines. Damit würde er beweisen, daß das Thema ihn zwar berührt, aber nicht betrifft. Einfach kurz stehenbleiben, die Münze übergeben und das Magazin entgegennehmen. Die Abwicklung eines alltäglichen Geschäfts zwischen zwei normalen, wenn auch ungleichen Handelspartnern.

Vielleicht sollte er das Geld bereithalten, sonst verwickelt ihn der Handelspartner womöglich in ein Gespräch, während Steffen danach sucht. Er möchte lieber nicht dabei beobachtet werden, wie er auf einem von Berufstätigen bevölkerten Trottoir in ein Gespräch mit einem Arbeitslosen vertieft ist. Sonst sieht das so aus, als mache er sich mit dessen Situation vertraut.

Nur: Wie wirkt es, wenn er im Gehen fünfzehn Meter vor der Begegnung mit einem Unbeschäftigten den Schirm in die andere Hand wechselt und sein Portemonnaie aus der Hosentasche fischt? Weshalb, würde sich ein zufälliger Beobachter fragen, weshalb wird dieser Businessman beim Anblick eines aus dem Erwerbsleben Geschiedenen plötzlich so nervös? Hat er etwas mit der Sache zu tun?

Wahrscheinlich ist es am unverfänglichsten, wenn er den Mann übersieht. Nicht absichtlich. Einfach, weil er als Führungspersönlichkeit mit den Gedanken beim Job ist. Das könnte allerdings auch den Eindruck erwecken, er verdränge ein gesellschaftliches Problem. Doch Steffen ist kein Verdränger. Schon gar nicht von Problemen, die ihn persönlich nicht betreffen.

Er wird eines kaufen. Er wird stehenbleiben, sein Portemonnaie zücken und den Handel ganz unbefangen abschließen.

Allerdings müßte er es unmittelbar danach diskret entsorgen. Ein Straßenmagazin kaufen ist eine Sache. Mit einer Arbeitslosenfachzeitschrift unter dem Arm erwischt werden eine ganz andere.

Vielleicht sollte er lieber den Kaufpreis aushändigen und auf das Produkt verzichten. In diesem Moment bleibt eine Frau beim Verkäufer stehen und beginnt in ihrer Handtasche zu kramen. Steffen beschleunigt den Schritt und geht vorbei. Schlange stehen, um eine Arbeitslosenzeitschrift zu kaufen, wäre dann doch etwas übertrieben. Schließlich ist er ein – sorry, lieber Arbeitsloser – vielbeschäftigter Mann.

Aus: Suter, Martin: Unter Freunden. Diogenes Zürich 2007, S. 176 ff.

1 Bachblüten: pflanzliches Heilmittel

Arbeitsanweisung:

Interpretieren Sie den Text.

Lösungsvorschlag

Wenn Sie diese Aufgabe bearbeiten wollen, müssen Sie wissen, wie Kurzprosa interpretiert wird. Möglich ist ein ***Einstieg über den Titel****, indem Sie z. B. beschreiben, welche Assoziationen dieser Titel bei Ihnen auslöst. Sie sollten den Inhalt des Textes zusammenfassen, das Thema benennen und anschließend untersuchen, wie das Geschriebene dargestellt wird. Berücksichtigen Sie hierbei auch die* ***Sprachebene*** *sowie* ***aussagekräftige rhetorische Mittel in ihrer Funktion****. Achten Sie darauf, die handelnden Figuren zu charakterisieren, um so die Beziehung zwischen diesen herauszuarbeiten. Sie können auch das* ***Genre bestimmen*** *und nachweisen, warum es sich bei dem vorliegenden Text um eine Kurzgeschichte handelt. Dafür müssen Sie nicht jedes Merkmal extra benennen und am Text belegen, bauen Sie einzelne Aspekte in Ihre Darstellung ein. Wichtig ist, dass Sie abschließend* ***plausible Deutungsmöglichkeiten*** *formulieren.*

Einleitung: Gedanken zum Titel

Die Kurzgeschichte von Martin Suter aus dem Jahr 2007 trägt den englischen Titel *Decision Making*, was so viel wie „eine Entscheidung fällen" bedeutet. Damit wird dem Leser suggeriert, dass im Text eine **bedeutsame Entscheidungssituation** geschildert wird. Um was für eine Entscheidung es sich handelt, wird jedoch nicht näher bestimmt.

Hauptteil:

In der Kurzgeschichte wird eine alltägliche Szene dargestellt: Ein Arbeitsloser „verkauft das Straßenmagazin" (Z. 3 f.) und wird dabei von Steffen, einem Geschäftsmann, beobachtet. Dieser will die **Begegnung mit dem Arbeitslosen gerne vermeiden**. Deshalb überdenkt er verschiedene Möglichkeiten, wie er sich dem Zeitungsverkäufer gegenüber verhalten könnte. Wiederholt benennt er für sich mehrere **Entscheidungsoptionen**, begründet diese und widerlegt sie schließlich wieder. Wichtig scheinen ihm Überlegungen zur konkreten Geschäftsabwicklung (vgl. Z. 5 f.), zu seiner **Wirkung auf andere Menschen**, die „falsche Schlüsse ziehen" (Z. 11) könnten, sowie zu seinem gesellschaftlichen Ansehen (vgl. Z. 23 f.). Das Problem des Protagonisten, sich entscheiden zu müssen, wird am Ende dadurch gelöst, dass „eine Frau beim Verkäufer stehen" (Z. 41) bleibt und Steffen einfach an dem Arbeitslosen vorbeigehen kann. Denn „Schlange stehen, um eine Arbeitslosenzeitschrift zu kaufen, wäre dann doch etwas übertrieben" (Z. 42 f.).

Inhalt und Struktur des Textes:

Steffens Entscheidungsfindung im Mittelpunkt

Wie in einer Kurzgeschichte üblich wird eine Alltagssituation geschildert, in der sich der Leser unvermittelt wiederfindet. Er nimmt – durch die personale Erzählhaltung – aus dem **Blickwinkel des Geschäftsmannes** die Straßenszene wahr und an den Gedanken des Protagonisten teil. Nur zwei Figuren werden im Laufe der Geschichte im Kontrast zueinander charakterisiert. Anfangs wird „[e]in Arbeitsloser" (Z. 4) durch seine äußeren Merkmale beschrieben. Er „trägt eine Schildmütze und hält eine Zeitschrift in der Rechten" (Z. 2), die er Passanten zum Kauf anbietet. Der Mann „steht zwischen zwei Schaufenstern dicht an der Hauswand" (Z. 1 f.). Da er namenlos bleibt, kann man ihn als **stellvertretend für die Gruppe der Arbeitslosen** ansehen. Im weiteren Textverlauf verdeutlichen die Synonyme „Unterbeschäftigte[r]" (Z. 26), „aus dem Erwerbsleben Geschiedene[r]" (Z. 27) und „ungleiche[r] Handelspartne[r]" (Z. 19) die **herablassende Haltung des Geschäftsmannes Steffen** gegenüber dem „Straßenmagazinverkäufer" (Z. 10).

sprachlich-stilistische Gestaltungsmittel:

Charakterisierung des Zeitungsverkäufers

Der Geschäftsmann sticht aus der Masse heraus, denn durch den Namen „Steffen" (Z. 1) wird er – im Gegensatz zu dem Arbeitslosen – individualisiert. Schnell zeigt sich, dass sich der Protagonist selbst als **erfolgreich im Berufsleben** wahrnimmt, denn er „befindet sich in gefestigter Stellung im oberen Middlemanagement" (Z. 13 f.) und ist eine „Führungspersönlichkeit" (Z. 31). **Redewendungen aus dem Geschäftsleben** dominieren Steffens Gedanken, z. B. „Abwicklung eines alltäglichen Geschäfts" (Z. 18), „Handelspartner" (Z. 20) oder „Businessmann" (Z. 28). Dadurch und durch die Verwendung eines gehobenen Sprachstils („den Kaufpreis aushändigen", Z. 40) wird verdeutlicht, dass sich der Geschäftsmann für eine **gesellschaftlich höhergestellte Person** hält. Gleichzeitig erfolgt damit eine **Abgrenzung nach unten** gegenüber dem Arbeitslosen.

Steffens Selbstwahrnehmung

Steffens vielsagende Wortwahl

Allerdings besteht **zwischen Steffens Selbstbild und der Realität eine Diskrepanz**. Denn Steffen präsentiert sich unsicher, wenn er sein gewohntes Terrain, das Geschäftsleben, verlässt. Nervös versucht er, zu einer fundierten Entscheidung im Umgang mit einem in seinen Augen Nicht-Erfolgreichen, einem Arbeitslosen, zu kommen. Das zeigt sich u. a. an den **zweifelnden Fragen**, die der Protagonist formuliert und unbeantwortet lässt (vgl. Z. 25 ff.). Der Erzähler lässt Steffen hypothetisch sein mögliches Verhalten gegenüber dem Arbeitslosen durchdenken. Die **Verwendung des Konjunktivs** bei Modalverben (z. B. „müßte", Z. 37), des Adverbs „[v]ielleicht" (Z. 20, 40) sowie des Adjektivs „[w]ahrscheinlich" (Z. 30) verdeutlicht dabei **Steffens zunehmende Unsicherheit**. Der Indikativ wird verwendet, wenn Steffen seine Handlungsabläufe gedanklich durchspielt (vgl. Z. 35). Damit will er **seine Überlegungen** gewissermaßen **vor sich selbst bekräftigen**. Parataxen (vgl. Z. 35 f.) und Ellipsen (z. B. Z. 30 f.) vermitteln zudem den Eindruck, dass sich Steffen in seinen Vorstellungen zunehmend sicher fühlt.

Widersprüchlichkeit in Steffens Gedankengängen

Entlarvung von Steffens Unsicherheit

Die Kurzgeschichte ist stringent erzählt und konzentriert sich auf einen Handlungsstrang, der einen sehr begrenzten Zeitraum umfasst. Der Leser erhält einen **Einblick in die Gedankenwelt des Protagonisten** und wird am Ende der Geschichte mit einem sarkastischen, zynischen Gedanken zurückgelassen. Steffen sei schließlich vielbeschäftigt und könne nicht warten, um eine Zeitung zu kaufen (vgl. Z. 42 ff.). Wie das Leben von Steffen weitergeht, kann nur vermutet werden.

Decision making als Kurzgeschichte

Martin Suter veranschaulicht am Beispiel einer alltäglichen Straßenszene verschiedene **unterschwellige Ängste gesellschaftlich angesehener und gut gestellter Personen**. So zeigt sich beim Geschäftsmann Steffen die latente Angst vor sozialem Abstieg, denn er will lieber „dem Thema aus dem Weg" (Z. 11 f.) gehen, als sich mit einer möglichen Arbeitslosigkeit auseinanderzusetzen. Er ist „nicht gerade unkündbar, aber ziemlich unersetzlich" (Z. 14) und denkt darüber nach, wie es aussehe, wenn er ein Gespräch mit dem Arbeitslosen führen würde. Letztlich zeigen sich seine **Arroganz** als „Führungspersönlichkeit" (Z. 31) und seine **Selbstüberschätzung** noch einmal überdeutlich im abschließenden Satz, in dem er klar seine scheinbare Überlegenheit dem Arbeitslosen gegenüber formuliert.

Deutungsmöglichkeiten:

Steffens verborgene Ängste

Außerdem wird die **Berührungsangst im Umgang mit gesellschaftlich wenig angesehenen Personen** thematisiert. Steffen zeigt in der Geschichte seine Unsicherheit, er weiß nicht, ob und wie er eine einfache Interaktion, nämlich ein „alltägliche[s] Geschäf[t]"

Unsicherheit im Umgang mit anderen Menschen

(Z. 18) mit einem Arbeitslosen, durchführen soll. Als Geschäftsmann lebt er in einer völlig anderen Welt und grenzt sich gezielt von weniger erfolgreichen Menschen ab.

Sozialkritik in Suters Text

Anhand der beschriebenen Situation zeigt sich eine deutliche **Gesellschaftskritik.** Die Geschäftswelt wird am Beispiel von Steffen als von der Realität abgehoben charakterisiert, denn er stellt für sich fest, dass es sich bei dem Arbeitslosen und dessen Straßenverkauf um Probleme handelt, „die ihn persönlich nicht betreffen" (Z. 33 f.). Dadurch wird eine **Abgrenzung gegenüber sozial Benachteiligten** vorgenommen. Des Weiteren thematisiert die Kurzgeschichte, wie gesellschaftliche Probleme verdrängt werden (vgl. Z. 16 f.) und soziale Kälte den Umgang der Menschen bestimmt. Deshalb wird in der Geschichte nur die Sicht Steffens, des Geschäftsmannes, gezeigt. Völlig ausgeblendet werden **Gedanken des Straßenzeitungsverkäufers**, die sich der Leser selbst ergänzend denken kann.

Steffens Verhalten als Symptom für Verdrängung sozialer Probleme

Fazit

Erwartet man beim Lesen des Titels, der der Manager-Sprache entlehnt ist, die Beschreibung einer besonderen und v. a. bedeutsamen Entscheidungssituation, wird man beim Lesen der ganzen Geschichte schnell eines Besseren belehrt. Es geht um **keine geschäftlichen Abschlüsse oder gar gesellschaftliche Weichenstellungen**, sondern um ein alltägliches Geschehen. Jeder hat schon einmal einen Obdach- oder Arbeitslosen beim Verkauf von Straßenzeitungen gesehen, vielleicht auch bereits einmal eine dieser Zeitschriften erworben und sich keine großen Gedanken über das eigentliche Prozedere gemacht. Die eigenen Beweggründe für einen solchen Kauf mögen unterschiedlich sein. Sich aber so intensiv wie Steffen mit der Situation und ihrer Wirkung auf andere auseinanderzusetzen, erscheint sehr befremdlich.

falsche Erwartung durch Titel des Textes

Die Entscheidungsfindung, das „Decision Making", wird von Martin Suter ins Zentrum gerückt. Das erzeugt beim Leser eine gewisse Überraschung und **fordert zum Nachdenken und Beurteilen der Situation auf**. Obwohl der Erzähler kaum wertet, stellt er doch seine zentrale Figur Steffen bloß, indem er ihn auf ironische Weise charakterisiert. Dessen **Gedankengänge** erscheinen beim Lesen **übertrieben und nicht nachvollziehbar**. Deutlich wird Steffens Bestreben, auf keinen Fall mit dem Arbeitslosen in Verbindung gebracht zu werden. Gleichzeitig wird **Steffens Angst vor sozialem Abstieg** hervorgehoben, da er immer wieder betont, dass seine eigene Anstellung gesichert sei. So selbstsicher, wie Steffen sich nach außen gibt, ist er wohl gar nicht. Deshalb fällt ihm die Entscheidungsfindung so schwer.

ironische Haltung des Erzählers

Ricarda Huch (1864–1947): Die Romantik. Ausbreitung, Blütezeit und Verfall (1908)

„Es kam den Romantikern in der Tat weniger auf eine klare, sichtbare Welt an, als auf die unergründeten Tiefen, auf die verborgenen Zauberkessel, wo die Elemente sich mischen und kochen […].“

Aus: Ricarda Huch: Die Romantik. Ausbreitung, Blütezeit und Verfall. Leipzig 1908, S. 4.

Friedrich de la Motte Fouqué (1777–1843): Undine (1811)

„Ich machte mich denn gestern morgen auf den Weg“, fuhr der Ritter, Undinen freundlich anlächelnd, fort. „Die Baumstämme blitzten so rot und schlank im Morgenlichte. das sich hell auf dem grünen Rasen hinstreckte, die Blätter flüsterten so lustig miteinander, daß ich in meinem Herzen über die Leute lachen mußte, die an diesem vergnüglichen Orte irgend etwas Unheimliches erwarten konnten. ‚Der Wald soll bald durchtrabt sein, hin und zurück‘, sagte ich in behaglicher Fröhlichkeit zu mir selbst, und eh' ich noch daran dachte, war ich tief in die grünenden Schatten hinein und nahm nichts mehr von der hinter mir liegenden Ebene wahr. Da fiel es mir erst aufs Herz, daß ich mich auch in dem gewaltigen Forste gar leichtlich verirren könne und daß dieses vielleicht die einzige Gefahr sei, welche den Wandersmann allhier bedrohe. Ich hielt daher stille und sah mich nach dem Stande der Sonne um, die unterdessen etwas höher gerückt war, indem ich nun so emporblicke, sehe ich ein schwarzes Ding in den Zweigen einer hohen Eiche. Ich denke schon, es ist ein Bär, und fasse nach meiner Klinge; da sagt es mit einer Menschenstimme, aber recht rauh und häßlich, herunter: ‚Wenn ich hier oben nicht die Zweige abknusperte, woran solltest du denn heut um Mitternacht gebraten werden, Herr Naseweis?‘ Und dabei grinst es und raschelt mit den Ästen, daß mein Gaul toll wird und mit mir durchgeht, eh' ich noch Zeit gewinnen konnte, zu sehen, was es denn eigentlich für eine Teufelsbestie war.“

„Den müßt ihr nicht nennen“, sagte der alte Fischer, und kreuzte sich; die Hausfrau tat schweigend desgleichen; Undine sah ihren Liebling mit hellen Augen an, sprechend: ‚Das beste bei der Geschichte ist, daß sie ihn doch nicht wirklich gebraten haben. Weiter, du hübscher Jüngling.“

Der Ritter fuhr in seiner Erzählung fort: „Ich wäre mit meinem scheuen Pferde fast gegen Baumstämme und Äste angerannt; es triefte von Angst und Erhitzung und wollte sich doch noch immer nicht halten lassen. Zuletzt ging es gerade auf einen steinigen Abgrund los; da kam mir's plötzlich vor, als werfe sich ein langer weißer Mann dem tollen Hengste quer vor in seinen Weg, der entsetzte sich davor und stand; ich kriegte ihn wieder in meine Gewalt und sah nun erst, daß mein Retter kein weißer Mann war, sondern ein silberheller Bach, der sich neben mir von einem Hügel herunterstürzte, meines Rosses Lauf ungestüm kreuzend und hemmend."

„Danke, lieber Bach!" rief Undine, in die Händchen klopfend. Der alte Mann aber sah kopfschüttelnd in tiefem Sinnen vor sich nieder.

„Ich hatte mich noch kaum im Sattel wieder zurechtgesetzt und die Zügel wieder ordentlich recht gefaßt". fuhr Huldbrand fort, „so stand auch schon ein wunderliches Männlein zu meiner Seiten, winzig und häßlich über alle Maßen, ganz braungelb und mit einer Nase, die nicht viel kleiner war als der ganze übrige Bursche selbst. Dabei grinste er mit einer recht dummen Höflichkeit aus dem breitgeschlitzten Maule hervor und machte viele tausend Scharrfüße und Bücklinge gegen mich. Weil mir nun das Possenspiel sehr mißhagte, dankte ich ihm ganz kurz, warf meinen noch immer zitternden Gaul herum und gedachte, mir ein andres Abenteuer oder, dafern ich keines fände, den Heimweg zu suchen, denn die Sonne war während meiner tollen Jagd schon über die Mittagshöhe gen Westen gegangen. Da sprang aber der kleine Kerl mit einer blitzschnellen Wendung herum und stand abermals vor meinem Hengste. – ‚Platz da!' sagt' ich verdrießlich, ‚das Tier ist wild und rennet dich leichtlich um.' – ‚Ei', schnarrte das Kerlchen und lachte noch viel entsetzlich dummer, ‚schenkt mir doch erst ein Trinkgeld, denn ich hab ja Euer Rösselein aufgefangen; lägt Ihr doch ohne mich samt Eurem Rösselein in der Steinkluft da unten, hu!' – ‚Schneide nur keine Gesichter weiter', sagte ich, ‚und nimm dein Geld hin, wenn du auch lügst, denn siehe, der gute Bach dorten hat mich gerettet, nicht aber du, höchst ärmlicher Wicht.' Und zugleich ließ ich ein Goldstück in seine wunderliche Mütze fallen, die er bettelnd vor mir abgezogen hatte. Dann trabte ich weiter; er aber schrie hinter mir drein und war plötzlich mit unbegreiflicher Schnelligkeit neben mir. Ich sprengte mein Roß im Galopp an; er galoppierte mit, so sauer es ihm zu werden schien und so wunderliche, halb lächerliche, halb gräßliche Verrenkungen er dabei mit seinem Leibe vornahm, wobei er immerfort das Goldstück in die Höhe hielt und bei jedem Galoppsprunge schrie: ‚Falsch Geld! Falsche Münze! Falsche Münze! Falsch Geld!' Und das krächzte er aus so hohler Brust heraus, daß man meinte, er müsse nach jeglichem Schreie tot zu Boden stürzen. Auch hing ihm die häßlich rote Zunge weit aus dem Schlunde. Ich hielt verstört; ich fragte: ‚Was willst du mit deinem Geschrei? Nimm noch ein Goldstück, nimm noch zwei, aber dann laß ab von mir.' – Da fing er wieder mit seinem häßlich höflichen Grüßen an und schnarrte: ‚Gold eben nicht, Gold soll es eben nicht sein, mein Jungherrlein; des Spaßes hab ich selbsten allzuviel; will's Euch mal zeigen.'

Da ward es mir auf einmal, als könn' ich durch den grünen festen Boden durchsehen, als sei er grünes Glas und die ebene Erde kugelrund und drinnen hielten eine Menge Kobolde ihr Spiel mit Silber und Gold. Kopfauf, kopfunten kugelten sie sich herum, schmissen einander zum Spaß mit den edlen Metallen und pusteten sich den Goldstaub neckend ins Gesicht. Mein häßlicher Gefährte stand halb drinnen, halb draußen; er ließ sich sehr, sehr viel Gold von den andern heraufreichen und zeigte es mir lachend und schmiß es dann immer wieder klingend in die unermeßlichen Klüfte hinab. Dann zeigte er wieder mein Goldstück, was ich ihm geschenkt hatte, den Kobolden drunten, und die wollten sich drüber halb totlachen und zischten mich aus. Endlich reckten sie alle die spitzigen metallschmutzigen Finger gegen mich aus, und wilder und wilder, und dichter und dichter, und toller und toller klomm das Gewimmel gegen mich herauf; –

da erfaßte mich ein Entsetzen, wie vorhin meinen Gaul. Ich gab ihm beide Sporen und weiß nicht, wie weit ich zum zweiten Male toll in den Wald hineingejagt bin.
Als ich nun endlich wieder stillhielt, war es abendkühl um mich her. Durch die Zweige sah ich einen weißen Fußpfad leuchten, von dem ich meinte, er müsse aus dem Forste nach der Stadt zurückführen. Ich wollte mich dahin durcharbeiten, aber ein ganz weißes, undeutliches Antlitz mit immer wechselnden Zügen sah mir zwischen den Blättern entgegen; ich wollte ihm ausweichen, aber wo ich hinkam, war es auch. Ergrimmt gedacht' ich endlich mein Roß darauf loszutreiben, da sprudelte es mir und dem Pferde weißen Schaum entgegen, daß wir beide geblendet umwenden mußten. So trieb es uns von Schritt zu Schritt immer von dem Fußsteige abwärts und ließ uns überhaupt nur nach einer einzigen Richtung hin den Weg noch frei. Zogen wir aber auf dieser fort, so war es wohl dicht hinter uns, tat uns jedoch nicht das geringste zuleide. Wenn ich mich dann bisweilen nach ihm umsah. merkte ich wohl, daß das weiße, sprudelnde Antlitz auf einem ebenso weißen, höchst riesenmäßigen Körper saß. Manchmal dacht' ich auch, als sei es ein wandelnder Springbronn, aber ich konnte niemals recht darüber zu Gewißheit kommen. Ermüdet gaben Roß und Reiter dem treibenden weißen Manne nach, der uns immer mit dem Kopfe zunickte, als wolle er sagen: ‚Schon recht! Schon recht!' – Und so sind wir endlich an das Ende des Waldes hier herausgekommen, wo ich Rasen und Seeflut und eure kleine Hütte sah, und wo der lange weiße Mann verschwand."

Aus: Friedrich de la Motte Fouqué: Undine. In: Undinenzauber, hrsg. von Frank R. Max, Stuttgart 2009. S. 125 ff.

Figurenverzeichnis: Friedrich de la Motte Fouqué (1777–1843): Undine (1811)

Undine	
Ein altes Fischerehepaar	Undines Pflegeeltern
Ritter Huldbrand von Ringstetten	
Bertalda	ein adliges Fräulein
Kühleborn	Wasserfürst, Undines Onkel

Arbeitsanweisung:

Interpretieren Sie den Textauszug aus Friedrich de la Motte Fouqués *Undine* unter besonderer Berücksichtigung der Naturdarstellung. Beziehen Sie die Äußerung Ricarda Huchs ein.

Lösungsvorschlag

Voraussetzung für die Bearbeitung diese Themas ist eine ***genaue Werkkenntnis der romantischen Erzählung „Undine“****. Da der vorliegende Auszug recht umfangreich ist, sollten Sie ihn zunächst in Sinnabschnitte gliedern und deren Inhalt zusammenfassen. Anschließend analysieren Sie ihn. Untersuchen Sie dabei auch die* ***Textgestaltung****. Achten Sie darauf, stilistische Besonderheiten nicht nur zu benennen, sondern betrachten Sie diese stets in ihrer Funktion. Deuten Sie nun den Textinhalt unter dem angegebenen Aspekt, also besonders in Bezug auf die* ***Darstellung der Natur****. Spätestens an dieser Stelle müssen Sie eine Verbindung zur* ***Aussage von Ricarda Huch*** *herstellen. Geben Sie dazu deren Inhalt kurz wieder und setzen Sie das Zitat mit dem Textauszug in Beziehung.*

Einleitung:
Benennen des Themas

Das Kunstmärchen *Undine* von Friedrich de la Motte Fouqué, das 1811 veröffentlicht wurde, verdeutlicht die **Sehnsucht der Romantiker**, die **Grenzen zwischen Mensch und Natur aufzuheben**. So steht eine Liebesgeschichte zwischen der Seejungfrau Undine und dem Ritter Huldbrand von Ringstetten im Zentrum des Geschehens.

Einordnung des Textauszugs

Dieser Ritter reitet auf Wunsch seiner angebeteten Bertalda in den Spukwald, um ihr zu berichten, wie es in diesem zugeht. Nachdem Huldbrand den Forst durchquert hat, erreicht er eine Halbinsel, auf der ein altes Fischerpaar mit seiner Pflegetochter Undine wohnt. Diese ist eigentlich ein **Wasserwesen**, das auf Geheiß seines Vaters **einen Menschen heiraten soll, um eine Seele zu bekommen**. Der Ritter wird freundlich aufgenommen. Undine will von seinen Abenteuern hören, was aber vom Pflegevater verwehrt wird. Daraufhin rennt das Mädchen weg und kann nur zur Rückkehr bewogen werden, indem Huldbrand verspricht, von seinem Ritt zu erzählen. Undine lässt sich zu Füßen des Ritters nieder und jener beginnt seinen Bericht, der im vierten Kapitel des Kunstmärchens steht. Undine erfährt den **Anlass von Huldbrands Ritts in den Wald und von dessen Erlebnissen** dort.

Huldbrands Bericht über Erlebnisse im Wald

Ausblick auf Geschehen nach dem Textauszug

Da Huldbrand aufgrund von Hochwasser nicht zurückreiten kann, beginnt er, sich bei den Fischersleuten heimisch zu fühlen und erliegt **Undines Charme**. Sie heiraten schließlich und reisen in die Stadt, wo Undine Bertalda kennenlernt. Die beiden Frauen freunden sich an und Undine enthüllt **Bertaldas wahre Herkunft als eigentliche Tochter des Fischers**. Ab diesem Punkt in der Erzählung wird geschildert, wie sich Undine und Huldbrand langsam auseinanderleben. Sie wohnen gemeinsam auf der Burg Ringstetten, aber der Ritter wendet sich mehr und mehr von seiner Frau ab und stattdessen Bertalda zu. Letztlich fordert Kühleborn, Undines Onkel, der stets im Hintergrund Einfluss auf die gesamten Ereignisse nimmt, **dass Undine in**

Huldbrand zwischen Undine und Bertalda

die Wasserwelt zurückkehrt. Huldbrand heiratet nach einer Trauerzeit Bertalda und wird **von Undine**, die als weißer Wassergeist auftritt, **durch einen Kuss getötet**. Am Schluss schlängeln sich zwei Wasserarme um den Grabhügel Huldbrands, welche die Umarmung des Ritters durch Undine symbolisieren.

Analyse von Inhalt und Struktur:

Im Textauszug berichtet Huldbrand von seinem **Ritt durch den Zauberwald**. Zuerst schildert der Ritter seinen **Aufbruch in den Forst** (Z. 1–11), den er „in behaglicher Fröhlichkeit“ (Z. 6) erlebt. Die Natur nimmt er positiv wahr, ist sich aber **der Gefahren bewusst**, die der Wald birgt (vgl. Z. 9 f.). Seine Angst kann Huldbrand zunächst mithilfe rationaler Überlegungen bewältigen, was sich z. B. zeigt, als er sich „nach dem Stande der Sonne um[sieht]“ (Z. 11).

Gefahr durch übernatürliche Erscheinungen

Im zweiten Sinnabschnitt (Z. 11–32) wird geschildert, dass der Ritter **irrationale Phänomene als Bedrohung** wahrnimmt: Er begegnet einer „Teufelsbestie“ (Z. 18), die zum ihm spricht. Sein Pferd reagiert mit „Angst und Erhitzung“ (Z. 24) und kann nur durch eine zweite Erscheinung, die als „langer weißer Mann“ (Z. 26) beschrieben wird, zum Halten gebracht werden. An dieser Stelle erkennt Huldbrand erneut, dass es doch eine rationale Erklärung dafür gibt: Es ist „ein silberheller Bach“ (Z. 29), der das Pferd stoppt.

Bestätigung der Gefahr durch Undine und Fischer

Während seiner Erzählung wird der Ritter zweimal durch Kommentare von Undine und dem Fischer unterbrochen, die beide **von der Existenz magischer Naturwesen überzeugt** sind (vgl. Z. 19 ff., 31 f.). Der alte Fischer bekreuzigt sich, als Huldbrand von einer „Teufelsbestie“ spricht (vgl. Z. 18 f.). Er bestätigt dadurch nachträglich die Gefahr, in der sich Huldbrand befunden hat.

Auftreten des seltsamen Kobolds

Die Begegnung mit einem „wunderliche[n] Männlein“ (Z. 34 f.) dominiert den dritten Teil des Berichts (Z. 33–62). Das Fabelwesen bedroht den Ritter und erpresst ihn. Erst wenn Huldbrand dem Kobold Geld gibt (vgl. Z. 45 f.), darf er weiterreiten. Der Ritter versucht erneut, für das Geschehen eine vernünftige Erklärung zu finden (vgl. Z. 41 f.), lässt sich aber auf einen **Handel mit dem Männlein** ein. Dies zeigt, dass Huldbrand **das Magische als Bestandteil der Welt akzeptiert**, was im vierten Sinnabschnitt (Z. 63–75) mit dem Blick „durch den grünen festen Boden“ (Z. 63) verstärkt wird. Er sieht in der Erde eine Koboldwelt, durch die er sich erneut bedroht fühlt, ihn erfasst „ein Entsetzen“ (Z. 74). Deshalb flüchtet Huldbrand in die Tiefen des Waldes.

Huldbrands Weg zur Fischerhütte

Sein Ziel, in die Stadt zurückzukehren, kann der Ritter nicht erreichen, da ihm im letzten Abschnitt (Z. 76–93) erneut Naturwesen begegnen, die seinen Weg bestimmen und ihn „an das Ende des Waldes“ (Z. 91) und damit zur Fischerhütte lenken. Der Ritter **fügt**

sich in das magische Geschehen ein und versucht nicht mehr, die Erlebnisse im Wald rational zu deuten (vgl. Z. 89 f.).

In der Erzählung des Ritters steht die **Wirkung der Natur** im Fokus. Anfangs wird diese als sehr beglückend wahrgenommen, was sich an der Verwendung der Adjektive zeigt: Es ist ein „vergnügliche[r]" Ort (Z. 4 f.), der auf den Ritter „behagli[ch]" (Z. 6) wirkt. Die Personifikation der Blätter, die lustig miteinander flüstern (vgl. Z. 3 f.), unterstreicht die **frohe Aufbruchstimmung** ebenso wie die Tageszeit, die mit dem sich „hell" (Z. 3) hinstreckenden „Morgenlichte" (Z. 2) umschrieben ist.

gestalterische Mittel:

Glück und Freude zu Beginn des Ritts

Wenn sich Huldbrand beim weiteren Durchqueren des Waldes vorstellt, was ihm Schlimmes zustoßen könnte, nutzt er in seiner Erzählung den **Konjunktiv I und II**. Das zeigt sich z. B. zu Beginn des Textauszuges, als ihm bewusst wird, dass er sich „verirren könne" (Z. 9) und einer Gefahr ausgesetzt sei (vgl. Z. 10).

Huldbrands Verwendung des Konjunktivs

Im Gegensatz zur Natur beschreibt der Ritter in seinem Bericht das Fantastische mit negativ konnotierten Wörtern. Das „schwarz[e] Ding" (Z. 12) entpuppt sich als „Teufelsbestie" (Z. 18) und spricht „recht rauh und häßlich" (Z. 14). **Expressive Verben**, wie z. B. „grinst" (Z. 16), unterstreichen die **bedrohliche Atmosphäre**. Besonders deutlich zeigt sich dies auch in der Beschreibung des „wunderliche[n] Männlein[s]" als „winzig und häßlich" sowie „braungelb" (Z. 34 f.). Es hat eine riesige Nase (vgl. Z. 36), ein „breitgeschlitzte[s] Mau[l]" (Z. 37), eine „häßlich rote Zunge" (Z. 58) und „schrie" (Z. 55) und „krächzte" (Z. 56). Der Ritter wertet mit seinen Äußerungen wie „recht dumme Höflichkeit" (Z. 37) oder „höchst ärmlicher Wicht" (Z. 49) das Auftreten des Koboldes ab. Das Adjektiv „häßlich" wird mehrmals wiederholt und verstärkt somit das **Abstoßende in der Darstellung des Männleins**. Die Beschreibung der vielen Kobolde wird noch gesteigert: Sie richten „die spitzigen metallschmutzigen Finger" gegen Huldbrand und nähern sich ihm „wilder und wilder, und dichter und dichter, und toller und toller" (Z. 72 f.). Auch **Alliterationen** wie „grünes Glas" (Z. 64) und „ebene Erde" (Z. 64) zeigen, wie intensiv und lebendig Huldbrand diese Erscheinungen wahrnimmt.

Gefahr durch die fantastischen Wesen

detaillierte Schilderung der Kobolde

Intensität von Huldbrands Erlebnis

An zwei Stellen werden Geisterwesen zunächst als bedrohlich angesehen, erweisen sich jedoch letztlich als **Hilfe**. Dem Ritter schien es, „als werfe sich ein langer weißer Mann" (Z. 26) in den Weg – der stellt sich aber als „silberheller Bach" (Z. 29) heraus. Das Farbadjektiv weiß **relativiert die Gefahr**. Gleiches schildert Huldbrand noch einmal im letzten Abschnitt. Ein „ganz weißes, undeutliches

Kühleborn als helfendes Wesen

Antlitz“ (Z. 78 f.) sitzt auf „einem ebenso weißen, höchst riesenmäßigen Körper“ (Z. 87). Der Ritter stellt jedoch fest, dass es „uns [...] nicht das geringste zuleide“ (Z. 85) tat. Der weiße Mann spricht außerdem beruhigend auf Reiter und Pferd ein (vgl. Z. 90 f.) und verschwindet, sobald der Ritter in Sicherheit ist. Zudem verdeutlichen der „weiß[e] Fußpfad“ (Z. 77) und die Abendkühle (vgl. Z. 76) das **abgewendete Unheil**.

Einbeziehen des Zitats von Ricarda Huch:

Im Rückblick auf die literarische Epoche der Romantik formuliert Ricarda Huch im Jahr 1908, dass es den Romantikern auf die **Darstellung von sich mischenden Elementen** ankomme. Das heißt, die Romantiker verbinden unterbewusste seelische Vorgänge mit der äußeren Lebensrealität. Sie beschreiben den **Einfluss von Irrationalem sowie Fantastischem** auf das Leben der Menschen.

Vermischung der Elemente in *Undine*

Im Kunstmärchen *Undine* zeigt sich dies u. a. an der Rolle, welche die Natur in der Geschichte spielt. Natur ist hier der Ort, an dem Magisches passiert und **rationales Denken an seine Grenzen stößt**. Huldbrand versucht zwar mehrmals, sich die Situation im Wald vernünftig zu erklären, fügt sich aber zunehmend dem magischen Geschehen und lässt sich so zur Fischerhütte leiten.

Übereinstimmung zwischen Natur und Huldbrands Gefühlen

Die Naturdarstellung **spiegelt** im vorliegenden Textauszug auch **Huldbrands Gefühle wider**. Anfangs reitet der Ritter unbeschwert in den Wald und nimmt den Ort als freundlich und lebendig wahr. Als sich die Umgebung ändert, wechselt auch Huldbrands Stimmung. Aus der anfänglichen „Fröhlichkeit“ (Z. 6) entwickelt sich das **Bewusstsein, einer Gefahr ausgesetzt zu sein** (vgl. Z. 8 ff.). Wirklichkeit und Irrationales vermischen sich. Diese Vermengung wird auch in der Beschreibung der Zauberwesen deutlich, die zwar nicht als Menschen geschildert, aber **mithilfe menschlicher Attribute charakterisiert** werden, z. B. bei der Begegnung mit dem Kobold.

Zwiespältigkeit der Erscheinungen

Huldbrand nimmt die **Naturerscheinungen als ambivalent** wahr. Das zeigt sich z. B. bei der Darstellung des weißen, undeutlichen Antlitzes (vgl. Z. 78 f., auch Z. 26 f.), das dem Ritter zwar den Rückweg versperrt, ihn aber letztlich sicher zur Fischerhütte leitet. Damit wird verdeutlicht, dass fantastische Erscheinungen in die Gedanken des Menschen einziehen und sein Handeln mitbestimmen können. Indem Huldbrand sich von Irrealem lenken lässt, kann er Undine, einem Wasserwesen, begegnen und sich sogar in dieses verlieben. Damit werden Grenzen verwischt, **Märchenhaftes bricht in die Wirklichkeit ein**.

Wald als Ort gesteigerter Intensität

Außerdem dient die Naturdarstellung dazu, Räume zu charakterisieren. Der **Wald** wird im Gegensatz zur Stadt **als magischer Raum** geschildert, der eine besondere Erlebnisintensität aufweist und bei

Menschen Emotionen ausbrechen lassen kann, z. B. bei Huldbrand das **Gefühl, bedroht zu sein**. Die Wassersymbolik („silberheller Bach“, Z. 29; „wandelnder Springbronn“, Z. 98) verdeutlicht, wie sich Huldbrand gewissermaßen **vom Übersinnlichen mitreißen** und davontragen lässt.

Fazit

Insgesamt lässt sich sagen, dass Ricarda Huchs Aussage auf den Textausschnitt zutrifft. Auch in anderen Textabschnitten der *Undine* zeigt sich die von Huch angesprochene romantische Darstellungsweise und die Sehnsucht der Romantiker, die **Grenzen zwischen der Natur und den Menschen aufheben** zu können. Das Märchenhafte und Irrationale greift in die reale Lebenswelt der Menschen ein und entfaltet dort seine mächtige Wirkung – ob zum Guten oder zum Bösen.

romantische Vorstellung von der Wirkungsmacht der Natur

Uwe Timm (*1940): Im Laufe der Zeit (1991/92)

[…] Der Leser muß nicht lesen. Das Lesen ist ein freiwilliger Akt. Die meisten Menschen lesen, obwohl sie es könnten, nicht. Etwas, für mich, ganz und gar Unverständliches. Ich habe noch sehr genau in Erinnerung, was es für mich als Kind bedeutete, endlich lesen zu können. Damit begann das Reich der Freiheit gegenüber den normativen Angriffen der Erwachsenenwelt. Und mehr noch, ich konnte mich der Langeweile der Sonntagnachmittage entziehen. So war ich – das ist meine Erinnerung – ein wenig Herr über die Zeit geworden.

[…] Und nochmals zu den Nichtlesern, die aber lesen könnten. Sie sind ebenfalls wichtig. Sie erst machen Literatur überflüssig und das Lesen zu einem freiwilligen Akt. Daß sie sich durch ihr Nichtlesen selbst bestrafen, ist für mich immer wieder erstaunlich, ja, unbegreifbar, auch wenn ich weiß, daß es zumeist unwissentlich geschieht.

Sie werden nicht lesend auf diese Reise nach innen gehen, um sich und die eigene Geschichte zu erforschen. Vielleicht werden sie im Alltag, erzählend oder zuhörend, vergleichbare Erfahrungen machen. Diese Möglichkeit steht ja allen offen. Das macht das Überflüssige der Literatur aus: Man kann wählen. Man braucht Literatur nicht notwendig. Sie für sich zu entdecken ist immer ein freiwilliger Akt. Und darin liegt die Würde des Lesers. Das ist die Irritation, die vom Leser ausgeht.

Ich möchte Ihnen zum Abschluß noch eine Begebenheit erzählen. Es ist eine Geschichte vom Reisen, und Sie merken daran, daß ich gern – früher jedenfalls – gereist bin. Ich bin einmal durch Paraguay gefahren, in der Zeit, als Stroessner[1] noch als Diktator herrschte. Ich saß während der langen Fahrten in den Überlandbussen und las. Die Busse wurden auf diesen Fahrten durch das Land immer wieder gestoppt. Man suchte Oppositionelle. Man suchte Guerilleros. Ein Militärpolizist stieg dann in den Bus und ging langsam durch den Gang, sah in die Gesichter, sah die Menschen an, die da saßen, Hühner auf dem Schoß hatten, Kleinkinder, oder auch nur die Hände im Schoß gefaltet hielten. Aber nur ich wurde immer wieder aus dem Bus geholt, mußte meinen Paß zeigen, wurde umständlich kontrolliert. Zunächst dachte ich, man sähe mir den Fremden, den Europäer an. Es gab aber andere ebenso europäisch aussehende Menschen im Bus, die nicht von den Militärpolizisten kontrolliert wurden. Schließlich fiel mir ein, daß mich vielleicht etwas anderes verdächtig machte. Ich las. Ich las ein Buch. Danach steckte ich das Buch, hielt der Bus an den Kontrollstationen, weg und reiste fortan unbehelligt.

All die Militärpolizisten hatten verstanden, und zwar instinktiv: Wer liest, nimmt für sich eine grundsätzliche Freiheit in Anspruch.

Das eben ist Literatur gegenüber der Wirklichkeit: Aussetzen der normativen Zeit, Überfluß und Zufluß an neuen Möglichkeiten und damit an anderen Wirklichkeiten, an Alternativen zum Bestehenden. Das weckt – einmal abgesehen von jedem kritischen, möglicherweise sie in Frage stellenden Inhalt – das Mißtrauen der Herrschenden.

Auszug aus der 4. Paderborner Poetik-Vorlesung des Autors. Aus: Timm, Uwe: Erzählen und kein Ende. Köln 1993, S 108 ff.

1 Alfredo Stroessner (1912–2006): von 1954 bis 1989 Präsident von Paraguay, vorher General und Oberbefehlshaber der Streitkräfte Paraguays

Arbeitsanweisung:

Analysieren Sie den vorliegenden Auszug aus Uwe Timms 4. Paderborner Poetik-Vorlesung. Erörtern Sie – basierend auf Ihren Lektüreerfahrungen – das Potenzial von Literatur. Stützen Sie sich in Ihrer Argumentation auch auf mindestens ein Werk der aktuellen Lektüreliste der gymnasialen Oberstufe.

Lösungsvorschlag

Machen Sie sich vor der Lösung dieser Aufgabe bewusst, dass Sie in Ihre Überlegungen mindestens eine Ganzschrift einfließen lassen müssen, die Sie in der 11. bzw. 12. Jahrgangsstufe behandelt haben. Lesen Sie den vorliegenden Textauszug gründlich und formulieren Sie dessen Thema. Um den Text analysieren zu können, sollten Sie zunächst seine ***Kernaussagen*** *zusammenfassen und seinen Aufbau beschreiben. Des Weiteren müssen Sie die* ***sprachlich-stilistische Gestaltung*** *des Textauszuges untersuchen und wiedergeben, welche Wirkung von dieser Gestaltung ausgeht. Bestimmen Sie abschließend die* ***Intention des Autors****, zu der Sie im zweiten Teil Ihrer Darstellung Stellung nehmen sollen. Vorgegeben ist, dass Sie das „****Potenzial von Literatur****“, also ihre* ***Wirkungsmöglichkeiten*** *erörtern sollen. Was kann Literatur leisten? Welchen Nutzen hat der Mensch vom Lesen? Sie sollen sich dabei auch auf* ***persönliche Leseerfahrungen*** *stützen. Behalten Sie aber im Auge, dass explizit gefordert ist, mindestens ein* ***Werk der aktuellen Leseliste*** *in Ihre Ausführungen einzubeziehen.*

Einleitung: Benennen des Themas

In dem Textauszug *Im Laufe der Zeit* aus Uwe Timms 4. Paderborner Poetikvorlesung, die er 1991/1992 gehalten hat, setzt sich der Autor mit der **Bedeutung des Lesens** auseinander und zeigt auf, welche **Wechselwirkung zwischen Lesen und Freiheit** besteht.

Inhalt und Struktur des Textauszuges:

Uwe Timm beginnt seine Ausführungen mit der Feststellung, dass der Leser nicht lesen müsse (vgl. Z. 1), und verweist auf die vielen Nichtleser. Dem stellt Timm seine eigenen **Leseerfahrungen aus der Kindheit** gegenüber, die als er befreiend erlebt hat. Denn der Autor entdeckte für sich „das Reich der Freiheit“ (Z. 4) und wurde „ein wenig Herr über die Zeit“ (Z. 6 f.).

Im zweiten Textabschnitt bezieht sich Timm nochmals auf die **Freiwilligkeit des Lesens** und bewertet Nichtlesen als unbewusste Selbstbestrafung (vgl. Z. 10 ff.). Nichtleser würden freiwillig auf eine „**Reise nach innen**“ (Z. 12) verzichten und ebenso darauf, sich mit eigener Geschichte auseinanderzusetzen. Dem möglichen Einwand, dass im Alltag das mündliche Erzählen eine gleiche Bedeutung wie das Lesen habe, begegnet Uwe Timm damit, die „Würde des Lesers“ (Z. 17) zu betonen. Denn der Leser entdecke Literatur für sich immer freiwillig (vgl. Z. 16) und könne entscheiden, ob und was er lese.

Lesen vs. Nicht-Lesen

Lesen als freiwillige Handlung

Zur Illustration seiner Überlegungen kündigt Timm ein persönliches Beispiel an. In diesem beschreibt er eine **Busreise durch Paraguay zur Zeit der Diktatur**, um zu zeigen, dass Lesen ein selbstbestimmter Prozess sei. Der Lesende mache sich in einer Diktatur allein **durch öffentliches Lesen verdächtigt** und handle fast schon rebellisch. Mithilfe des Beispiels verdeutlicht der Autor den Freiheitsanspruch des Lesers bei gleichzeitigem Misstrauen der Herrschenden. Abschließend zieht Timm ein resümierendes Fazit. Im Vergleich zur Wirklichkeit biete Literatur **Freiheitsgewinn** sowie „neu[e] Möglichkeiten“ (Z. 36), sich mit Realität auseinanderzusetzen und somit „Alternativen zum Bestehenden“ (Z. 37) zu durchdenken.

Lesen als Akt der Freiheit und Selbstbestimmung

Der Textauszug ist **Teil einer Vorlesung**. Durch den parataktischen Satzbau gelingt es dem Autor, den Zuhörern und Lesern seine Gedanken verständlich zu machen. Das zeigt sich z. B. am Anfang, wenn Timm thesenartig formuliert: „Der Leser muß nicht lesen. Das Lesen ist ein freiwilliger Akt.“ (Z. 1). Selbst Hypotaxen (z. B. Z. 17) sind übersichtlich, was dem Zuhörer entgegenkommt und den Lesefluss unterstützt. **Seine eindeutige Positionierung** wird auch in der **Verwendung elliptischer Strukturen** deutlich, wenn der Autor schreibt: „Etwas, für mich, ganz und gar Unverständliches.“ (Z. 2 f.), wobei der Einschub „für mich“ seine Position als subjektiv beschreibt. Er zählt sich zu den Lesern, die er antithetisch den Nichtlesern gegenüberstellt. Die Correctio „ja, unbegreiflich“ (Z. 11) betont seine Einstellung.

sprachlich-stilistische Gestaltung:

Verständlichkeit von Timms Aussagen

Im weiteren Textverlauf bezieht sich Uwe Timm stets auf eigene Erfahrungen, was seinen Aussagen **Authentizität** verleiht. Ausgehend von seinen Kindheitserlebnissen beschreibt er an einem persönlichen Beispiel (vgl. Z. 20 ff.), wie er die Bedeutung des Lesens erkannte. Ist es anfangs noch die Erkenntnis, „**Herr über die Zeit**“ (Z. 7) zu sein, erfährt der Autor schließlich, dass Lesen **zur Selbstbestimmung** beitragen kann (vgl. Z. 30 ff.). Timm betont die Freiwilligkeit des Lesens mit der Wiederholung „freiwilliger Akt“ (Z. 1, 16) und illustriert dies mit offenen Möglichkeiten (vgl. Z. 14) oder spricht

Schilderung eigener Erlebnisse

sogar vom „Überflüssige[n] der Literatur“ (Z. 15). Jedem Menschen stehe es frei, seine eigene Geschichte erzählend und zuhörend oder eben lesend zu erforschen. Literatur sei dazu nicht zwingend notwendig. Mit dem Gebrauch des Konjunktivs im Modalverb „könnten“ (Z. 2, 8) unterstreicht er nochmals die **Entscheidungsfreiheit eines jeden Menschen** in Bezug auf das Lesen.

Timms Aussageabsicht: Lesen als Bereicherung

Timm bezieht in seine Überlegungen **verschiedene Möglichkeiten von Erfahrungen** ein („[v]ielleicht“, Z. 13) und relativiert damit zunächst die Bedeutung des Lesens. Insgesamt lebt der Text aber von Timms wertenden Aussagen. Der Zuhörer bzw. Leser wird direkt angesprochen (vgl. Z. 18) und dadurch **zum Mitdenken über die Bedeutung von Literatur angeregt**. Zum Schluss verweisen prägnante Thesen nochmals auf die Intention des Autors: „Wer liest, nimmt für sich eine grundsätzliche Freiheit in Anspruch“ (Z. 33 f., vgl. auch Z. 35). **Literatur kann die Wirklichkeit beeinflussen**, indem sie Möglichkeiten des Denkens und Handelns eröffnet und damit Alternativen zum realen Status quo aufzeigt.

Freiheitsdrang der Leser

Erörterung:

vielfältige Vorteile des Lesens für Menschen jeden Alters

Lesen fördert die Entwicklung des Wortschatzes, hilft beim Erlernen der Rechtschreibung, trägt zur Allgemeinbildung bei und beeinflusst die Fantasie. Das sind die **Vorteile des Lesens**, die wohl jeder in seiner Kindheit und Jugend wenigstens einmal zu hören bekommt. Uwe Timm geht ein Stück weiter, wenn er der Bedeutung des Lesens nachspürt. Er sagt, dass der Leser Freiheit gewinnt, wenn er zum Buch greift. Er entkomme der Langeweile und könne **sein Inneres sowie seine eigene Geschichte erforschen**. Dem ist völlig zuzustimmen, denn spannende Geschichten können Kinder in eine andere Welt entführen. Sie lassen es z. B. teilhaben an den Abenteuern verschiedener Helden und an deren mutigen Entscheidungen. Märchen enden damit, dass das Gute siegt. Somit kann die Lektüre dieser Geschichten dazu beitragen, dass die Leser **moralische Verhaltensweisen und Werte**, wie Ehrlichkeit oder Hilfsbereitschaft, **reflektieren und verinnerlichen**.

Wert von Abenteuergeschichten und Märchen

Veränderung des eigenen Verhaltens

Diese Funktion des Lesens, nämlich sich in fremde Welten entführen zu lassen, bleibt im Erwachsenenalter bestehen. Aber das Potenzial von Literatur ist größer, denn sie kann die Wirklichkeit beeinflussen, wenn der Leser aufgrund des Gelesenen **seine eigenen Einstellungen hinterfragt**. Beschäftigt man sich zum Beispiel mit *Medea* von Euripides, kann man einen antiken Mythos nachverfolgen, wird aber auch gezwungen, sich mit der **Berechtigung von Rache, deren Motiven und Ausführung** auseinanderzusetzen.

Euripides' *Medea*

Denn die Titelfigur übt auf grausame Art Rache an ihrem Ehemann Iason, indem sie u. a. ihre gemeinsamen Kinder ermordet. Persönlich tief **gekränkt durch den Verrat Iasons** steigert sich Medea in ihre Rachegelüste und handelt schließlich zutiefst unmenschlich. Der Leser erkennt das und beurteilt ihr Auftreten. Im besten Fall lernt er, dass man eigenes Leid nicht dadurch mildert, anderen das Gleiche zuzufügen, dass man manchmal seine Gefühle der Vernunft unterordnen muss, um Mensch zu bleiben.

Unmenschlichkeit von Medeas Racheakt

Rache spielt auch in anderen literarischen Werken eine große Rolle. So thematisiert Friedrich Dürrenmatt häufig die **Frage der Schuld und deren Sühne**. In der Tragikomödie *Der Besuch der alten Dame* verdeutlicht er dies an der Figur der Milliardärin Claire Zachanassian, die **Rache für ein weit zurückliegendes Unrecht** üben will. Anders als Medea lässt sie ihren Gefühlen wenig Freiraum, sondern unterbreitet den Einwohnern von Güllen – der Kleinstadt, in der sie ihre Kindheit und Jugend verbrachte – ein **unmoralisches Angebot**: eine Milliarde für Güllen, wenn jemand Alfred Ill tötet. Dieser hatte die Vaterschaft für Claires Kind geleugnet und den Prozess gegen sie mithilfe bestochener Zeugen gewonnen, was Claire letztlich in die Prostitution zwang.

Dürrenmatts *Der Besuch der alten Dame*

Claires Angebot an Bewohner von Güllen

Im Laufe der Geschichte offenbart sich, dass fast alle Menschen im Ort auf den Geldsegen hoffen. Und **in Erwartung dieses Geldes** beginnen sie, **über ihre Verhältnisse zu leben und sich von Ill zu distanzieren**. Schließlich liefert sich Ill seinen Mitbürgern aus und stirbt für den Milliardenscheck. Ähnlich wie Medea ist Claire unerbittlich, wenn es darum geht, ihre Rachegelüste zu befriedigen, aber sie überlässt es anderen, diese auszuführen. Der Leser kann sich auch hier fragen: **Wie hätte ich mich verhalten?** Wäre ich anfällig für Käuflichkeit? Was sind für mich echte Werte? Und bei der Beantwortung dieser Fragen kann der Leser für sich andere Handlungsmöglichkeiten entdecken.

Verführbarkeit der Bewohner Güllens

Leser zur Positionierung aufgefordert

„Wer liest, nimmt für sich eine grundsätzliche Freiheit in Anspruch" (Z. 35 f.), sagt Uwe Timm. Der Leser entscheidet selbst, ob, was und wann er liest. Dass dieses Lesen bei Herrschenden **Misstrauen** erwecken kann, belegt u. a. eine Anekdote aus der **Literatur des Vormärz**. Uwe Timms Beispiel erinnert an Heinrich Heines *Deutschland. Ein Wintermärchen*, in dem Heine zu Beginn von seinem Grenzübertritt nach Preußen berichtet. Zöllner durchsuchen sein Gepäck nach verbotenen Büchern – auch hier ist also von der Gefahr die Rede, die Literatur für die staatliche Obrigkeit darstellen kann. Heine hatte kein Buch dabei, aber er sagt, er habe alle seine Ideen im Kopf.

Heinrich Heine als Beispiel für Freiheit des Lesers

Gesellschaftliche und politische Themen spielen auch in zeitgenössischer Literatur eine Rolle. Juli Zeh thematisiert z. B. in ihrem

Juli Zehs *Corpus Delicti*

Roman *Corpus delicti* die **Gefahren einer möglichen Gesundheitsdiktatur**. Menschen werden überwacht, ihre Nahrungsaufnahme sowie das Absolvieren ihres Sportprogramms kontrolliert. Oberstes Ziel ist es, eine Gesellschaft zu erschaffen, in der es keine Krankheiten mehr gibt. Dieses Ziel erscheint auf den ersten Blick logisch und erstrebenswert. Allerdings zeigt sich, dass dafür die **persönliche Freiheit aufgegeben** werden muss.

Aufgeben der Freiheit zum Zweck der Gesundheit

Diese Ambivalenz wird in Zehs Buch diskutiert, ist aber auch in unserer jetzigen Zeit aktuell. Um Infektionsketten nachvollziehen zu können, steht eine **Corona-App** bereit, die jeder deutsche Bürger auf sein Smartphone laden kann. Diese App zeigt an, ob man in den letzten Tagen einem Infizierten begegnet ist. Prinzipiell ist dies ein gutes Instrument zur Eindämmung der Pandemie, allerdings könnte der Benutzer dieser App teilweise gläsern werden. Deshalb ist es ausgesprochen wichtig, **Rechte des Datenschutzes** zu garantieren. Anders als in Zehs Roman leben wir in einer Demokratie, trotzdem ist die Gefahr des Missbrauchs real. Und so kann auch die Lektüre von *Corpus delicti* dazu beitragen, dass wir auf einen sorgsamen Umgang mit persönlichen Daten achten, unsere Privatsphäre schützen und **sensibilisiert** sind **für gesellschaftliche Prozesse**. Ganz im Sinne von Uwe Timm kann Literatur Denkfreiheit geben, indem sie vor problematischen Entwicklungen und Gefahren warnt und uns Alternativen zu gesellschaftlich-politischen Gegebenheiten aufzeigt.

Aktualität von Zehs Roman

Übertragbarkeit der Romanaussagen auf unsere heutige Situation

Literatur unterhält, eröffnet fantastische Räume, bietet Fluchtmöglichkeiten vor dem Alltag. Aber durch Literatur kann es auch gelingen, Einsichten zu erlangen oder gar Verhaltensweisen zu überdenken und zu ändern. Und indem der Lesende sich die Freiheit nimmt, zu lesen und sich selbst den Lesestoff auszuwählen, **beeinflusst und bereichert Literatur sein Leben**.

Fazit

Leistungskurs Deutsch (Sachsen): Abiturprüfung 2020
Aufgabe 1: Interpretation eines literarischen Textes

Albert Ostermaier (*1967): roadmovie (1997)

immer geht es weiter voran wohin
kein ende der strasse eine weite
die dir das hemd aufknöpft kein
baum kein strauch eine tankstelle
vorbei der horizont schiebt sich
müde voran die sonne pausiert
hinter den wolken & die nacht
füllt die reserven wenn die fahrer
wechseln das bier immer dünner
wird & der schnee dir an den
schuhen schmilzt du dir ein herz
fasst & den atem hältst plötzlich
das haar des mädchens vor dir in
den händen um eine haaresbreite
hättest du die augen geschlossen &
die liebe erfunden eine strasse &
endlosigkeit die man nur zu
zweit ertragen kann ein glück
das keine zeit hat sich zu zeigen
doch du die zeit es zu verlieren
wenn der film & das popcorn
aus sind & ein mann seinen
weg allein geht[1] mit sand in den
augen doch mit schnee
in den schuhen zum
ende

Aus: Ostermaier, Albert: fremdkörper hautnah. Gedichte. Suhrkamp Frankfurt a. M. 1997, S. 15

1 Unter dem Titel *Ein Mann geht seinen Weg* liefen in deutschen Kinos zwei US-amerikanische Spielfilme (von 1961 und von 1978).

Franz Hohler (*1943): Unterwegs (1995)

Es regnet.
Vor dem Eisenbahnfenster wird Dänemark durchgezogen. Der Bühnenbildner hat sich für Bäume, Büsche, Äcker und Wiesen entschieden. Auf zusammenhängende Wälder hat er verzichtet. Dafür hat er an Nebelkrähen gedacht, und dort – ist das nicht ein Fasan? Ab und zu läßt er ein paar schwarzweiße Kühe auftreten, die zu einem Bauernhof im Hintergrund gehören. Die Höfe hat er mit einem Siloturm kenntlich gemacht.
Auch an Seen ist kein Mangel; des trüben Wetters wegen ist man oft im Ungewissen, ob es sich vielleicht um eine Meeresbucht handelt. Die Windknechte stehen gern in der Nähe des Meeres, es sind hohe Masten mit dreiflügligen Propellern, die den Wind einfangen und in die Steckdosen jagen. Manchmal stehen sie in ganzen Reihen da. Wenn ich der Wind wäre, würde ich versuchen, ihnen auszuweichen.
Aber ich bin nicht der Wind. Ich bin nur ein Bahnreisender, der sich wundert, wie unglaublich schmal und langgestreckt die dänische Flagge ist, die über so vielen Häusern flattert.

Aus: Hohler, Franz: Die blaue Amsel. btb München 1995, S. 26

Arbeitsanweisung:

Interpretieren Sie das Gedicht *roadmovie* von Albert Ostermaier.

Vergleichen Sie die Gestaltung des Themas Reisen in Ostermaiers Gedicht *roadmovie* und in Franz Hohlers Kurzprosatext *Unterwegs*. Berücksichtigen Sie dabei neben inhaltlichen auch sprachliche und formale Aspekte.

Der Schwerpunkt der Aufgabe liegt auf der Interpretation des Gedichts von Albert Ostermaier.

Lösungsvorschlag

Die Aufgabenstellung verlangt von Ihnen Methodenwissen zum untersuchenden und vergleichenden Erschließen lyrischer Texte. Da zunächst Albert Ostermaiers Text zu interpretieren ist, zu dem Ihnen außer den Lebensdaten des Verfassers und dem Entstehungsjahr keine weiteren Informationen vorliegen, stützen Sie sich bei diesem Gedicht vorrangig auf den ***werkimmanenten Interpretationsansatz****.*
Beachten Sie dabei, dass trotz der etwas sperrigen Form (Kleinschreibung, Reimfreiheit, Verzicht auf regelmäßige Metrik), die für moderne Texte allerdings konstitutiv ist, bei Ihrer Analyse literaturtheoretische Grundbegriffe benutzt werden sollten. Dies ist in diesem Gedicht schon bei der ***Bestimmung der lyrischen Situation*** *bzw. des lyrischen Ichs eine Herausforderung. Weil der Sprecher des Gedichts, statt Ich zu sagen, immer nur vom Du spricht, ist es hier problematisch, den Begriff des lyrischen Ichs sinngerecht zu verwenden.*
Im Zusammenspiel mit Hohlers Text, dessen Vita Ihnen wahrscheinlich ebenso unbekannt ist, ergeben sich durch die ***Aspektorientierung der Aufgabenstellung*** *weitere Deutungsmöglichkeiten. Angesichts der Alltagsdimension beider Texte sollten Sie neben Ihren Kenntnissen zu moderner Lyrik auch Wissensbestände aus dem Bereich Allgemein- und Weltwissen aktivieren.*

Einleitung:
Gedanken zum Gedichttitel

On the Road, On the Road again, King of the road... Die Assoziationen, die der Titel des vor mir liegenden Gedichtes auslöst, sind vielfältig. Sie sind einerseits musikalischer Art, wie auch die Liedzeile *Im Wagen vor mir fährt ein junges Mädchen...* – oder aber als Filmtitel abgespeichert, wie es bei *Easy Rider* oder *Vincent will Meer* oder auch *Tschick* der Fall ist. Die Gemeinsamkeiten dieser Assoziationen sind durch den englischen **Begriff des Roadmovies** bestimmt, der es auch schon in den deutschen Wortschatz geschafft hat. Er beschreibt damit offensichtlich eine **kulturelle Erfahrung, die vor Ländergrenzen oder Kontinenten nicht haltmacht**. Es wird spannend sein zu überprüfen, inwieweit Albert Ostermaiers Gedicht aus dem Jahr 1997 die Erwartungen des Lesers bedient und was Franz Hohlers kurzer Prosatext *Unterwegs* von 1995 dazu beitragen kann.

Überleitung zu den beiden Texten

Interpretation:
roadmovie von Albert Ostermaier

Der Titel *roadmovie* eröffnet dem Leser rasch die Option, den Inhalt des folgenden Textes **in den englischsprachigen Kulturraum** zu übertragen. Bei der weiteren Lektüre des Textes stellt sich heraus, dass die **Kleinschreibung** konsequent bis zum „ende" (V. 26) durchgehalten wird. Die Eingangsbilder, die Ostermaier verwendet, um den Leser in die lyrische Situation mit hineinzunehmen, atmen eine **gewisse Unbestimmtheit:** „kein ende der strasse eine weite/ die dir das hemd aufknöpft" (V. 2 f.). Da ist „kein/ baum kein strauch" (V. 3 f.), der die Sicht auf den Horizont versperren könnte. Dieser schiebt sich zwar „müde voran" (V. 5 f.), aber doch immerhin so beständig, dass alles „immer [...] weiter [geht]" (V. 1). Das Szenario

unbestimmte lyrische Situation

für den ersten Teil des Gedichts präsentiert **den lyrischen Sprecher als einen Reisenden**, der ganz offensichtlich unterwegs, also *on the road* ist. Unklar bleibt allerdings zunächst, „wohin" (V. 1) die Reise geht. Die Reisenden befinden sich wahrscheinlich auf dem Weg zu einem entfernteren Ziel, denn „die nacht" (V. 7) kommt dazwischen und „die fahrer wechseln" (V. 8 f.).

unbestimmtes Ziel der Reise

Auffällig ist in Ostermaiers Gedicht, dass der lyrische Sprecher in der du-Form spricht. Eine mögliche Deutung dieser Besonderheit könnte lauten, dass der Sprecher den Leser durch die du-Form **zum Nachvollziehen des Textgeschehens auffordern** möchte. Es wäre aber auch denkbar, dass der Sprecher mit diesem Trick **seine eigene Involviertheit** in die Textgeschehnisse – möglicherweise aus Selbstschutz – gewissermaßen **verstecken** möchte und deshalb unter dem Deckmantel der du-Form spricht.

mögliche Deutungen für du-Form

Ein **Wechsel der Situation** findet dann etwa **in der Mitte des Gedichts** statt. Der Landschaftsdarstellung aus der Perspektive des Reisenden wird nun eine neue Komponente hinzugefügt. Der lyrische Sprecher hält „plötzlich/ das haar des mädchens vor [sich] in/ den händen" (V. 12 ff.). Diese Darstellung ist **schwer vereinbar mit der Vorstellung von Auto- oder Truckreisen**. Es wird noch schwieriger, wenn „um eine haaresbreite/ [...] die augen geschlossen" worden wären (V. 14 f.). Vielleicht soll der Leser jetzt an den zweiten Teil des Titels denken: Nach der Assoziation von „road" kommt jetzt die Vorstellung von „movie". Nach der „strasse &/ endlosigkeit (V. 16 f.) wird jetzt der **Kinosaal** aufgerufen **mit Sitzreihen**, in denen eben auch ein Mädchen sitzen kann, das man vielleicht gern kennenlernen würde.

neuer Bildbereich: Kino

neue Person: Mädchen

Das **vor dem lyrischen Sprecher sitzende Mädchen** ist Anlass für eine weitere Gedankenreise. Aus der konkreten Situation im dunklen Kino wird nun eine Verbindung hergestellt zur Straße auf der Leinwand: „eine strasse &/ endlosigkeit die man nur zu/ zweit ertragen kann" (V. 16 ff.). Die **Verschränkung dieser beiden Bildbereiche** bereitet schließlich den Showdown im dritten Teil vor.

Reise im Film vs. Erlebnis im Kino

„[W]enn der film & das popcorn/ aus sind" (V. 21 f.) und das Mädchen, das eben noch vor einem saß, den Saal schon verlassen haben wird, geht „ein mann seinen/ weg allein" (V. 22) nach Hause. Dort wird er aus der **Kinoerfahrung** von „strasse &/ endlosigkeit" (V. 16 f.) und aus seiner **Leere im Herzen** – weil er zu dem Mädchen keinen Kontakt aufgenommen hat – vielleicht ein Gedicht machen.

Situation des Sprechers beim Verlassen des Kinos

Ein wesentliches Strukturmerkmal in diesem Gedicht ist der **Umgang des Autors mit dem Thema Zeit** und dem Gestaltungsmittel der Zeit. Rahmenbildend wirken hier das auf Beständigkeit hinweisende

Strukturierung durch Zeitangaben

Zeitadverb „immer“ (V. 1) und im Gegensatz dazu das den Schlusspunkt alles Seienden bestimmende Nomen „ende“ (V. 26). Dazwischen findet sich zweimal die **temporale Konjunktion** „wenn“, die jeweils das Ende der Abschnitte vorbereitet. „[W]enn die fahrer/ wechseln [...] [und] du dir ein herz/ fasst und den atem hältst“ (V. 8 ff.) steht vor dem Temporaladverb „plötzlich“ (V. 12), das den Wechsel vom anfänglichen Blick zur Leinwand zum Blick auf den Menschen einleitet. Das zweite Mal, „wenn der film [...] aus [ist]“ (V. 21 f.), ist die Leere im Herzen des Sprechers deutlich geworden.

Blickwechsel: vom Film in die Realität

Diese Leere ergibt sich wesentlich durch das sprachliche Mittel des Konjunktiv II (vgl. V. 15), der in diesem Gedicht den **Unterschied zwischen einer Möglichkeit und deren ausbleibender Nutzung** markiert. Hätte der lyrische Sprecher das Haar des Mädchens wirklich in den Händen gehalten und hätte er also wirklich die Augen geschlossen und sich der Situation und dem Mädchen und sich selbst hingeben können – dann wäre die **Zeit nach diesem Kinobesuch** mit einiger Gewissheit anders verlaufen. Denn es heißt ja nicht nur, dass die Augen hätten geschlossen werden, sondern auch, dass „die liebe [hätte] erfunden“ (V. 16) werden müssen. Wenn Liebe er- statt nur gefunden werden muss, ist es **um die realen Möglichkeiten der Partnersuche wahrscheinlich schlecht bestellt**.

Bedeutung des Konjunktivs „hättest“

Muss die Liebe als „eine strasse &/ endlosigkeit“ (V. 16 f.) verstanden werden? Durch die **Auflösung klarer syntaktischer Zusammenhänge** ebenso wie durch die konsequente **Kleinschreibung** und die **Enjambements** über das gesamte Gedicht hinweg werden inhaltliche Zusammenhänge für den Leser schwer bestimmbar. Allerdings bieten Relativsätze in dieser Passage eine Verstehenshilfe an. Eine „endlosigkeit die man nur zu/ zweit ertragen kann“ (V. 17) und „ein glück/ das keine zeit hat sich zu zeigen“ (V. 18 f.) deuten auf eine **problematische Vorstellung von Zweisamkeit** hin – auch wenn durch die Assonanz in diesen Versen („zweit“, „keine“, „zeit“, „zeigen“) ein zunächst harmonisch erscheinender Gleichklang entsteht. Die logische Kontrastfigur, dass das Glück keine Zeit habe sich zu zeigen, „doch du die zeit es zu verlieren“ (V. 20), verdoppelt quasi die **Abwesenheit von Glück beim lyrischen Sprecher**. Was so flüchtig ist, dass es sich mir nicht zeigen kann, kann ich also auch kaum besitzen und demnach auch kaum verlieren.

uneindeutige syntaktische Beziehungen

Relativsätze als strukturierendes Merkmal

Seelenzustand des Sprechers

Das darauf folgende Filmtitelzitat *Ein Mann geht seinen Weg* wird durch **Hinzufügung des Modaladverbs** „allein“ (V. 23) verstärkt. Durch die Einbettung in den Temporalsatz „wenn ein mann seinen/ weg allein geht [...] zum/ ende“ (V. 21 ff.) wird eine **Resignation** angedeutet, die die **Einsamkeit** und Leere der auf der Leinwand gezeigten Landschaft auch **im Inneren des Sprechers** vermuten lässt.

Abwandlung eines Filmtitels

Auch die vom Dichter verwendeten Metaphern helfen bei der Deutung dieses Textes. Kann „der schnee [der] dir an den/ schuhen schmilzt" (V. 10 f.) durchaus noch wörtlich als **Niederschlagsphänomen** verstanden werden, so kommt es zum Ende des Gedichts im Zusammenhang mit einem zweiten Bild zu einer weiteren Deutung. Ein Mann „mit sand in den/ augen doch mit schnee/ in den schuhen" (V. 23 ff.) lässt darauf schließen, dass er Tränen in den Augen und kalte Füße bekommen hat. Offenbar hat eine wie auch immer geartete **emotionale Wirkung auf den lyrischen Sprecher durch den Film und das Mädchen** stattgefunden, aber er darf dies wohl nicht zugeben – vielleicht weil er glaubt, Mann sein zu müssen und sich keine Gefühle erlauben zu dürfen.

Metaphern: „Sand in den Augen" und „Schnee in den Schuhen"

Das Gedicht *roadmovie* von Albert Ostermaier lässt sich also lesen als ein Text über einen Vertreter der Generation Golf, der auf der **Suche nach dem Sinn seines Lebens** einsehen muss, dass die Identifikationsangebote aus der cineastischen Mottenkiste der 60er- und 70er-Jahre für junge Menschen kurz vor dem Beginn des nächsten Jahrtausends nicht ausreichen. **Konfrontiert mit der opulenten Bildwelt auf der Leinwand** wird ihm deutlich, dass die Produkte der Hollywoodindustrie **keinen Ersatz für gelebtes Leben** bieten können. Weil es ihm letztlich unmöglich ist, sich ein Herz zu fassen (vgl. V. 11 f.), wird der Flucht-Raum Kino zum Fluch-Traum. Die Einsamkeit in seinem Leben, vor der der Kinobesucher in eine virtuelle Wirklichkeit fliehen wollte, holt ihn auch dort ein und wirft ihn auf sich selbst zurück. Das als Pop-Literatur auftretende Textkonstrukt ohne strophische Gliederung erweist sich als eine **existenzialistisch-resignative Momentaufnahme**.

Fazit zu Ostermaiers Gedicht:

Tragik des Kinobesuchs

Um eine Momentaufnahme handelt es sich auch bei Franz Hohlers kurzer Prosaskizze *Unterwegs* aus dem Jahr 1995. Obwohl nahezu zeitgleich zu Ostermaiers Gedicht entstanden und über das Reisemotiv mit diesem Text gut vergleichbar, liegt hier jedoch eine gänzlich **andere Art von Wirklichkeitserfahrung und -beschreibung** vor. Kein introvertierter, sich selbst bespiegelnder lyrischer Sprecher, sondern ein **neugieriger Ich-Erzähler auf Reisen** präsentiert uns seine **Weltsicht aus dem Zugfenster**.

vergleichende Interpretation:

Unterwegs von Franz Hohler

„Es regnet" (Z. 1). Sehr viel trister kann ein Reisetext nicht beginnen. Da der Erzähler selbst wohl warm und trocken sitzt, gönnt er sich eine im Wortsinn **beschauliche Auszeit**, in deren Verlauf „[v]or dem Eisenbahnfenster […] Dänemark durchgezogen [wird]" (Z. 2). Dieser Einstieg wirkt prägend für den weiteren Verlauf der Betrachtungen. Er suggeriert eine **passive Weltsicht**, die frei ist von Aktionismus und Unruhe und stattdessen die Welt-Anschauung als Form

Erzähler als ruhiger Betrachter einer Landschaft

der Wirklichkeitserfahrung vorführt. Es ist eine Sicht, die darauf vertraut, dass **die Welt im Ganzen wohl geordnet** eingerichtet ist: „Der Bühnenbildner hat sich für Bäume, Büsche, Äcker und Wiesen entschieden." (Z. 2 f.) Der Requisiteur hat sich um „Nebelkrähen" und „ein[en] Fasan" (Z. 4) gekümmert. Auf kostspielige großflächige Kulissen wie „zusammenhängende Wälder […] verzichtet" (Z. 3 f.) die Inszenierung.

Weltbild des Erzählers

Der **Vergleich mit einer Theateraufführung** funktioniert, weil er auch in den folgenden Abschnitten des Textes aufgegriffen und weiterentwickelt wird. „[S]chwarzweiße Kühe" (Z. 5) treten auf, „die zu einem Bauernhof im [Bühnen][h]intergrund gehören" (Z. 5 f.). Nicht die wirkliche Funktion eines „Siloturm[s]" (Z. 6) ist für Franz Hohlers Erzähler relevant, sondern die Tatsache, dass damit für den Zuschauer „[d]ie Höfe […] kenntlich gemacht" (Z. 6) worden sind, an denen er vorbeifährt.

Ereignisse vor dem Zugfenster als Theaterinszenierung

Die Handlung des „Stückes" ist sparsam gestaltet. Neben den Kühen treten „Windknechte" (Z. 8) auf, „hohe Masten mit dreiflügligen Propellern, die den Wind einfangen und in die Steckdosen jagen" (Z. 9 f.). Dieses Bild offenbart die **verfremdende Perspektive des Erzählers**. Die „[m]anchmal […] in ganzen Reihen" (Z. 10) dastehenden Windkraftanlagen sind das einzig bewegte Element in dieser Landschaft, obwohl sie doch statisch sind und nur ihre Rotoren kreisen, um für die Menschen Strom zu erzeugen. Aber selbst diese Bewegung scheint dem Erzähler noch zu viel: „Wenn [er] der Wind wäre, würde [er] versuchen, ihnen auszuweichen" (Z. 11). In diesen Konjunktiven offenbart sich der **Wunsch des Erzählers, sich einer Nutzbarmachung natürlicher Kräfte zu entziehen** und stattdessen einfach nur sein zu wollen. Die äußerste Zurücknahme jeglicher Aktion zeigt sich in der folgenden, nun wieder indikativischen **Selbstbeschreibung des Erzählers**: „Aber ich bin nicht der Wind. Ich bin nur ein Bahnreisender" (Z. 12).

Handlungs- und Bewegungsarmut im Text

Zufriedenheit des Erzählers mit seiner Situation

Was ihm bleibt, in seiner auf das hinter dem Fenster Sitzen zurückgeschnittenen Daseinsweise, ist die **Möglichkeit der Verwunderung**. Er staunt darüber, „wie unglaublich schmal und langgestreckt die dänische Flagge ist, die über so vielen Häusern flattert" (Z. 12 ff.). Staunen zu erzeugen gehört zum Wesen des Theaters. Und schließlich „flattert" (Z. 14) diese Fahne sogar. Sie ist also ein weiteres bewegtes Moment im **Schauspiel der Natur**.

Staunen des Erzählers

Am Motiv des Reisens und damit der örtlichen Veränderung werden in Ostermaiers wie auch in Hohlers Text die **seelischen Zustände der Sprecher sichtbar**. Während Ostermaiers Sprecher den Leser mitnimmt auf eine virtuelle Reise in **fiktionale Kinolandschaften**,

Textvergleich:

Reisen in *road-movie* und in *Unterwegs*

darf man sich bei Hohler eine **konkrete dänische Landschaft am Meer** vorstellen. Der behaupteten Endlosigkeit der besonnten Landschaft bei Ostermaier steht die begrenzte, kulissenartige, verregnete dänische Ebene entgegen. Während das Gedicht also scheinbar Reales als Illusion eines Kinofilms entlarvt, wirkt im Prosatext Reales wie eine künstlich-theatralische Inszenierung. Das **Fernweh und die Sehnsucht** des *roadmovie*-Protagonisten einerseits kontrastiert mit der totalen **Hier-und-jetzt-Erfahrung** des Reisenden, der im Norden unterwegs ist.

unterschiedliches Verhältnis zu Zeit

In beiden Texten spielt auch die Zeit eine wesentliche Rolle. Zwar wird sie von Hohlers Ich-Erzähler nicht thematisiert – eben, weil er genügend davon zu haben scheint. Er geht gänzlich auf in ihr. Sie ist ihm keiner Erwähnung wert, seine **Aufmerksamkeit** ist **auf das äußere Geschehen** fokussiert. Ostermaiers Sprecher hingegen spürt die verlorene Zeit. Ob es nur **der verlorene Nachmittag im Kino** war oder doch auch das Gespür größerer Verluste, die sich an jenem Nachmittag andeuten? Eine Liebe nicht nur nicht zu leben aus Mangel an Gelegenheiten, sondern sie noch nicht einmal erfinden zu können, aus Mangel an Vorstellungskraft – das ist eine mögliche Deutung für das Dilemma, das in diesem Gedicht auf die Leinwand projiziert wird. Filmhelden, lyrische Sprecher, Eisenbahnreisende – sie alle sind unterwegs, durch die Welt und zu sich selbst.

Schilderung einer Lebenskrise in Ostermaiers Gedicht?

Resümee:

In den sehr unterschiedlichen formalen Ausprägungen von Pop-Gedicht und Prosaskizze werden wir so in diesen beiden Texten mit Fragestellungen konfrontiert, die auch uns als Jugendliche auf der **Suche nach unserem Lebenssinn** bewegen könnten. Zu welchem Zweck gehen wir ins Kino? Und zu welchem Zweck gehen wir auf Reisen? Wie können wir – in unserer begrenzten Lebenszeit – einen möglichst großen **Schatz von Welterfahrung** erwerben? Sowohl das Kino als auch das Reisen ermöglichen uns Einsichten, die wir in unserem alltäglichen Rhythmus – von Schule, später Ausbildung, Studium, Beruf – nicht finden können. Sie bieten uns **Fluchträume, Rückzugsorte und Zeitfenster**, von wo aus **neue Perspektiven auf die Zumutungen unseres Alltags** möglich werden. Durch den Wechsel der Sehweisen üben wir uns in der Fähigkeit, auch das Andere wahrzunehmen, nicht nur das Eigene. In diesem Sinn plädieren sowohl Ostermaier als auch Hohler für den **Aufbruch zu uns selbst**. Mit einem gelungenen Kinonachmittag darf man anfangen. Und die nächste Reise darf man zu planen beginnen.

Kino und Reisen als Erfahrungsmöglichkeiten

Leistungskurs Deutsch (Sachsen): Abiturprüfung 2020
Aufgabe 2: Literarische Erörterung

Heinrich von Kleist (1777–1811): Von der Überlegung. Eine Paradoxe (1810)

[…]
„Die Überlegung […] findet ihren Zeitpunkt weit schicklicher *nach,* als *vor* der Tat. Wenn sie vorher oder in dem Augenblick der Entscheidung selbst, ins Spiel tritt: so scheint sie nur die zum Handeln nötige Kraft, die aus dem herrlichen Gefühl quillt, zu verwirren, zu hemmen und zu unterdrücken; dagegen sich nachher, wenn die Handlung abgetan ist, der Gebrauch von ihr machen läßt, zu welchem sie dem Menschen eigentlich gegeben ist, nämlich sich dessen, was in dem Verfahren fehlerhaft und gebrechlich war, bewußt zu werden, und das Gefühl für andere künftige Fälle zu regulieren. Das Leben selbst ist ein Kampf mit dem Schicksal; und es verhält sich auch mit dem Handeln wie mit dem Ringen. Der Athlet kann, in dem Augenblick, da er seinen Gegner umfaßt hält, schlechthin nach keiner anderen Rücksicht, als nach bloßen augenblicklichen Eingebungen verfahren; und derjenige, der berechnen wollte, welche Muskeln er anstrengen, und welche Glieder er in Bewegung setzen soll, um zu überwinden, würde unfehlbar den kürzeren ziehen, und unterliegen. Aber nachher, wenn er gesiegt hat oder am Boden [liegt], mag es zweckmäßig und an seinem Ort sein, zu überlegen, durch welchen Druck er seinen Gegner niederwarf, oder welch ein Bein er ihm hätte stellen sollen, um sich aufrecht zu erhalten. Wer das Leben nicht, wie ein solcher Ringer, umfaßt hält, und tausendgliedrig, nach allen Windungen des Kampfs, nach allen Widerständen, Drücken, Ausweichungen und Reaktionen, empfindet und spürt: der wird, was er will, in keinem Gespräch, durchsetzen; vielweniger in einer Schlacht.“ […]

Quelle: https://gutenberg.spiegel.de/buch/aufsatze-und-kleine-schriften-5889/10. 13. 09. 19

Euripides (480–406 v. Chr.): Medea (431 v. Chr.)

3. Epeisodion
MEDEA. […]

O Zeus und Zeustochter Dike und Helioslicht,
jetzt werden wir schönen Sieg über die Feinde, liebe Frauen,
erringen und sind schon auf bestem Wege.
Nun gibt es Hoffnung, daß meine Feinde Buße zahlen.
Denn dieser Mann ist, als wir am meisten in Not waren,
erschienen als rettender Hafen für meine Beschlüsse.
An ihm wollen wir das Haltetau festknüpfen
und gehen in die Stadt und Gemeinde der Pallas.
Nun aber will ich dir alle meine Pläne
offenbaren. Vernimm freilich Worte, die nicht angenehm sind.
Ich will also einen meiner Diener schicken

und Iason bitten, mir vor Augen zu treten.
Ist er da, will ich ihm schmeichelnde Worte sagen,
daß auch ich einverstanden bin und daß es so gut ist,
die Ehe mit der Königstochter, für die er mich preisgab,
und daß es nützlich sei und wohl bedacht.
Ich will ihn bitten, daß meine Kinder bleiben dürfen,
nicht damit ich sie hier in feindlichem Lande lasse,
meinen Feinden meine Kinder zum Gespött,
sondern um mit List die Königstochter zu töten.
Denn ich will sie mit Geschenken in den Händen hinsenden,
sie der Braut zu bringen, daß sie dieses Land nicht verlassen müssen,
ein dünnes Gewand und ein goldgetriebenes Geflecht.
Und nimmt sie dann den Schmuck und legt ihn um den Leib,
so geht sie elend zugrunde und jeder, der das Mädchen berührt.
Mit solchen Zaubermitteln will ich salben die Geschenke.
Und hier nun will ich diese Rede abbrechen.
Ich muß weinen, denke ich, welches Werk ich dann vollbringen muß.
Denn meine Kinder werde ich töten.
Es gibt niemand, der sie wird retten können.
Und wenn ich dann das gesamte Geschlecht Iasons vernichtet habe,
will ich das Land verlassen, vor der liebsten Kinder Mord
fliehend, wenn ich das gottloseste Werk vollbracht habe.
Denn von Feinden verlacht zu werden ist nicht erträglich, liebe Frauen.
Soll es dahingehen! Was nützt mir das Leben? Weder Heimat
noch ein Haus habe ich noch Zuflucht aus dem Unglück.
Einen Fehler machte ich damals, als ich verließ
das Vaterhaus, den Worten eines griechischen Mannes
vertrauend, der uns, so Gott hilft, Buße zahlen wird.
Denn weder wird er die Kinder von mir jemals wieder in Zukunft
lebend erblicken, noch wird er von der neuverbundenen
Braut ein Kind erhalten, da die Schlechte schlecht
sterben muß durch meine Zaubermittel.
Keiner soll mich für gering und schwach halten
und ruheliebend, sondern von entgegengesetzter Art,
schrecklich für die Feinde und den Freunden wohlgesinnt.
Denn nur solche Menschen haben ein ganz und gar ruhmvolles Leben.
[…]

Aus: Euripides: Medea, Griechisch/Deutsch, übersetzt und herausgegeben von Karl Heinz Eller. Stuttgart 2011, S. 63 ff.

William Shakespeare (1564–1616): Hamlet (1601)

Szene IV/4
HAMLET. […]

Wie jeder Anlass mich verklagt und spornt
Die träge Rache an! Was ist der Mensch,
Wenn seiner Zeit Gewinn, sein höchstes Gut
Nur Schlaf und Essen ist? Ein Vieh, nichts weiter.
Gewiss, der uns mit solcher Denkkraft schuf
Vorauszuschaun und rückwärts, gab uns nicht
Die Fähigkeit und göttliche Vernunft,
Um ungebraucht in uns zu schimmeln. Nun,
Sei's viehisches Vergessen oder sei's
Ein banger Zweifel, welcher zu genau
Bedenkt den Ausgang – ein Gedanke, der,
Zerlegt man ihn, ein Viertel Weisheit nur
Und stets drei Viertel Feigheit hat – ich weiß nicht,
Weswegen ich noch lebe, um zu sagen:
„Dies muss geschehn", da ich doch Grund und Willen
Und Kraft und Mittel hab, um es zu tun.
Beispiele, die zu greifen, mahnen mich.
So dieses Heer von solcher Zahl und Stärke,
Von einem zarten Prinzen angeführt,
Des Mut von hoher Ehrbegier geschwellt,
Die Stirn dem unsichtbaren Ausgang beut
Und gibt sein sterblich und verletzbar Teil
Dem Glück, dem Tode, den Gefahren preis,
Für eine Nussschal'. Wahrhaft groß sein, heißt,
Nicht ohne großen Gegenstand sich regen;
Doch einen Strohhalm selber groß verfechten,
Wenn Ehre auf dem Spiel. Wie steh denn ich,
Den seines Vaters Mord, der Mutter Schande,
Antriebe der Vernunft und des Geblüts,
Den nichts erweckt? Ich seh indes beschämt
Den nahen Tod von zwanzigtausend Mann,
Die für 'ne Grille, ein Phantom des Ruhms,
Zum Grab gehn wie ins Bett: es gilt ein Fleckchen,
Worauf die Zahl den Streit nicht führen kann;
Nicht Gruft genug und Raum, um die Erschlagnen
Nur zu verbergen. O von Stund' an trachtet
Nach Blut, Gedanken, oder seid verachtet!

Aus: Shakespeare, William: Hamlet. Prinz von Dänemark, übersetzt von August Wilhelm Schlegel, hrsg. von Dietrich Klose. Stuttgart 2001, S. 95 f.

Friedrich Schiller (1759–1805): Maria Stuart (1801)

4. Aufzug, 10. Auftritt
ELISABETH *(allein).*

O Sklaverei des Volksdiensts! Schmähliche
Knechtschaft – Wie bin ich's müde, diesem Götzen
Zu schmeicheln, den mein Innerstes verachtet!
Wann soll ich frei auf diesem Throne stehn!
Die Meinung muß ich ehren, um das Lob
Der Menge buhlen, einem Pöbel muß ich's
Recht machen, dem der Gaukler nur gefällt.
Oh, *der* ist noch nicht König, der der Welt
Gefallen muß! Nur *der* ist's, der bei seinem Tun
Nach keines Menschen Beifall braucht zu fragen.
Warum hab ich Gerechtigkeit geübt,
Willkür gehaßt mein Leben lang, daß ich
Für diese erste unvermeidliche
Gewalttat selbst die Hände mir gefesselt!
Das Muster, das ich selber gab, verdammt mich!
War ich tyrannisch, wie die spanische
Maria war, mein Vorfahr auf dem Thron, ich konnte
Jetzt ohne Tadel Königsblut verspritzen!
Doch war's denn meine eigne freie Wahl,
Gerecht zu sein? Die allgewaltige
Notwendigkeit, die auch das freie Wollen
Der Könige zwingt, gebot mir diese Tugend.
Umgeben rings von Feinden, hält mich nur
Die Volksgunst auf dem angefochtnen Thron.
Mich zu vernichten streben alle Mächte
Des festen Landes. Unversöhnlich schleudert
Der röm'sche Papst den Bannfluch auf mein Haupt,
Mit falschem Bruderkuß verrät mich Frankreich,
Und offnen, wütenden Vertilgungskrieg
Bereitet mir der Spanier auf den Meeren.
So steh ich kämpfend gegen eine Welt,
Ein wehrlos Weib! Mit hohen Tugenden
Muß ich die Blöße meines Rechts bedecken,
Den Flecken meiner fürstlichen Geburt,
Wodurch der eigne Vater mich geschändet.
Umsonst bedeck ich ihn – Der Gegner Haß
Hat ihn entblößt und stellt mir diese Stuart,
Ein ewig drohendes Gespenst, entgegen.
Nein, diese Furcht soll endigen!
Ihr Haupt soll fallen. Ich will Frieden haben!
– Sie ist die Furie meines Lebens! Mir

Ein Plagegeist vom Schicksal angeheftet.
Wo ich mir eine Freude, eine Hoffnung
Gepflanzt, da liegt die Höllenschlange mir
Im Wege. Sie entreißt mir den Geliebten,
Den Bräut'gam raubt sie mir! *Maria Stuart*
Heißt jedes Unglück, das mich niederschlägt!
Ist *sie* aus den Lebendigen vertilgt,
Frei bin ich, wie die Luft auf den Gebirgen.
(Stillschweigen.)
Mit welchem Hohn sie auf mich niedersah,
Als sollte mich der Blick zu Boden blitzen!
Ohnmächtige! Ich führe beßre Waffen,
Sie treffen tödlich, und du bist nicht mehr!
(Mit raschem Schritt nach dem Tische gehend und die Feder ergreifend.)
Ein Bastard bin ich dir? – Unglückliche!
Ich bin es nur, solang *du* lebst und atmest.
Der Zweifel meiner fürstlichen Geburt,
Er ist getilgt, sobald ich *dich* vertilge.
Sobald dem Briten keine Wahl mehr bleibt,
Bin ich im echten Ehebett geboren!
(Sie unterschreibt mit einem raschen, festen Federzug, läßt dann die Feder fallen und tritt mit einem Ausdruck des Schreckens zurück. Nach einer Pause klingelt sie.)

Aus: Schiller, Friedrich: Maria Stuart, hrsg. von Christian Grawe, Stuttgart 1990, S. 106 ff.

Figurenverzeichnisse

Euripides: Medea

Medea	Königstochter aus Kolchis
Iason	ihr Ehegatte
Kreon	König von Korinth
die Kinder der Medea und des Iason	
Amme der Kinder	
Erzieher der Kinder	
Chor der korinthischen Frauen	
Aigeus, König von Athen	
Bote	

William Shakespeare: Hamlet

Hamlet	Prinz von Dänemark
Claudius	König von Dänemark, Hamlets Onkel
Gertrude	Königin von Dänemark, Hamlets Mutter
Polonius	Kämmerer des Königs
Ophelia	Tochter des Polonius
Laertes	Sohn des Polonius
Horatio	Freund und Vertrauter Hamlets
Rosenkranz und Güldenstern	Jugendfreunde Hamlets

Friedrich Schiller: Maria Stuart

Elisabeth	Königin von England
Maria	Königin von Schottland
Georg Talbot, Graf von Shrewsbury	Berater Elisabeths
Wilhelm Cecil, Baron von Burleigh	Großschatzmeister
Robert Dudley, Graf von Leicester	Vertrauter Elisabeths
Graf Aubespine	französischer Gesandter
Graf Bellievre	außerordentlicher Botschafter von Frankreich
Amias Paulet	Ritter, Hüter der Maria
Mortimer	sein Neffe
Drugeon Drury	zweiter Hüter der Maria
Melvil	ihr Haushofmeister
Burgoyn	ihr Arzt
Hanna Kennedy	ihre Amme
Margareta Kurl	ihre Kammerfrau

Arbeitsanweisung:

Analysieren Sie den Inhalt des Textauszuges von Kleist.

Erörtern Sie die Aussage Kleists in Bezug auf das Entscheidungsverhalten von mindestens zwei der literarischen Figuren Medea, Hamlet und Elisabeth.

Nutzen Sie dazu die gegebenen Werkauszüge.

Lösungsvorschlag

Die von Ihnen zu erarbeitende literarische Erörterung auf Grundlage einer mehrteiligen Aufgabenstellung verlangt zunächst, dass Sie Ihre ***Kompetenzen bei der Analyse von pragmatischen Texten*** *unter Beweis stellen. Es wird explizit* ***nur eine Inhaltsanalyse*** *erwartet. Formale und stilistische Besonderheiten des Textes sind für Ihren Aufsatz nicht relevant. Der Kleist-Text muss in seiner argumentativen Struktur und seinem Problemgehalt erfasst werden, damit Sie auf Basis dieser Ergebnisse eine eigene Argumentation zur Gültigkeit der Aussage Kleists entwickeln können. Biografische Kenntnisse zu Heinrich von Kleist werden nicht vorausgesetzt.*

In der sich anschließenden Erörterung haben Sie die Aufgabe, das ***Entscheidungsverhalten von mindestens zwei der literarischen Figuren Medea, Hamlet und Elisabeth im Kontext der Thesen Kleists*** *zu diskutieren. Diese Teilaufgabe setzt sichere, anwendungsbereite Kenntnisse zu den von Ihnen ausgewählten Ganzschriften der Pflichtlektüre voraus. Aufgrund der* ***Komplexität der Aufgabenstellung*** *sollten Sie genau überlegen, ob es unter Prüfungsbedingungen sinnvoll ist, alle drei genannten Dramenfiguren in die Erörterung einzubeziehen, da sonst die Gefahr besteht, dass Sie das Verhalten der literarischen Figuren nicht tiefgründig genug hinterfragen und diskutieren können oder eine ausufernde Textproduktion die Folge ist.*

Die Gliederung des vorliegenden Lösungsvorschlages ist eine mögliche Variante. Es erscheint jedoch unbedingt sinnvoll, die Basis für die Erörterung des Entscheidungsverhaltens so zu legen, dass Sie den ***tragischen Konflikt, in dem sich die jeweilige Figur befindet und die ihr Handeln bestimmt, kurz umreißen****. Es wird von Ihnen erwartet, dass Sie sich differenziert und aspektreich mit dem Entscheidungsverhalten der Figuren auseinandersetzen und auch ein* ***klares Fazit zur Übereinstimmung mit der Position Kleists formulieren****. Beachten Sie, dass die Aufgabenstellung nicht verlangt, das Verhalten der einbezogenen Dramenfiguren zu vergleichen.*

Die Aufgabenstellung fordert von Ihnen die ***Nutzung vorgegebener Werkauszüge****, wobei die Formulierung „Nutzen Sie…“ einen gewissen Spielraum für verschiedene Varianten der Einbeziehung erlaubt. Alle drei Monologe zielen auf die zu diskutierende* ***Entscheidungssituation und den Kernkonflikt der jeweiligen Tragödie*** *ab. Eine Analyse oder Inhaltszusammenfassung der Monologe wird nicht von Ihnen erwartet und würde den Rahmen des Aufsatzes sprengen. Achten Sie in der Erarbeitungsphase darauf, inwieweit Sie die Monologe zielführend für die eigene Argumentation nutzen können. Konkrete Bezugnahmen auf den Text in Form von Textbelegen und Paraphrasierungen sind unbedingt notwendig. Eine fundierte Erörterung des Entscheidungsverhaltens der Dramenfiguren lässt sich jedoch nur* ***unter konsequenter Einbeziehung des Gesamtwerkes*** *erstellen.*

Sie sollten Ihren Aufsatz in jedem Fall mit einem resümierenden ***Fazit zur Gültigkeit von Kleists Theorie*** *abschließen und eventuell auch einen Aktualitätsbezug jenseits der literarischen Texte herstellen.*

Entscheidungen zu treffen, gehört zu unserem Leben. Ebenso die Erfahrung zu machen, dass wir eine Fehlentscheidung getroffen haben, die wir durch genaueres Überlegen hätten vermeiden können. Meist reflektieren wir unsere Handlungen im Anschluss bewusst oder auch unbewusst und sind in der Lage, die **gewonnenen Erkenntnisse in ähnlichen Situationen zu unserem Vorteil anzuwenden**. In anderen Situationen stellen wir fest, dass wir durch zu langes Zögern und Überlegen **den richtigen Moment der Entscheidung verpasst** haben. Charaktere wie Medea, Hamlet und Elisabeth faszinieren uns oft dadurch, dass sie in besonderen Konfliktsituationen zu ungewöhnlichen Entscheidungen tendieren.

Einleitung:

Hinführung zum Thema des Kleist-Textes

Der Schriftsteller Heinrich von Kleist setzt sich in seinem 1810 verfassten Text *Von der Überlegung. Eine Paradoxe* mit der Frage auseinander, welchen Einfluss Überlegungen auf unser Entscheidungsverhalten und den **Erfolg oder Misserfolg unseres Handelns** haben. So untersucht er u. a. die Frage, ob der **Zeitpunkt der angestellten Überlegungen** im Kontext einer Entscheidungssituation das Ergebnis der Handlung positiv oder negativ beeinflusst.

Überleitung:

Informationen zum Text

In der Überschrift kündigt Kleist an, sich in seinem Text mit der „Überlegung“ auseinanderzusetzen, und weckt das Interesse des Lesers, indem er behauptet, dass es sich bei dem Vorgang des Überlegens um eine „Paradoxe“ handelt. Paradox ist laut Lexikon etwas, das einen **Widerspruch in sich** birgt. Kleist beginnt seinen Text mit der These, dass es „schicklicher“ (Z. 2) sei, **nach einer Tat Überlegungen anzustellen** als vor dieser. Durch die kursiv gesetzten Begriffe „nach“ und „vor“ lenkt der Autor die Aufmerksamkeit des Lesers darauf, dass seine Behauptung **der üblichen Reihenfolge von Tat und Überlegung widerspricht**.

Analyse des Kleist-Textes:

Empfehlung, erst nach einer Tat zu reflektieren

Die sich anschließende Erläuterung der These gestaltet Kleist antithetisch, wobei er gegenüberstellt, dass **Überlegungen vor oder im Augenblick der Tat unsere Handlungen nur behindern** (vgl. Z. 3 ff.). Überlegungen nach einer Tat seien im Sinne einer Reflexion des Geschehenen als weit produktiver und konstruktiver anzusehen (vgl. Z. 5 ff.). So behauptet der Autor, dass alle Überlegungen, die vor oder im Augenblick einer Handlung angestellt werden, den Menschen handlungsunfähig machen, da sie ihm die zum Handeln benötigte Kraft rauben. Die **Quelle unserer Kraft und Handlungsfähigkeit** sieht Kleist in unseren Gefühlen.

Beeinträchtigung durch zu langes Grübeln

Gefühle als Handlungsmotor

Als Gegenentwurf dazu stellt Kleist nun die These auf, dass die Fähigkeit des Überlegens dem Menschen ursprünglich gegeben sei, um **Handlungen im Nachhinein zu reflektieren** und sich des „[F]eh-

Lernen aus Fehlern

lerhaft[en] und [G]ebrechlich[en]“ (Z. 7) derselben bewusst zu werden. Daraus könne er **Schlussfolgerungen für sein künftiges Handeln** ableiten. Gleichzeitig sieht der Autor in dieser Vorgehensweise die Möglichkeit, das Gefühl, das ursächlich für Erfolg oder Misserfolg unserer Handlungen verantwortlich ist, zu „regulieren“ (Z. 8), das heißt zu kontrollieren.

Kontrolle über Gefühle

Der Autor behauptet nun, das Leben sei ein **Kampf mit dem Schicksal** (vgl. Z. 8 f.). Im Kontext des ersten Sinnabschnitts ließe sich diese Aussage dahingehend deuten, dass der Mensch durch die bewusst unterlassenen Vorüberlegungen dem Geschehen eher unvermittelt ausgeliefert scheint, da er ja im Vorfeld nicht alle **Eventualitäten und Kausalitäten der Handlung** „überlegt“ hat.

Metapher: Leben als Kampf

Im Folgenden veranschaulicht Kleist seine aufgestellte Theorie mithilfe eines Beispiels aus dem Bereich des Sports (vgl. Z. 9 ff.). Er behauptet, man könne aus dem **Verhalten eines Ringers während des Ringkampfes** direkte Parallelen zum korrekten Entscheidungsverhalten des Menschen in allen Bereichen des Lebens ziehen. Der Athlet befinde sich während des Kampfes in einer Situation, in der er stets spontan entscheiden müsse, um seine **Chancen auf den Sieg** zu wahren. Während des Kampfes zu überlegen, „welche Muskeln er anstrengen, und welche Glieder er in Bewegung setzen soll“ (Z. 12 f.), würde unweigerlich zur Niederlage führen. Nur das Handeln „nach keiner anderen Rücksicht, als nach bloßen augenblicklichen Eingebungen“ (Z. 11 f.) führe in dieser Situation zum Erfolg.

Beispiel: Ringkampf

Zeitpunkt der Überlegungen entscheidend für Sieg oder Niederlage

An diesen Gedanken anschließend behauptet Kleist, dass es nach dem Kampf – unabhängig davon, ob der Ringer einen Sieg errungen oder eine Niederlage erlitten habe – „zweckmäßig und an seinem Ort“ (Z. 15) sei, das Geschehene zu reflektieren. Der Ringer könne und solle nun **überlegen**, welches Verhalten ihm **zum Sieg verhalf** oder **zur Niederlage führte** (vgl. Z. 16 f.).

Notwendigkeit der anschließenden Reflexion

Im abschließenden Fazit fordert Kleist den Leser auf, sich im Leben genauso wie ein Ringer zu verhalten. Der Autor behauptet, dass nur derjenige, der wie ein Ringer das Leben „tausendgliedrig […], nach allen Windungen des Kampfs, nach allen Widerständen, Drücken, Ausweichungen und Reaktionen, empfindet und spürt“ (Z. 18 f.), erfolgreich sein werde. Unübersehbar ist auch hier wieder die **Fokussierung auf das spontane Entscheiden im Augenblick auf Basis des Gefühls als Kraftquelle**. Alternatives Verhalten würde dem Menschen einerseits den Erfolg in verbalen Auseinandersetzungen verwehren (vgl. Z. 19 f.) und ihm andererseits jegliche Erfolgsaussicht in einer Schlacht nehmen (vgl. Z. 20).

gefühlsbasierte Augenblicksentscheidungen als Weg zum Erfolg

Die Argumentation Heinrich von Kleists erscheint auf den ersten Blick klar strukturiert und logisch. Der Autor propagiert in seinem appellativen Text sehr nachdrücklich ein Entscheidungsverhalten, das den Menschen auffordert, **gefühlsbetont und auf Basis seiner erworbenen Erfahrungen** in Konfliktsituationen mehr oder weniger spontan zu reagieren. Belegt wird diese Einstellung mithilfe eines einzigen, sehr umfangreich erläuterten Beispiels aus dem Bereich des Sports. Das Handlungsergebnis – egal ob positiv oder negativ – werde nach Kleists Überzeugung in jedem Fall dazu dienen, Erfahrungen zu sammeln, die in zukünftigen identischen Situationen zur Verfügung stünden und bei Bedarf augenblicklich abrufbereit seien.

Wertung der Argumentationsweise:

Sammeln nützlicher Erfahrungen

Heinrich von Kleist berücksichtigt in seiner Argumentation nicht, dass das **Entscheidungsverhalten der Menschen von vielen verschiedenen Komponenten und Faktoren beeinflusst** ist. Sicher gibt es Situationen, in denen wir keine andere Wahl haben, als spontan und mehr oder weniger im Affekt zu reagieren. Aber es ist logisch und natürlich, dass man eine anstehende Handlung im Vorfeld überdenkt, sie plant und die **Konsequenzen verschiedener Entscheidungsmöglichkeiten gegeneinander abwägt**.

Kritik an Kleists Aussagen

Untersucht man nun das Entscheidungsverhalten literarischer Charaktere, so sollte man sich bewusst machen, dass Medea, Hamlet und Elisabeth I. Dramenfiguren sind, die sich in einem fiktiven tragischen Konflikt befinden. Ein tragischer Konflikt ist u. a. dadurch definiert, dass er **die beteiligten Charaktere unausweichlich in die Katastrophe führt**. Auf dieser Basis kann man zwar das Entscheidungsverhalten von Dramenfiguren diskutieren und hinterfragen, wird jedoch nicht zu dem Ergebnis gelangen, dass diese Figuren möglicherweise in der Lage gewesen wären, Entscheidungen zu treffen, die ein Happy End für alle Beteiligten zur Folge gehabt hätten.

Überleitung zur Erörterung:

eingeschränkte Anwendbarkeit von Kleists Theorie

Medea, **zauberkundige Königstochter** aus dem als barbarisch geltenden, am Schwarzen Meer gelegenen Kolchis, verliebt sich in Jason, einen griechischen Abenteurer. Diesem gelingt es nur mit ihrer Unterstützung, das Goldene Vlies zu stehlen, um nach Bestehen dieser Mutprobe in seiner Heimat Jolkos den Königsthron besteigen zu können. Durch den **Verrat an ihrer Familie** und ihrem Heimatland hat Medea **aus Liebe zu Jason** alles geopfert, und die Verantwortung für ihre Zukunft in Jasons Hände gelegt. Jason und Medea müssen aus Jolkos fliehen und lassen sich schließlich in Korinth nieder. Jason wendet sich der korinthischen Königstochter Glauke zu, um seinen gesellschaftlichen Aufstieg voranzutreiben. Zu spät erkennt Medea, dass von ihr erwartet wird, **Jasons Trennung von ihr** zu akzeptieren. Was Medea als absolut unverzeihlichen

Euripides: *Medea*

Vorgeschichte zur Tragödie

Verrat ansieht, ist jedoch vor dem Gesetz des griechischen Patriarchats durchaus legitim.

Im vorliegenden Monolog aus dem 3. Epeisodion der Tragödie des Euripides offenbart Medea den Göttern und den korinthischen Frauen, die in der Tragödie als Chor fungieren, ihren **bis ins letzte Detail geplanten Rachefeldzug gegen Jason** (vgl. V. 9 ff.). Ihr Plan zeigt, dass sie **im Vorfeld genau abwägt**, wie sie ihrem verräterischen Ehegatten Jason den größtmöglichen Schaden zufügen kann. Sie zerstört jegliche Chance für ihn, sein Geschlecht fortzuführen, indem sie zuerst seine zukünftige Ehefrau Glauke und dann die gemeinsamen Kinder tötet (vgl. V. 40 ff.).

Medeas Entscheidungsverhalten:

exakte Überlegungen vor der Rachetat

Setzt man Medeas Entscheidungsverhalten und ihre Vorgehensweise in Beziehung zum Kleist-Text, so müsste man vermuten, dass Medeas Plan zum Scheitern verurteilt ist. Denn im Vorfeld der Morde stellt sie sehr umfangreiche Überlegungen an, die sie laut Kleist an der Umsetzung ihres Plans hindern müssten. Auffällig ist, dass es in der Tragödie mehrere Situationen gibt, in denen Medea zweifelt, **von Emotionen überwältigt** scheint und sich **der Grausamkeit ihrer Taten durchaus bewusst** ist („Ich muss weinen, denke ich, welches Werk ich dann vollbringen muß. / Denn meine Kinder werde ich töten." V. 28 f.). Sie besitzt jedoch stets die **Kraft, sich wieder rational zu fokussieren**, um nicht von ihrem Plan abzuweichen (vgl. V. 44 ff.).

Gelingen von Medeas Plänen

Medeas Wissen um die Grausamkeit ihrer Taten

Kleist fordert, spontan und auf Basis des augenblicklichen Gefühls zu entscheiden. Medea hat im Zusammenhang **mit ihrer überstürzten Flucht aus Kolchis und dem Verrat Jasons** die Erfahrung gemacht, welche fatalen Folgen es hat, wenn man auf sein Herz hört und seinem Gefühl vertraut (vgl. V. 37 ff.). Aus diesem Fehler hat sie den Schluss gezogen, nie wieder einem Menschen bedingungslos zu vertrauen. Sie macht sich nun für ihren Racheplan die **Schwächen ihrer Mitmenschen** zunutze: „Ist [Jason] da, will ich ihm schmeichelnde Worte sagen, / daß auch ich einverstanden bin und daß es so gut ist, / die Ehe mit der Königstochter, für die er mich preisgab, / und daß es nützlich sei und wohlbedacht." V. 13 ff.).

mögliche Gründe für Medeas Verhalten

Medea rechnet mit **Jasons Eitelkeit und seiner Ignoranz ihr gegenüber als Frau**, weswegen sie ihn problemlos täuschen und zum Werkzeug ihrer Pläne machen kann (vgl. V. 17 ff.). Zusammenfassend lässt sich sagen, dass Kleists Theorie nicht auf die Tragödie des Euripides anwendbar ist. Auch wenn Medea sehr darunter leidet, ihre Kinder getötet zu haben, hat sie im Ergebnis ihre **vernichtende Rache genauso umsetzen können wie im Vorfeld geplant**. Sie hat Jason erheblich geschadet und somit ihr Ziel erreicht.

Euripides' *Medea*: keine Übereinstimmung mit Kleists Theorie

Hamlet, Prinz von Dänemark, ist bekannt für den ihn äußerst treffend charakterisierenden Ausspruch: „Sein oder Nichtsein, das ist hier die Frage!“ Der kluge und empfindsame junge Mann kehrt, sein Studium in Wittenberg unterbrechend, zur **Beerdigung seines überraschend verstorbenen Vaters** an den Königshof nach Helsingör zurück. Während er sich selbst in tiefer Trauer befindet, muss er erstaunt feststellen, dass seine Mutter und sein Onkel Claudius völlig überstürzt eine aus damaliger Sicht skandalöse Ehe eingehen und so das **Andenken an den verstorbenen König und geliebten Vater beschmutzen**. Hamlet, zutiefst angewidert von diesem Verhalten, hat kurz darauf eine **nächtliche Begegnung mit dem Geist** seines Vaters, der ihn über die Tatsache und die Umstände seiner Ermordung informiert und ihm einen klaren Racheauftrag erteilt, den Hamlet sehr bereitwillig annimmt.

William Shakespeare: *Hamlet*

Ermordung des Vaters als Ausgangspunkt der Handlung

Als problematisch erweist sich in diesem Zusammenhang die Tatsache, dass Hamlet **im Affekt und von Gefühlen überwältigt Rache geschworen** hat. Als aufgeklärter junger Mensch sieht er sich jedoch nicht in der Lage, den zweifelhaften Worten eines Geistes zu vertrauen und eine mittelalterliche Blutrache auszuführen. Hamlet braucht Gewissheit. Die nötige Zeit gewinnt er, indem er Wahnsinn vortäuscht. So kann er scheinbar niemandem gefährlich werden und ungestört am Königshof Nachforschungen anstellen, um die **Wahrheit über den Tod seines Vaters** herauszufinden.

Hamlets Entscheidungsverhalten:

Hamlets Strategie: Zeit gewinnen

Shakespeare hat seine Dramenfigur so facettenreich angelegt, dass es für den Außenstehenden – ob an der Handlung beteiligte Dramenfigur oder Theaterbesucher – fast unmöglich ist, Hamlets Befindlichkeiten und Motive eindeutig zu bestimmen. Sein Gemütszustand ist für den Zuschauer der Tragödie am deutlichsten in den zahlreichen Monologen erlebbar. Der Monolog aus der Szene IV/4 zeigt Hamlet in einem **Zustand abgrundtiefer Selbstverachtung für seine eigene Handlungsunfähigkeit**. Hamlet reflektiert in dem Monolog, wie der junge Prinz von Norwegen mit seinem Heer an ihm vorbei in die Schlacht gegen Polen zieht, um die Ehre seines Vaterlandes wiederherzustellen (vgl. V. 18 ff.). Shakespeare hat **Fortinbras** bewusst **als Kontrastfigur zu Hamlet** angelegt. Während Hamlet eine unabwendbare Tat immer weiter hinauszögert (vgl. V. 28 ff.), zeichnet sich Fortinbras durch sein mutiges, entschlossenes und auch riskantes Handeln aus, für das ihn Hamlet uneingeschränkt bewundert (vgl. V. 17 ff.).

Vielschichtigkeit der Figur Hamlet

Selbstanklage des Hamlet

Betrachtet man **Hamlets Zögern und seine mangelnde Entschlussfähigkeit**, so lässt sich Kleists Theorie zum Entscheidungsverhalten an dieser Dramenfigur belegen. Hamlet beraubt sich aufgrund seiner

Übereinstimmung mit Kleists Theorie

komplexen Überlegungen, die ihn emotional völlig überfordern, seiner Fähigkeit zu handeln. Umso prekärer scheint es, dass Hamlet als Thronfolger Dänemarks eine Person ist, deren unentschlossenes Verhalten **Auswirkungen auf das politische Schicksal eines ganzen Landes** haben wird. Aus den schon genannten Gründen wäre Hamlet niemals in der Lage gewesen, den Racheauftrag sofort nach dem Gespräch mit dem Geist auszuführen, wie es laut Kleists Text sinnvoll gewesen wäre.

politische Folgen von Hamlets (Nicht-)Handeln

Hamlet versteht sein eigenes Zögern nicht und bezichtigt sich selbst der grundlosen **Untätigkeit** (vgl. V. 1 ff.) und **Feigheit** (vgl. V. 13). Er muss sich eingestehen, dass ihm alle Möglichkeiten, die Rache sofort durchzuführen, zur Verfügung stehen (vgl. V. 13 ff.). Die Begegnung mit Fortinbras verleiht Hamlet scheinbar zunächst Energie und Kraft, um zur Tat zu schreiten, und der Monolog endet mit den kämpferischen Worten: „O von Stund' an trachtet / Nach Blut, Gedanken, oder seid verachtet!" (V. 36 f.). Bekanntlich handelt Hamlet jedoch auch im weiteren Verlauf der Tragödie nicht, und durch sein **Zögern, die Rache durchzuführen**, stürzt er nicht nur sich selbst in die Katastrophe, sondern alles, was ihm lieb und teuer ist. Ophelias Tod lässt sich direkt auf Hamlets Verhalten zurückführen. Dass Hamlet seine Fehler anschließend nicht mehr reflektieren kann, wie es Kleist fordert, liegt im Wesen der Tragödie begründet. Betrachtet man jedoch die als Gegenentwurf zu Hamlet angelegte Dramenfigur Fortinbras, so handelt diese vollkommen in Kleists Sinne, da sie in Konfliktsituationen unverzüglich agiert.

Hamlet in Gedanken und Überlegungen gefangen

kein kraftvolles Handeln im Sinne Kleists

Das von Friedrich Schiller im Jahr 1801 zum Thema **Willensfreiheit und Zwang der menschlichen Natur** veröffentlichte Drama *Maria Stuart* gilt inhaltlich und formal als Musterbeispiel der Weimarer Klassik. Die schottische Königin Maria Stuart – seit fast 20 Jahren zu Unrecht gefangen gehalten von ihrer Verwandten Elisabeth I., bei der sie Asyl gesucht hat – erfährt im 1. Akt des Dramas, dass sie **wegen Hochverrats gegen die englische Monarchie zum Tode verurteilt** wurde. Lediglich die Unterzeichnung des Todesurteils durch Königin Elisabeth steht noch aus, um die Hinrichtung durchführen zu können.

Friedrich Schiller: ***Maria Stuart***

Maria Stuart als Gefangene von Elisabeth

Am Beispiel der englischen Königin Elisabeth kann man erleben, wie staatliche Macht vor und hinter den Kulissen ausgeübt wird und dass selbst eine der mächtigsten Regentinnen der Welt **in verschiedenen Abhängigkeiten und Zwängen gefangen** ist, die ihr Handeln als Königin determinieren. Elisabeth versteht es zwar seit Jahren, die europäischen Großmächte und politischen Gegner Englands durch kluge Entscheidungen und eine raffinierte Hinhaltetaktik in Schach zu halten, um die Position Englands in diesem Machtgefüge nicht zu

Elisabeth in ihrem Handeln eingeschränkt

gefährden. Sie wird aber in Friedrich Schillers Drama mit der Entscheidung um die Unterzeichnung des Todesurteils gegen Maria Stuart **an ihre politischen und persönlichen Grenzen geführt** und gerät so zur tragischen Figur.

Kleists Forderungen entsprechend müsste Elisabeth **die schottische Königin direkt nach deren Festsetzung auf englischem Hoheitsgebiet beseitigen** lassen und sich im Anschluss mit den daraus entstandenen Folgen auseinandersetzen. Der Monolog IV/10 zeigt die **Konfliktsituation Elisabeths** auf und veranschaulicht, aus welchen Gründen die englische Königin dazu nicht in der Lage ist. Die Staatsräte Shrewsbury, Burleigh und Leicester haben sich in den vorangegangenen Szenen des Dramas durch ihre kontroversen Positionen zum wiederholten Male nicht als Hilfe bei der Entscheidungsfindung erwiesen.

Elisabeths Entscheidungsverhalten:

keine Unterstützung durch königliche Berater

Die englische Königin beklagt, dass sie **in ihren Entscheidungen als Königin nicht frei** sei und sich in allem der Volksgunst zu unterwerfen habe, durch die sie auf dem Thron gehalten werde (vgl. V. 1–7). Ihre Vorstellung von Herrschaft äußert sie ganz deutlich: „Oh, *der* ist noch nicht König, der der Welt / Gefallen muß! Nur *der* ist's, der bei seinem Tun / Nach keines Menschen Beifall braucht zu fragen." (V. 8 ff.). Ihre seit Jahren umsichtig ausgeübte und auf Gerechtigkeit ausgerichtete Herrschaft wird ihr nun im Falle Maria Stuarts zum Verhängnis (vgl. V. 11 ff.). Sie weiß um die **äußere Bedrohung ihres Landes** durch die anderen europäischen Großmächte (vgl. V. 25 ff.) und sieht sich durch die Tatsache, dass sie als Herrscherin in einer von Männern dominierten Welt regieren muss, zusätzlich **unter Druck gesetzt:** „So steh ich kämpfend gegen eine Welt, / Ein wehrlos Weib!" (V. 31 f.).

Abhängigkeit von der Beliebtheit beim Volk

doppelte Gefahr: Bedrohungen von innen und von außen

Man sieht an der beschriebenen Konstellation eindeutig, dass die von Kleist propagierte Handlungsweise, mehr oder weniger im Affekt zu agieren und im Nachhinein eine Fehleranalyse und Aufarbeitung durchzuführen, für Elisabeths Situation problematisch ist. **Politische Entscheidungen von großer Tragweite**, die wie im Fall der englischen Königin eventuell sogar einen Krieg provozieren könnten, sind mit dem von Kleist empfohlenen Entscheidungsverhalten nur schwer kompatibel. Elisabeths Konflikt besteht darin, dass **von ihr als Herrscherin die Unterzeichnung des Todesurteils gegen Maria Stuart gefordert** wird, sie jedoch genau weiß, dass es ein Unrechtsurteil ist.

kein Handeln in Kleists Sinne möglich

Elisabeths innerer Kampf

Im letzten Teil des Monologs (vgl. V. 39 ff.) zeigt sich sehr deutlich, dass der Konflikt eine zusätzliche Verschärfung erfährt, weil Elisa-

Unterzeichnung des Todesurteils

beth ihre Entscheidung maßgeblich auch **auf Basis ihrer emotionalen und persönlichen Befindlichkeiten** trifft. Kleist behauptet, zu viele Überlegungen vor und im Augenblick der Tat raubten dem Menschen die Kraft zum Handeln (vgl. Z. 3 f.). Bei Elisabeth wirken ihre Gefühle jedoch eher wie ein Katalysator, der sie die **jahrelang hinausgezögerte Entscheidung letztlich fast im Affekt treffen** lässt. Doch schon im Augenblick der Unterzeichnung des Todesurteils ist der englischen Königin bewusst, dass sie eine Entscheidung getroffen hat, für die sie später nicht die Verantwortung tragen möchte (siehe Regieanweisung am Ende des Monologs: „Sie unterschreibt mit einem raschen, festen Federzug, läßt dann die Feder fallen und tritt mit einem Ausdruck des Schreckens zurück.“). Elisabeth lässt sich **von ihrem persönlichen Hass auf Maria Stuart zu diesem Fehlurteil hinreißen** und wird zum Opfer ihrer Gefühle.

Elisabeth vom eigenen Handeln entsetzt

Anders als Kleist es behauptet, führen Überlegungen nicht zur Handlungsunfähigkeit, sondern verleiten sie zu einer folgenschweren Entscheidung. Elisabeth, die sich durch den Tod der schottischen Königin **politische und persönliche Freiheit erhofft** hat, muss am Ende des Dramas erkennen, dass **keiner ihrer Wünsche in Erfüllung** geht. Der Theaterzuschauer erfährt nicht, ob und auf welche Weise Elisabeth das Geschehene, wie von Kleist gefordert, reflektiert und ob sie Konsequenzen für ihr weiteres Handeln ableitet.

Ausbleiben der von Elisabeth erhofften Wirkung

Fazit:

Vergleicht man resümierend das Entscheidungsverhalten der drei Dramenfiguren und setzt es in Beziehung zum Text von Kleist, muss man feststellen, dass es unmöglich und auch nicht sinnvoll erscheint, ein verallgemeinertes Handlungsmuster für das Verhalten in Entscheidungssituationen zu entwickeln und als Maßstab für richtiges Handeln anzulegen. Kleists Äußerungen in Bezug auf das Treffen von Überlegungen vor, im Augenblick oder nach der Tat lassen sich **nicht pauschal auf jede beliebige Situation übertragen**. Die literarischen Figuren Medea, Hamlet und Elisabeth zeigen uns drei **komplexe Konfliktsituationen** auf. Das reale Leben ist so vielfältig und unvorhersehbar, dass man es zwar nicht zwangsläufig wie Kleist als ständigen „Kampf mit dem Schicksal“ (Z. 9) ansehen muss, aber als tägliche Herausforderung, die immer wieder aufs Neue unseren gesunden Menschenverstand, unser Gefühl und unsere Entscheidungskompetenzen anspricht.

keine Allgemeingültigkeit von Kleists Theorie

Komplexität des Lebens

Thema: Kommunikation im 21. Jahrhundert

Material 1: Bitkom: Jeder Zweite verschickt Sprachnachrichten (2018)

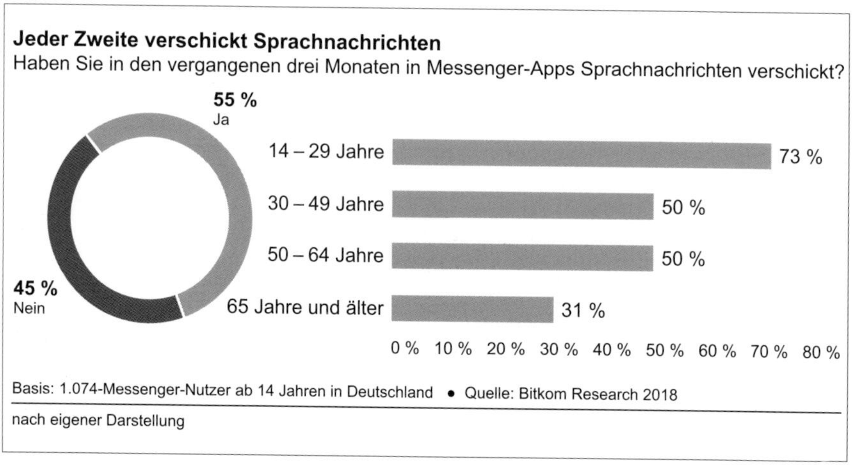

eigene Darstellung nach: Bitkom Research 2018: Jeder Zweite verschickt Sprachnachrichten

Material 2: Katharina König, Tim Moritz Hector: Zur Theatralität von WhatsApp-Sprachnachrichten. Nutzungskontexte von Audio-Postings in der mobilen Messenger-Kommunikation (2017)

II.2 WhatsApp-Sprachnachrichten

[…]

Nach Übermittlung kann die Nachricht von dem Empfänger/der Empfängerin angehört werden. Im Regelfall wird sie automatisch heruntergeladen. Für den Empfänger/die Empfängerin stellt sich die Nachricht über die Anzeige eines Play-Buttons als abspielbares Posting dar, in dem zudem die Länge der Aufnahme sowie das eingestellte Profilbild des Gegenübers angezeigt werden. Die Wiedergabe erfolgt entweder über die eingebauten Lautsprecher des Smartphones oder aber über die Hörmuschel, wobei das Gerät abhängig von der Haltung des Smartphones selbstständig erkennt, welche Ausgabeform ausgewählt wird. Die Navigation innerhalb der Nachricht, ein Pausieren der Wiedergabe sowie die wiederholte Wiedergabe sind möglich.

Sprachnachrichten sind insofern nicht – wie *face-to-face*-Gespräche – simultan, sondern asynchron. Auch wenn ein schneller, quasi-synchroner Austausch von Audiopostings möglich ist, wenn alle die NutzerInnen gleichzeitig im Chat aktiv sind (vgl. Dürscheid/Frick 2014: 177)[1], sind Sprachnachrichten dennoch in einem doppelten Sinn verzögert: Bei einer Sprachnachricht von 30 Sekunden Länge nimmt das Einsprechen der Nachricht 30 Sekunden in Anspruch, dann vergehen einige Sekunden für die Übermittlung und anschließend werden weitere 30 Sekunden zum Anhören der Nachricht durch das Gegenüber benötigt. Folgt darauf eine Antwort von weiteren 30 Sekunden, sind bis zum Abschluss eines Aktions-Reaktions-Paars von je 30 Sekunden über zwei Minuten vergangen. Dies ist im Vergleich zu *face-to-face*-Gesprächen, die sich gerade dadurch auszeichnen, dass Produktion und Rezeption simultan erfolgen (Auer 2000, 46), ein entscheidender Unterschied.

Abgesehen von der doppelten Verzögerung weisen Sprachnachrichten im Unterschied zu Text-Nachrichten weitere „Nachteile“ auf: In zahlreichen Situationen, in denen ungewollte MithörerInnen zugegen sind (etwa in einem Seminar), sind sie weder produzier- noch rezipierbar, sie sind insofern weniger diskret und niedrigschwellig, zudem erfordern sie ein deutlich höheres Datenvolumen. Auch auf diversen Internet-Plattformen wird der Gebrauch von Sprachnachrichten kritisch diskutiert. So schreibt ein anonymer Nutzer in der Campus-App Jodel: „Sprachnachrichten? […] Sicher haben die auch Vorteile, aber es macht den Anschein, als seien sie nur eine weitere Möglichkeit, möglichst viel Belangloses in kurzer Zeit abzusondern“ (Jodel 01-2017) und erhält als Reaktion u. a. einen Kommentar mit dem Inhalt „Das ist doch sowas wie telefonieren für ganz Faule“ (Jodel 05-2017). In Internetforen schreiben NutzerInnen etwa: „[…] dies wird noch wenig genutzt und könnte verstörend wirken. Gestern erhielt ich z. B. das Feedback, dass [eine Freundin] es merkwürdig findet, alleine ins Handy zu sprechen.“ (Pickupforum 2014).

Es stellt sich also die Frage, in welchen Situationen bzw. Kontexten NutzerInnen dennoch auf Audio-Postings zurückgreifen. Wann bieten diese Vorteile gegenüber einer Textnachricht? Welche Informationen können übermittelt werden, die in Textnachrichten mitunter verloren gehen? Inwiefern bieten Sprachnachrichten durch die Integration medialer Mündlichkeit in die mobile Messenger-Kommunikation Ressourcen zur Aufführung von „dramas to an audience“ (Goffman 1974, 508), inwiefern stellen sie also eine mediatisierte Praktik zur Herstellung von Theatralität im kommunikativen Alltag dar? […]

König, Katharina und Tim Moritz Hector (2017): Zur Theatralität von WhatsApp-Sprachnachrichten. Nutzungskontexte von Audio-Postings in der mobilen Messenger-Kommunikation, S. 12 f. https://www.mediensprache.net/networx/networx-79.pdf. 08. 02. 2018

1 wie auch im Folgenden: Verweise auf Schriften anderer Wissenschaftler oder anderweitige Quellen.

Katharina König arbeitet als Sprachwissenschaftlerin am Germanistischen Institut der Universität Münster. Tim Moritz Hector ist Hilfskraft in der Abteilung Sprachwissenschaft der Universität Münster. Beide arbeiten zusammen im Projekt „Dialogizität von WhatsApp-Sprachnachrichten“.

Material 3: Christa Dürscheid: Medienkommunikation im Kontinuum von Mündlichkeit und Schriftlichkeit. Theoretische und empirische Probleme (2003)

Synchrone, quasi-synchrone und asynchrone Kommunikationsformen

<table>
<tr><td>gemeinsamer Kommunikationsraum
synchrone Kommunikation</td><td>gemeinsamer Kommunikationsraum
quasi-synchrone Kommunikation</td><td>kein gemeinsamer Kommunikationsraum
asynchrone Kommunikation</td></tr>
<tr><td>Telefonat</td><td>Chat / Instant Messaging</td><td>Fax / E-Mail / SMS / Nachricht auf Anrufbeantworter</td></tr>
<tr><td colspan="3">- ◄────────────────────► +
‚Zerdehnung der Sprechsituation' (Ehlich 1981)</td></tr>
</table>

[…] Die (A-)Synchronie der Kommunikationsform beeinflusst die Art und Weise der Versprachlichung. Handelt es sich um eine synchrone Form der Kommunikation, sind die Äußerungen meist spontaner, sprachlich weniger reflektiert, weniger geplant. In einer asynchronen Kommunikation ist dies nicht der Fall; hier haben wir die Möglichkeit, unsere Äußerungen vorab zu planen, sie sprachlich zu elaborieren, sie zu korrigieren. Diese Möglichkeit besteht prinzipiell zwar auch in der quasi-synchronen, schriftbasierten Kommunikation, d. h. im Chat und im IM[1], doch widerspräche es der hier gegebenen Möglichkeit zur direkten Interaktion, wenn jeder Beitrag zunächst genau geplant und möglicherweise noch Korrektur gelesen würde. […]

Dürscheid, Christa: Medienkommunikation im Kontinuum von Mündlichkeit und Schriftlichkeit. Theoretische und empirische Probleme, S. 10 f. https://userpages.uni-koblenz.de/~diekmann/zfal/zfalarchiv/zfal38_2.pdf. 08. 02. 2018

1 IM: Instant Messaging (deutsch: sofortige Nachrichtenübermittlung): eine digitale Kommunikationsmethode, mittels derer sich zwei oder mehr Teilnehmerinnen oder Teilnehmer per Textnachrichten unterhalten.

Christa Dürscheid (*1959) ist Professorin für Sprachwissenschaft an der Universität Zürich.

Material 4: Morgane Llanque: Ein Plädoyer für das Voice Messaging. Einfach loslabern (2016)

Auf den ersten Blick sind WhatsApp Voice Messages eine umständliche Zwischenfunktion. Doch ihnen wohnt der sinnliche Zauber des Unperfekten inne.

Es macht bing. In der Hosentasche klimpern Schlüssel und Kleingeld im Takt der Handvibration. Schnell wird das Smartphone gecheckt und schnell kommt der Schock. Eine WhatsApp Voice Message.

Verdammter Mist. Wenn er genug Zeit dazu hat, solo auf sein Telefon einzureden, warum ruft er nicht einfach an? Warum schreibt er nicht? Was soll diese sinnfreie Dazwischenfunktion überhaupt?

Es gibt viele Skeptiker und Feinde der Sprachnachricht. Ihre Argumente sind: Selbst mit frisch aufgeladenem Guthaben dauert es je nach Empfangsqualität ewig, bis die Messenger-App die Audiodatei heruntergeladen hat. Wenn man sie dann endlich abspielen kann, muss man sie sich anhören. Manchmal mehrere Minuten lang. „Tippen geht doch viel schneller!“, ist der häufigste Einwand, eine Textnachricht ist flink gelesen und unkompliziert beantwortet. Und darum ging es bei diesem ganzen Social-Media-Kram doch ursprünglich mal, oder?

[…]

Seit die Audiofunktion im Jahr 2013 auf WhatsApp gelauncht wurde, sieht man immer mehr Leute in ihre Smartphones wie in ein Walkie-Talkie sprechen, weil sie den Aufnahmeknopf gedrückt halten müssen. Beschäftigen wir uns einmal mit den Vorteilen dieser von vielen so wenig geschätzten Funktion.

Es mag sein, dass es ungewohnt ist, wenn man das erste Mal eine Sprachnachricht aufnimmt. Der heutige Social Media User ist so daran gewöhnt, die Illusion von einem perfekt inszenierten Ich aufrechtzuerhalten, dass es nervös macht, die natürliche Stimme mit all ihren Äh-Pausen, Versprechern und anderen weniger hübschen Eigenarten aufzunehmen und via WhatsApp zu verewigen.

Auch private Telefonate sind seltener geworden, weil sie die bequeme Distanz, an die wir uns auf Facebook und Snapchat gewöhnt haben aufheben. Genau darin liegt aber der Reiz von Sprachnachrichten. Sie sind nicht künstlich geschönt und gefiltert, man hört das Charakteristische am Menschen am anderen Ende der digitalen Leitung heraus. Andererseits hat man immer noch ein gewisses Maß an Kontrolle: Man kann eine misslungene Sprachnachricht auch löschen und neu aufnehmen. Bei einem Telefonat geht das nicht. Und dennoch ist der Grad der Intimität weit größer als bei einem Text.

[…]

Jemand hat Geburtstag und es ist unwahrscheinlich. dass man ihn am frühen Morgen vor der Arbeit per Anruf erreichen und ihm gratulieren kann? Nichts ist charmanter als ein Happy-Birthday-Ständchen via WhatsApp. Nachts am Kotti[1], unten am Gleis der U 8, spielt endlich mal wieder diese geile Jazzband? Man nimmt das Handy heraus und richtet den Lautsprecher auf die Musiker. Dann nimmt man einen Teil der Melodie und das begeisterte Klatschen ringsherum auf und schickt es einem Freund, den man ewig nicht gesehen hat.

Auch wenn man sich seit Wochen nicht erkundigt hat, wie es ihm geht. Und was er so treibt – er weiß durch die Sprachnachricht nicht nur, dass man gerade an ihn denkt, sondern er nimmt auch an einem kleinen Alltagsmoment teil, den man in ähnlichen Situationen schon zusammen erlebt hat.

Die mangelnde Gleichzeitigkeit der Kommunikation, die bei Sprachnachrichten oft als nervig empfunden wird, ist in Wirklichkeit ihr größter Charme. Lebt der Partner, die Mutter oder die Freundin in einem anderen Land oder gar auf einem anderen Kontinent, muss man sich trotz aller Vernetztheit schließlich immer noch verabreden, wenn man Sehnsucht nach einer persönlichen Unterhaltung hat. Hört man dann endlich die Stimme des Vermissten, befindet man sich meist zu Hause in einem seltsam stillen Schlafzimmer. Man hört nichts vom Trubel der Straße, den Freunden oder der Musik im Leben des anderen. Der eine ist müde, weil es früh ist, der andere ist müde, weil es spät ist.

Schickt man sich aber gegenseitig zeitversetzte Nachrichten, in denen man das Lachen des drei Wochen alten Enkels – oder die Geräuschkulisse des Wochenmarkts aufnimmt, auf den man jeden Samstagmorgen geht, dann ist das eine viel zärtlichere und kreativere Form der Kommunikation als ein verabredeter Skype-Call. Eine WhatsApp Voice Message ist im besten Fall also ein kleines, persönliches und unverwechselbares Stück einer Person, die einem wichtig ist und der man nahe sein will.
[…]

Llanque, Morgane (28. 07. 2016): Ein Plädoyer für das Voice Messaging. Einfach loslabern. http://www.taz.de/!5321822/. 08. 02. 2018

1 Kotti: umgangssprachlich für Kottbusser Tor, einen Platz samt U-Bahnhof in Berlin Kreuzberg

Morgane Llanque ist freiberufliche Journalistin, Rezensentin und Autorin.

Material 5: Bine: Krank im Bett (2017)

Vereinfachte Version eines Transkripts einer WhatsApp-Sprachnachricht, mit der die Sprecherin Bine eine Verabredung absagt.
„Hallo, Lisa. Ähm. Ich liege seit gestern mit 'ner fetten Grippe im Bett (deutliches Atmen). Und kann deshalb leider heute Abend nicht kommen (deutliches Atmen). Hatte mich schon so gefreut auf die Pizza. Ja, und jetzt, ähm (deutliches Atmen), hat's mich voll erwischt leider, und ich glaub', ich werd' die nächsten Tage (Schniefen) noch im Bett verbringen müssen (Pause). Mh, mja, richtig fies (deutliches Atmen). Ähm, ich wünsch' euch auf jeden Fall ganz, ganz viel Spaß heut' Abend und hoffe, ihr lasst euch die Pizza schmecken (Pause), und dann hoff' ich, dass wir das bald in den Semesterferien vielleicht noch mal nachholen können (Zischen, deutliches Atmen). Wenn wir alle gesund sind und es uns gut geht (Lachen). Ähm, ja (kleine Pause), genau. […]

Bine: Krank im Bett. In: König, Katharina und Tim Moritz Hector: Zur Theatralität von WhatsApp-Sprachnachrichten. Nutzungskontexte von Audio-Postings in der mobilen Messenger-Kommunikation, S. 24 f. https://www.mediensprache.net/networx/networx-79.pdf. 08. 02. 2018

Material 6: Anna Mayr: Laber nur! (2018)

[…] Sprachnachrichten fordern den Storyteller in uns heraus. Sprachnachrichten sind Reportagen, kurze Podcasts aus dem eigenen Leben, aufgenommen als exklusiver Inhalt für eine sehr kleine Zielgruppe. Textnachrichten sind meistens nur das, was sie sind: Informationen, lieblose Push-Mitteilungen.
Man kann eine Geschichte in 30 Sekunden erzählen, in zwei Minuten, aber auch in einer Viertelstunde. Sprachnachrichten haben keine Maximallänge. Und deshalb gilt: Je länger die Sprachnachricht, desto größer ist die Liebe zum Empfänger. Es kann sein, dass ich über Wochen keinen Kontakt zu meiner besten Freundin habe – aber dann schicke ich eine 15-minütige Sprachnachricht, in der ich ausführlich meinen Tag rekapituliere; wie viele Stunden ich geschlafen habe, was es zum Frühstück gab und was das über mein Leben aussagen könnte. Alles ist wichtig.
In einer Welt, in der alles immer schneller gehen muss, sind Sprachnachrichten kleine Inseln der Stressfreiheit. Jede Nachricht hat ja ein Verfallsdatum, nach dessen Ablauf es irgendwie peinlich wird zurückzuschreiben. Bei Textnachrichten sind es ungefähr

zwölf Stunden, bis der Absender sich ignoriert fühlt. Wer eine 15-minütige Sprachnachricht schickt, erwartet aber auf keinen Fall, dass die Empfänger direkt reagieren. Lange, liebevolle Sprachnachrichten halten sich mehrere Tage. Das ist auch romantisch. Schließlich sucht der Empfänger nach einem guten, ruhigen Moment, um die Nachricht mit Sorgfalt zu hören. Ich habe noch nie einen Brief verschickt, der nicht an eine Behörde ging. Aber ich kann mir vorstellen, dass sich freundschaftliche Papierkorrespondenz in etwa so anfühlt wie eine Sprachnachrichtenbeziehung.
Vor einer Nebenwirkung übrigens muss ich ausdrücklich warnen: Seit ich fast nur noch Sprachnachrichten verschicke, nervt mich das Tippen so sehr, dass ich auf ganze Wörter verzichte. „bin weg“, textete ich einer Freundin. Ich meinte: „Ich bin auf dem Weg“. Sie sah es als Aufforderung, wieder nach Hause zu gehen. Mit solchen Rückschlägen müssen Pioniere wohl leben. […]

Mayr, Anna (26. 03. 2018): Laber nur! https://www.zeit.de/2018/13/sprachnachricht-digitale-kommunikation-zukunft-kulturtechnik/komplettansicht. 06. 09. 2018

Anna Mayr ist freie Journalistin.

Material 7: Tobias Gillen: Die Sprachnachrichten-Plage: Leute, verlernt das Schreiben nicht! (2016)

[…] Sprachnachrichten – nicht nur bei den Kids, sondern auch bei diesem einen Freund, den jeder hat – machen eine logische, in sich schlüssige Kommunikation kaum mehr möglich. Dabei darf man Sprachnachrichten nicht mit „richtigem“ Telefonieren vergleichen: Man hört sich zwar, aber der Chat-Charakter bleibt auf der gleichen Ebene (vielleicht mit weniger Smileys und dafür einem grimmigen Ausruf).
Beim klassischen Text-Chat stellt man bestenfalls eine Frage und wartet dann auf die Antwort. Das Gespräch wechselt 1:1 hin und her und ich habe von überall aus Zugriff auf diese Nachricht. Bei der Sprachnachricht hingegen wird alleine aus der Macht der Gewohnheit heraus schon mehr gesprochen. Zudem werden mehrere Fragen und Sprachnachrichten durcheinander geworfen. Wer gerade in der U-Bahn oder in einem Meeting sitzt, kann die Nachricht nicht so einfach konsumieren (es sei denn, er hält sich das Handy ans Ohr, was dann auch wieder etwas, nun, seltsam ist). Ergo kann er auch nicht so schnell antworten (es sei denn, er redet in sein Handy, was dann auch wieder etwas, nun, seltsam ist). Kurzum: Es ist einfach unpraktisch.
Kurze Nachfrage bei der Jugend und raus kommt, dass sie das Schreiben viel zu unpraktisch finden. „Dauert zu lange“, hört man. Und zu anstrengend sei es auch. Zudem bestehe beim Tippen ja die Gefahr, dass man sich verschreibe und dann Buchstaben löschen und erneut schreiben müsse. Für die SMS-Fraktion, die inzwischen übrigens auch Teil der Telefon-Fraktion geworden ist, kaum nachvollziehbar.
Die Frage ist nun, ob die Kommunikation per Sprachnachrichten unglaublich effizient oder einfach nur Ausdruck großer Faulheit ist? Klar, während ich eine Sprachnachricht aufnehme, kann ich andere Dinge erledigen, mich halbwegs sicher fortbewegen etwa. Aber ich werde eben auch gezwungen, gerade bei längeren Nachrichten, ständig am Ball zu bleiben. Während ich eine Nachricht in 30 Sekunden lesen kann, brauche ich für das Audio über das Doppelte der Zeit (ja, ich habe das ausprobiert und ja, ich

musste das wissen). Bei Nachrichten, die teils an die 5 Minuten und drüber gehen, kann man sich den Zeitverlust nun ungefähr ausrechnen. [...]

Tobias Gillen (24. 03. 2016): Die Sprachnachrichten-Plage: Leute, verlernt das Schreiben nicht! https://www.basicthinking.de/blog/2016/03/24/sprachnachrichten/. 06. 09. 2018

Tobias Gillen ist Unternehmer und Journalist.

Sprachliche Fehler in Textvorlagen wurden entsprechend der geltenden Norm korrigiert.

Arbeitsanweisung:

An Ihrer Schule wird eine Projektwoche zum Thema „Kommunikation im 21. Jahrhundert" stattfinden.

Verfassen Sie einen Kommentar für ein Begleitheft zur Projektwoche, der sich an die Schüler-, Lehrer- und Elternschaft richtet.

Setzen Sie sich in Ihrem Kommentar mit der Frage auseinander, ob die Verwendung von Sprachnachrichten in Messengerdiensten einen Gewinn für die digitale Alltagskommunikation darstellt.

Nutzen Sie dazu die folgenden Materialien (M 1 – M 7) und beziehen Sie unterrichtliches Wissen über Kommunikationsmodelle sowie Merkmale von Mündlichkeit und Schriftlichkeit ein. Formulieren Sie eine geeignete Überschrift.

Zitate aus den Materialien werden dem Stil eines Kommentars entsprechend ohne Zeilenangaben unter Nennung der Autorin/des Autors und ggf. des Titels angeführt.

Ihr Kommentar sollte etwa 1 000 Wörter umfassen.

Lösungsvorschlag

Die in der Aufgabenstellung verlangte Textform des Kommentars ist ein ***meinungsbildender, journalistischer Text****, in dem sich der Autor sachlich, mitunter in einem polemischen bis aggressiven Ton mit einer Frage bzw. einem Sachverhalt auseinandersetzt. Der Kommentar ist im weitesten Sinne mit der Erörterung verwandt. Allerdings muss hier keine derartig stringente Abfolge von Behauptung–Begründung–Beispiel erfolgen und die eigene Meinung soll stärker herausgestellt werden.*
Zunächst sollten Sie die zugrundeliegenden ***Materialien umfassend sichten*** *und sich dann* ***für einen Standpunkt entscheiden****, die in der Aufgabenstellung formulierte Frage – Sind Sprachnachrichten ein Gewinn für die digitale Kommunikation? – also mit Ja oder Nein beantworten. Sie können zwischen einem einsträngigen und einem mehrsträngigen Kommentar wählen. Bei einem* ***einsträngigen Kommentar*** *führen Sie die Argumente, die für Ihren eigenen Standpunkt sprechen, in steigernder Reihenfolge aus. Beim* ***mehrsträngigen Kommentar*** *formulieren Sie Argumente und Gegenargumente, entweder wechselseitig oder in Blockbildung.*
Sie sollten den Kommentar mit einem ***interessanten Einstieg*** *beginnen, der die Leserinnen und Leser animiert, Ihre Ausführungen zu lesen. Es empfiehlt sich, im Hauptteil* ***verschiedene Argumenttypen*** *zu verwenden, um die Plausibilität Ihrer Darlegungen zu erhöhen – z. B. Erfahrungs-, Fakten-, Autoritätsargumente oder analogisierende, logische oder normative Argumente. Sie sollten auch Wert auf die* ***sprachliche Gestaltung*** *legen: Schreiben Sie sachlich und präzise, Sie dürfen zur Verdeutlichung Ihrer Meinung aber auch Stilmittel verwenden und provokante Pointen anbringen. Formulieren Sie am Ende ein* ***aussagekräftiges Fazit****, ohne dabei nur Ihre Argumente zu wiederholen.*

Tippen ist Silber, Reden ist Gold — Überschrift

Ich bin jung, dynamisch, auf diversen Social-Media-Plattformen aktiv und habe viele **Freunde und Bekannte quer über die Welt verteilt**, mit denen ich gerne im Austausch stehe. Wie mache ich das? Ich schreibe E-Mails, WhatsApp-Nachrichten, selten eine SMS, und sende viele Sprachnachrichten. Ich finde es herrlich, meinen Mitmenschen persönliche Nachrichten aufzusprechen. Das kann ich genau dann machen, wann ich will. Eine Telefonverabredung ist dazu nicht nötig. Ich kann meine Emotionen, Gedanken, Witze und Anekdoten **genau in dem für mich richtigen Moment teilen**.

Einleitung: Bezug zur eigenen Lebenswelt

Doch manchmal mutet das Versenden von Sprachnachrichten wie das **Führen von Selbstgesprächen** an, die Kommunikation verläuft dann eher holprig als zielführend. Was geschieht hier mit der Alltagskommunikation? Sind Sprachnachrichten tatsächlich der große Gewinn, der sie auf den ersten Blick zu sein scheinen?

Überleitung:

Eine repräsentative Studie hat herausgefunden, dass mehr als jeder Zweite Sprachnachrichten versendet (55 %). Die Studie wurde 2018 durchgeführt, weshalb davon auszugehen ist, dass **im Jahr 2020**

Hauptteil: Gewinn durch Sprachnachrichten:

noch mehr Sprachnachrichten produziert werden. Dabei ist auffällig, dass in der Altersgruppe der 14- bis 29-jährigen 73 % Sprachnachrichten versenden, in der Altersgruppe der 30- bis 64-jährigen waren es immerhin 50 %. Diese **hohe Nutzungszahlen** machen deutlich: Sprachnachrichten sind **in der Alltagskommunikation unserer Gesellschaft angekommen**. Bezug zu M 1

Dass so viele Menschen Sprachnachrichten nutzen, bedeutet eine Erleichterung im Alltag. Es ist möglich, miteinander umfangreichere Themen **schnell und ohne Zeitverlust** zu übertragen (vgl. Mayr: *Laber nur!*, 2018). Man stelle sich nur vor, dass man vom letzten schönen Urlaub berichten möchte: Der Text müsste sehr lang sein, um alle Informationen schriftlich übermitteln zu können. Oft schreibt man diese Nachrichten **nur halbherzig zwischendurch** und nimmt sich dafür nicht die Zeit, die das Gegenüber eigentlich verdient hätte. Bei Sprachnachrichten hingegen kann man der **Stimme des besten Freundes oder der Urlaubsbekanntschaft lauschen**, wenn er oder sie sich dann über mehrere Minuten Zeit genommen hat, um eine witzige oder umfangreiche Nachricht aufzusprechen. Man kann diese Nachricht dann wie einen kleinen Podcast genießen. Bezug zu M 6 — schnelle Übermittlung umfangreicher Informationen

Es besteht auch **kein Zeitdruck**, eine Sprachnachricht sofort zu beantworten. Niemand erwartet, dass man binnen weniger Stunden eine Sprachnachricht beantwortet. Man hat dadurch die Zeit, Themen genau zu überdenken und zu planen. Nicht nur Gefühle können in einer Sprachnachricht besser transportiert werden als in geschriebenen Worten, auch die **sprachlichen Eigenheiten** einer Person – z. B. die Stimme und der Dialekt – werden erkennbar. Dadurch lernt man den Menschen noch besser kennen. größerer zeitlicher Spielraum

Auch die **Beziehungsebene** kann man **durch Sprachnachrichten stärken**. Beim direkten Kontakt ist man manchmal zu schüchtern, um gewisse Themen anzusprechen, oder man traut sich nicht, dem anderen in die Augen zu blicken und seine Meinung zu sagen. Mit einer Sprachnachricht kann man die persönliche Meinung oder intime Gedanken äußern, ohne sich Sorgen über die unmittelbare Reaktion machen zu müssen – das Gegenüber ist schließlich nicht am selben Ort wie man selbst und kann nicht unmittelbar reagieren. Das kann zu **mehr Ehrlichkeit in der Kommunikation** führen. Förderung eines ehrlichen Austausches

In vielen Fällen stellen Sprachnachrichten die einzige Möglichkeit dar, mit einer Person in sprachlichen Austausch zu treten. Denn nicht selten befinden sich Freunde, Bekannte oder Familienmitglieder in verschiedenen Städten, Ländern oder gar auf anderen Kontinenten. **Unterschiedliche Zeitzonen oder räumliche Trennungen** können mit Sprachnachrichten überwunden werden (vgl. Mayr). Ist demnach keine räumlichen oder zeitlichen Einschränkungen — Bezug zu M 6 eine umfangreiche Sprachnachricht in der heutigen Zeit nicht ebenso wertvoll **wie ein handgeschriebener Brief aus früheren Zeiten?**

Nun gut, das scheint wirklich etwas weit hergeholt zu sein. Audionachrichten ermöglichen zwar, dass man **immer und überall wichtige Informationen** oder eben nur lustige Sinnlosigkeiten per Stimme verschicken kann. Aber oft fabuliert der Sender über mehrere Minuten hinweg Unwichtiges, bevor er zum Hauptanliegen der Nachricht gelangt. Sprachnachrichten **verleiten zu Laberanfällen**, könnte man überspitzt sagen. Und das ist nicht der einzige Nachteil.

Nachteile von Sprachnachrichten:

Es entsteht ein hoher Zeitaufwand bei der Produktion und Rezeption von Audionachrichten. Die Aufnahme einer solchen Nachricht dauert häufig mehrere Minuten, das Anhören natürlich ebenso lange – das Lesen eines geschriebenen Textes hingegen geht vergleichsweise schnell vonstatten. Das Aufnehmen einer Antwort nimmt dann genauso viel Zeit in Anspruch. Und nur durch dieses **zeitaufwendige Vorgehen** kann die Kommunikationsschleife aufrechterhalten werden (vgl. König / Hector: *Zur Theatralität von WhatsApp-Sprachnachrichten*, 2017).

Dauer des Einsprechens und Abhörens

Bezug zu M 2

Problematisch wird es, wenn der Absender eine schnelle Rückmeldung benötigt und der Empfänger sich mit seiner Antwort Zeit lässt. Oft muss der Empfänger das **Abhören auf einen späteren Zeitpunkt verlagern**, da er sich z. B. in Gesellschaft befindet und diese nicht zur ungewollten Mithörerschaft machen will. Der Absender der Nachricht kann sich **durch das Ausbleiben einer sofortigen Antwort gekränkt fühlen** und es kann zu Missverständnissen kommen.

Konfliktpotenzial durch verzögerte Antworten

Außerdem nehmen Sprachnachrichten **Unmengen an Datenvolumen** in Anspruch, wenn man nicht gerade Zugriff auf ein WLAN hat. Allein für den Download und das Abspeichern einer Sprachnachricht ist viel Datenkapazität und Speicherplatz nötig (vgl. König / Hector). Und je länger die Nachricht ist, desto mehr Datenvolumen wird bei der Übertragung benötigt, was schlussendlich auch zur einer **Kostenfrage** werden kann.

Verbrauch von Daten und Speicherplatz

Bezug zu M 2

Ferner verhindert die „**Zerdehnung der Sprechsituation**" einen spontanen und synchronen Gedankenaustausch. Diesen synchronen Austausch ermöglicht nur ein Telefonat oder eine persönliche Konversation. Ein Chat stellt eine quasi-synchrone Kommunikation dar, wohingegen das Versenden von Sprachnachrichten, das Aufsprechen von Nachrichten auf einen Anrufbeantworter, das Verfassen von SMS oder anderen schriftlichen Nachrichten die asynchrone Kommunikation darstellen (vgl. Dürscheid: *Medienkommunikation im Kontinuum von Mündlichkeit und Schriftlichkeit*, 2003). **Durch diese Asynchronität kann Kommunikation auch misslingen**, da

Folgen einer asynchronen Kommunikation

Bezug zu M 3

der Empfänger z. B. nicht sofort nachfragen kann, wie er eine bestimmte, möglicherweise uneindeutige Äußerung zu verstehen hat (vgl. Gillen: *Die Sprachnachrichten-Plage*, 2016).

Bezug zu M 7

Je mehr die Kommunikation in einzelnen Situationen misslingen kann, desto mehr kann sie auch per se verarmen. Denn es geht in der Kommunikation nicht nur um den Austausch von Informationen, sondern auch um das **Aufrechterhalten einer Verbindung zwischen zwei Menschen**. Bei Jakobson wird dieser Aspekt als die **phatische Funktion** und bei Schulz von Thun als die **Beziehungsseite** definiert. Diese ist gestört oder kann sogar vollständig abhandenkommen, wenn über Sprachnachrichten kommuniziert wird.

Verarmung der zwischenmenschlichen Bindungen

Mimik, Gestik, Berührungen, Augenkontakt – all **diese menschlichen Regungen** sind bei der Kommunikation über Sprachnachrichten **nicht möglich bzw. nicht wahrnehmbar**. Nur über die Stimme lassen sich Gefühlsregungen ausdrücken. Oft sieht man Menschen auf der Straße hin- und herhetzen, das Handy wie ein Walkie-Talkie vor dem Mund platziert und vor sich hinredend. Ist auch der Rezipient von Straßenlärm oder anderen Geräuschen umgeben, ist die **Kommunikation doppelt erschwert**. Die Vermittlung bzw. das Decodieren von Gefühlen kann unter solchen Umständen nicht funktionieren.

Beeinträchtigung durch Stress und Geräuschkulisse

Es ist außerdem **verlockend, unangenehme Themen in Sprachnachrichten zu verpacken**, um so einer direkten Auseinandersetzung aus dem Weg zu gehen. Man kann problematische Gedanken aussprechen, die Antwort des Gegenübers kann man später oder auch nie abhören (vgl. Bine: *Krank im Bett*, 2017). Wie leicht lässt sich eine ungeliebte Einladung kurz per Sprachnachricht absagen? Möglichst im lauten Straßenverkehr und gehetzt klingend, ist es wesentlich einfacher, ein gewisses Stresslevel darzustellen als zu Hause gemütlich am Telefon. Durch diese **Unverbindlichkeit von Sprachnachrichten** besteht die Gefahr, dass das Verhältnis zu unseren Mitmenschen massiven Schaden erleidet.

unverbindlicher Charakter von Sprachnachrichten

Bezug zu M 5

Auch ich ertappe mich häufig dabei, dass ich Sprachnachrichten mehrere Male aufnehme, weil ich **mit der Qualität unzufrieden** bin oder **die wichtigsten Aspekte vergessen** habe. Und wenn ich nicht binnen weniger Stunden auf Sprachnachrichten reagiere, habe ich deren Inhalt längst wieder vergessen, erzähle dann irgendetwas Belangloses oder höre die langen Nachrichten erneut ab. Ob sich mein **Kommunikationsverhalten verschlechtert** hat, kann ich schwer beurteilen, doch es hat sich verändert – ich bin **zaghafter geworden, Menschen anzurufen** und auch ans Telefon zu gehen, denn ich schicke lieber eine unverfängliche Sprachnachricht.

Fazit:

Rückbezug zu eigenen Erfahrungen

Bewusstsein für verändertes Kommunikationsverhalten

Grundkurs Deutsch (Sachsen): Abiturprüfung 2021
Aufgabe 1: Interpretation lyrischer Texte

Hermann Hesse (1877–1962): Frühling (1907)

Es fahren leise junge Wolken durchs Blaue,
Kinder singen und Blumen lachen im Gras;
Meine müden Augen, wohin ich schaue,
Wollen vergessen, was ich in Büchern las.

Wahrlich alles Schwere, das ich gelesen,
Stäubt hinweg und war nur ein Winterwahn,
Meine Augen schauen erfrischt und genesen
Eine neue, erquellende Schöpfung an.

Aber was mir im eigenen Herzen geschrieben
Von der Vergänglichkeit aller Schöne steht,
Ist von Frühling zu Frühling stehen geblieben,
Wird von keinem Winde mehr weggeweht.

Aus: Hesse, Hermann: Die Gedichte 1892–1962. Hg. von Volker Michels. Frankfurt a. M.: Suhrkamp Verlag 1977, S. 246.

Heinrich Heine (1797–1856): Unterm weißen Baume sitzend (1830)

Unterm weißen Baume sitzend,
Hörst du fern die Winde schrillen,
Siehst, wie oben stumme Wolken
Sich in Nebeldecken hüllen:

Siehst, wie unten ausgestorben
Wald und Flur, wie kahl geschoren; –
Um dich Winter, in dir Winter,
Und dein Herz ist eingefroren.

Plötzlich fallen auf dich nieder
Weiße Flocken, und verdrossen
Meinst du schon, mit Schneegestöber
Hab der Baum dich übergossen.

Doch es ist kein Schneegestöber,
Merkst es bald mit freud'gem Schrecken:
Duft'ge Frühlingsblüten sind es,
Die dich necken und bedecken.

Welch ein schauersüßer Zauber!
Winter wandelt sich in Maie,
Schnee verwandelt sich in Blüten,
Und dein Herz, es liebt aufs neue.

Aus: Nationale Forschungs- und Gedenkstätten der klassischen Literatur in Weimar (Hg.): Heines Werke in fünf Bänden. Erster Band. Gedichte. Berlin und Weimar: Aufbau-Verlag 1964, S. 123 f.

Arbeitsanweisung:

Interpretieren Sie das Gedicht von Hermann Hesse.

Vergleichen Sie die Gestaltung des Frühlingsmotivs in den Gedichten von Hermann Hesse und Heinrich Heine.

Der Schwerpunkt der Aufgabe liegt auf der Interpretation des Gedichts von Hermann Hesse.

Lösungsvorschlag

Wenn Sie sich für die diese Aufgabe entscheiden, müssen Sie wissen, wie Gedichte interpretiert werden. Bearbeiten Sie zuerst das Gedicht von Hermann Hesse, indem Sie zunächst dessen ***Aufbau und Inhalt*** *analysieren. Anschließend sollten Sie in den Blick nehmen, wie die* ***formale und sprachliche Textgestaltung*** *die Gedichtaussage stützt. Achten Sie hier darauf,* ***rhetorische Mittel stets in ihrer Funktion*** *zu betrachten, ein Aufzählen sprachlicher Besonderheiten genügt nicht. Ausgehend von einer Gesamtdeutung vergleichen Sie das Hesse-Gedicht nun mit dem von Heinrich Heine, zeigen Sie also* ***Gemeinsamkeiten und Unterschiede*** *auf. Orientieren Sie sich dabei an der Aufgabenstellung, die von Ihnen verlangt, die jeweilige* ***Gestaltung des Frühlingsmotivs*** *in den Fokus zu rücken. Beziehen Sie neben inhaltlichen Aspekten ebenfalls sprachliche und formale Aspekte in Ihre Überlegungen mit ein. Den Schluss sollte ein Resümee bilden, in dem Sie Ihre Erkenntnisse nochmals klar herausstellen und zusammenfassen.*

Einleitung

Hinführung zu Hesses Gedicht

Der Titel des Gedichts von Hermann Hesse *Frühling* schafft beim Leser eine positive Erwartungshaltung, denn das Frühjahr steht **symbolisch für Frische, Erwachen und Neuanfang**. Beim genaueren Lesen stellt man fest, dass Hesse in seinem Gedicht aus dem Jahr 1907 die Bedeutung des Frühlings für das lyrische Ich thematisiert. Die Jahreszeit wird zum **Anlass für eine Selbstreflexion** und löst verschiedene Empfindungen aus, wie Hoffnung und Sorge.

Interpretation

Inhalt von *Frühling*

In der ersten Strophe werden **zunächst Leichtigkeit und Freude in der erwachenden Natur** geschildert. Das lyrische Ich wünscht sich, schwere Gedanken und das, was es „in Büchern las" (V. 4), vergessen zu können. Die vorübergehende Erfüllung dieses Wunsches zeigt sich in der folgenden Strophe. Hier spürt das lyrische Ich Kraft sowie Erholung durch den Frühling, alle Schwermut ist verschwunden. Abschließend formuliert das lyrische Ich, dass es sich der „**Vergänglichkeit aller Schöne**" (V. 10) bewusst ist, trotz der glücklichen Momente, die es im Frühling erlebt.

Aufbau und Form

Das Gedicht ist regelmäßig aufgebaut. Es besteht aus drei Strophen, die jeweils vier Verse umfassen und durchgehend im Kreuzreim geschrieben sind. Weibliche Kadenzen wechseln mit männlichen. Dies spiegelt eine gewisse Struktur und gedankliche Klarheit wider. Im Gegensatz dazu verdeutlicht das freie Metrum die ungebundenen Gedanken des lyrischen Ichs.

positive Wahrnehmung des Frühlings

Im **Selbstgespräch** reflektiert das lyrische Ich verschiedene Empfindungen im Angesicht des Frühlings, der von ihm durchweg positiv wahrgenommen wird. Das zeigt sich schon zu Beginn des Gedichts durch die Verwendung des Bewegungsverbs „fahren" (V. 1) sowie der Verben „singen“ und „lachen“ (V. 2), welche zusammen mit Personifikationen der Wolken (vgl. V. 1) und der Blumen (vgl. V. 2) ein **lebendiges und fröhliches Geschehen** beschreiben. Die Sinnesbereiche des Hörens und Sehens werden angesprochen: „Kinder singen und Blumen lachen“ (V. 2), „Wolken [ziehen] durchs Blaue“ (V. 1). Auch wenn nur eine Farbe konkret benannt wird, erschließen sich weitere durch die entsprechenden Substantive: So sind Wolken weiß, Blumen bunt und das Gras ist grün. „Kinder“ (V. 2) und „junge Wolken“ (V. 1) verweisen hierbei auf etwas Unberührtes, **Unbeschwertes bzw. Neues**. In der zweiten Strophe erfährt diese Wahrnehmung noch eine Steigerung, denn der Frühling wird als „neue, erquellende Schöpfung“ (V. 8) bezeichnet, womit das lyrische Ich sein Erleben als eine **naturreligiöse Erfahrung** beschreibt.

Symbolik des geschilderten Szenarios

Im Kontrast zur positiven Darstellung der Jahreszeit formuliert das lyrische Ich seine eigenen Befindlichkeiten. Seine „müden Augen“ (V. 3) stehen pars pro toto für eine gewisse **Melancholie und Erschöpfung des Sprechers**. Durch diese Augen hat sich das lyrische Ich Wissen aus „Büchern“ (V. 4) angelesen. Den Inhalt seiner Lektüre bezeichnet das lyrische Ich als „schwer“ (vgl. V. 5) und als „Winterwahn“ (V. 6) und verdeutlicht damit, dass seine bisherige Aneignung der Welt theoretisch und nicht naturnah war und vielleicht sogar krank macht. Die **Augen als Spiegel der Seele**, die anfangs noch müde vom Lesen sind (vgl. V. 3 f.), werden durch den Anblick der erwachenden Natur „erfrischt und genesen“ (V. 7). Dies zeigt auch die neue Energie, die das lyrische Ich durchströmt. Schließlich thematisiert es seine Erfahrungen, die ihren Weg ins eigene Herz (vgl. V. 9) gefunden haben. Hierbei zeigt die Herz-Metapher die **Tiefe der Erkenntnisse und Erfahrungen**, die „von keinem Winde mehr weggeweht“ (V. 12) werden können, sie sind vertraut und beständig.

Kontrast: Gemütszustand des lyrischen Ichs

Reaktion des lyrischen Ichs auf den Frühling

Das lyrische Ich distanziert sich abschließend von der Leichtigkeit des Frühlings und stellt auch dessen Einzigartigkeit infrage, indem es den Aspekt der **Vergänglichkeit** thematisiert (vgl. V. 10) und dabei auch den Frühling miteinbezieht („von Frühling zu Frühling“, V. 11). Die entgegenstellende Konjunktion „Aber“ (V. 9) zu Beginn der letzten Strophe hebt den Gegensatz zwischen der Welt des lyrischen Ichs, die durch theoretische Wissensaneignung gekennzeichnet ist, und der erwachenden und sich ständig verändernden Natur hervor. Es ist ein **ambivalentes Verhältnis von Hoffnung und Resignation**, das im letzten Vers benannt wird.

trotz Frühling: Einsicht in Vergänglichkeit

Zusammenfassend kann man feststellen, dass der Frühling im gleichnamigen Gedicht von Hermann Hesse – so wie es der Leser erwartet – symbolisch für das Erwachen der Natur und ein neues Beginnen

Fazit zu Hesses *Frühling*

steht. Für das lyrische Ich wird das Frühjahr zum **Sinnbild der Sehnsucht nach einem unbeschwerten und freien Leben**, wobei es gleichzeitig bemerkt, dass es sich nicht vorbehaltlos dieser Aufbruchsstimmung hingeben kann. Zum einen weiß es um die „Vergänglichkeit aller Schöne" (V. 10) und zum anderen ist dem lyrischen Ich bewusst, dass sich der Mensch durch seine Art der Weltaneignung – hier exemplarisch durch das Lesen von Büchern – von der Natur entfernt hat und diese nur noch aus einer gewissen Distanz wahrnimmt.

implizite Kritik an Naturferne der Menschen

Auch Heinrich Heine thematisiert in seinem Gedicht *Unterm weißen Baume sitzend* aus dem Jahr 1830 den Frühling. Ähnlich wie bei Hesse steht das Frühjahr auch hier für den Beginn von etwas Neuem und wird positiv beschrieben, im Gegensatz dazu zeichnet Heine einen kalten Winter. **Beide Jahreszeiten werden im Gedicht zu Symbolen menschlicher Gemütszustände**. Beobachtet das lyrische Ich im Hesse-Gedicht die Natur, so erlebt das lyrische Subjekt bei Heine die Natur stärker.

Vergleich mit Heine-Gedicht

Beide Male wechseln die Stimmungen. Im ersten Gedicht entwickelt sich aus einer positiven Stimmung eine ambivalente reflektierte Wahrnehmung, im zweiten wird eine **traurige, depressive Gestimmtheit abgelöst von einer freudigen, fast euphorischen**. Eine Reflexion wie bei Hesse findet im Heine-Gedicht nicht statt, dagegen stehen **Emotionen des lyrischen Subjekts im Fokus**. Am Ende wird hier das persönliche Erlebnis eines Einzelnen beschrieben, wohingegen bei Hesse das lyrische Ich Erkenntnisse formuliert, die über das individuelle Erleben hinausgehen. Die Sehnsucht des lyrischen Ichs, nämlich schwermütige Gedanken endgültig verdrängen zu können, erfüllt sich nicht. Bei Heine aber wird die **Sehnsucht am Ende des Gedichts recht unerwartet erfüllt**.

Veränderungen der Stimmung bei Sprechern

emotionales Erlebnis bei Heine

Das Frühlingsmotiv wird in beiden Gedichten unterschiedlich gestaltet. In Hesses Gedicht findet ein Selbstgespräch des lyrischen Ichs statt. Bei Heine gibt es zwar auch eine Art Gespräch, durch die Verwendung der zweiten Person Singular wird der Leser jedoch **direkt angesprochen** und hat die **Möglichkeit, sich mit dem Erlebten zu identifizieren**. Im zweiten Gedicht werden stets konkrete Naturbilder, z. B. „Schneegestöber" (V. 11), „Frühlingsblüten" (V. 15) benannt, die auf die Gefühlswelt des lyrischen Subjekts hinweisen. So meint es metaphorisch, dass das **Herz zunächst eingefroren** sei (vgl. V. 8) und schließlich aufs Neue lieben würde (vgl. V. 20). Bei Hesse verbinden sich greifbare mit abstrakten Bildern, wodurch sich eine gedankliche Tiefe ergibt und ein gesamtes Lebensgefühl thematisiert wird. So wird der Frühling anschaulich beschrieben (vgl. V. 1 f.). Im Gegensatz dazu umschreibt das lyrische Ich seine innere

Gestaltung des Frühlingsmotivs

Herz-Metapher

Befindlichkeit metaphorisch, z. B. „Winterwahn“ (V. 6) oder „im eigenen Herzen geschrieben“ (V. 9). Personifizierungen verdeutlichen in beiden Texten die **Lebendigkeit der Natur im Frühling**. Bei Heine z. B. hüllen sich Wolken in Nebeldecken (vgl. V. 3 f.) und Frühlingsblüten necken (vgl. V. 15 f.) das lyrische Subjekt.

formale Gestaltung der beiden Gedichte

Beide Gedichte sind regelmäßig aufgebaut, wobei Hesse freie Metren verwendet. Heine bedient sich durchgängig des Trochäus, verzichtet aber auf ein festes Reimschema. Diese kleinen Abweichungen zeigen ein Gefühl der Unvollkommenheit. Im ersten Gedicht gelingt keine vorbehaltlose Hingabe an die Natur, im zweiten dominiert schließlich die **freudige Überraschung** nach einer Fehldeutung des „Schneegestöber[s]“ (V. 13).

Fazit

Obwohl in beiden Gedichten der Frühling symbolisch für das Erwachen steht, wird dieser doch durch den jeweiligen Sprecher im Gedicht unterschiedlich wahrgenommen. Hesse lässt sein sehr erwachsen wirkendes lyrisches Ich reflektiert und teilweise rational mit dem Beobachteten umgehen. Bei Heine liegt das Augenmerk auf Gefühlen, die durch das spontane Naturerleben ausgelöst werden, das lyrische Subjekt wirkt jugendlich und erwartungsfroh. Beide Autoren spielen mit traditionellen Formen sowie vorgeprägten Bildern. Dabei enden beide Gedichte mit überraschenden Wendungen, das eine negativ-melancholisch, das andere positiv-freudig.

Grundkurs Deutsch (Sachsen): Abiturprüfung 2021
Aufgabe 2: Literarische Erörterung

Katharina Döderlein[1]: Die Diskrepanz zwischen Recht und Rechtsgefühl in der Literatur (2017)

„[…] Oft genug belässt es die Literatur dabei, die Bruchstellen zwischen dem geltenden Recht und dem individuellen oder kollektiven Rechtsgefühl in einer verhängnisvollen Schicksalsgeschichte aufzuzeigen, ohne am Ende einen versöhnlichen Ausweg aus den häufig dilemmatischen Situationen zu weisen. […]“

Aus: Döderlein, Katharina: Die Diskrepanz zwischen Recht und Rechtsgefühl in der Literatur. Würzburg: Verlag Königshausen & Neumann 2017, S. 15.

1 Katharina Döderlein: Studium der Germanistik und Romanistik in Heidelberg und Paris, Promotion zum Dr. phil. – Die vorliegende Aussage entstammt ihrer Dissertation. (Ihr Geburtsjahr ist nicht veröffentlicht.)

Figurenverzeichnisse:

Euripides: Medea

Medea	Königstochter aus Kolchis und Enkelin des Sonnengottes Helios
Amme Medeas und ihrer Kinder	
Erzieher der Kinder	
Chor der Frauen (Korintherinnen)	
Kreon	König von Korinth
Iason	Ehemann Medeas
Aigeus	König von Athen
Bote	
Kinder von Medea und Iason	

Christoph Hein: In seiner frühen Kindheit ein Garten

Dr. Richard Zurek	pensionierter Lehrer und Gymnasialdirektor
Friederike Zurek	Ehefrau von Richard Zurek
Oliver Zurek	ältester Sohn, beim Einsatz der GSG 9 erschossen
Heiner Zurek	jüngerer Sohn, Programmierer in eigener Firma
Christin, geb. Zurek	Tochter, Lehrerin (Beamtin)
Katharina Blumenschläger	Olivers Lebensgefährtin

Kobelius	Gymnasialdirektor, Nachfolger Richard Zureks
Immenfeld	alter Freund Richard Zureks
Feuchtenberger	Anwalt von Richard Zurek

Juli Zeh: Corpus Delicti

Mia Holl	Biologin
Moritz Holl	Mias verstorbener Bruder
Die ideale Geliebte	virtuelle Mitbewohnerin Mias
Dr. Lutz Rosentreter	Rechtsanwalt, Pflichtverteidiger Mias
Heinrich Kramer	Publizist und Ideologe, Erfinder der METHODE
Würmer	Moderator der Talkshow „Was alle denken"
Sophie Stock	Richterin
Hutschneider	Sophies Nachfolger
Bell	Staatsanwalt
Lizzi, Driss, Pollsche	Bewohnerinnen des Wächterhauses

Friedrich Dürrenmatt: Der Besuch der alten Dame

Claire Zachanassian	Multimillionärin, ehemals Klara Wäscher
Boby	ihr Butler, ehemals Oberrichter in Güllen
Roby, Toby	ihre Diener (z. B. Sänftenträger)
Koby, Loby	ihre Diener, blind, kastriert
Moby, Hoby, Zoby	ihre Ehemänner VII bis IX
Alfred Ill	Kramladenbesitzer
Der Bürgermeister	
Der Pfarrer	
Der Lehrer	
Der Arzt	
Der Polizist	

Arbeitsanweisung:

Erörtern Sie die Aussage von Katharina Döderlein an zwei Werken aus der Pflichtlektüre der gymnasialen Oberstufe.

Lösungsvorschlag

*Bevor Sie mit der geforderten Erörterung beginnen, verdeutlichen Sie sich als Erstes genau, was das **Zitat von Katharina Döderlein** zum Ausdruck bringt. Formulieren Sie dazu die Aussage kurz mit Ihren eigenen Worten. Der zweite wichtige Aspekt zur Bewältigung der Aufgabe ist, dass Sie mindestens zwei Werke, die Sie in der 11. bzw. 12. Klassenstufe gelesen haben, sehr gut kennen. Sie müssen über deren **Inhalt, Handlungsverlauf sowie Problemstellungen** Bescheid wissen. Wählen Sie zwei der angegebenen Pflichtlektüren und untersuchen Sie, inwieweit Döderleins Aussage auf diese Werke zutrifft. Sie müssen herausstellen, wo im Werk die „**Bruchstelle**" anzufinden ist, von der Döderlein spricht. Überprüfen Sie dann, ob der jeweilige Autor bzw. die jeweilige Autorin einen **Lösungsvorschlag für diesen Konflikt** unterbreitet oder nicht – wie es im Zitat behauptet wird. Abschließend sollten Sie ein Fazit formulieren, indem Sie z. B. die **mögliche Wirkung der fehlenden Lösungen auf den Leser** beschreiben oder auch die Frage nach der Funktion von Literatur in Ihre Überlegungen einfließen lassen. Im nachfolgenden Lösungsvorschlag werden Ausführungen zu allen vier aufgeführten Werken gemacht, um Ihnen mögliche Bearbeitungsansätze aufzuzeigen.*

Einleitung

Das vorliegende Zitat stammt aus dem Werk *Die Diskrepanz zwischen Recht und Rechtsgefühl in der Literatur*, das 2017 veröffentlicht wurde und schon mit seinem Titel das zentrale Thema benennt.

Bezug zu Zitat von Döderlein

Katharina Döderlein formuliert, dass in der Literatur **Unstimmigkeiten zwischen dem geltenden Recht und dem Rechtsgefühl Einzelner bzw. von Gruppen** bestünden. Des Weiteren behauptet sie, dass in literarischen Werken häufig zwar solche „Bruchstellen" im Zusammenhang mit „einer verhängnisvollen Schicksalsgeschichte" dargestellt, aber **keine Lösungsansätze** aufgezeigt würden.

Überleitung

Dass die Behauptung Döderleins, es gebe „Bruchstellen zwischen dem geltenden Recht und dem individuellen oder kollektiven Rechtsgefühl", zutrifft, kann an verschiedenen Beispielen aus der Literatur nachgewiesen werden.

Erörterung

Juli Zeh: *Corpus Delicti*

Juli Zeh beschreibt in ihrem 2009 veröffentlichten dystopischen Roman *Corpus Delicti* das Bild einer Gesellschaft im 21. Jahrhundert, in der die Bevölkerung vollständig durch ein totalitäres System, genannt die METHODE, überwacht und **zu einem gesundheitsbewussten Leben gezwungen** wird. Mia Holl, die Protagonistin des Romans, hinterfragt anfangs die bestehenden Regeln und die damit verbundenen persönlichen Einschränkungen nicht, sie lebt systemkonform.

Mias Entwicklung zur Systemgegnerin

Erst als ihr Bruder Moritz, ein **Freigeist und Gegner des Systems**, zu Unrecht des Mordes beschuldigt wird, beginnt Mia, am System zu zweifeln. Nachdem bewiesen wurde, dass Moritz kein Mörder war, entwickelt Mia sich schließlich zur METHODEN-Gegnerin. Die „Bruchstelle zwischen geltendem Recht und individuellem Rechtsgefühl" ist hier ein persönlicher Schicksalsschlag. Es stellt sich heraus, dass der Prozess gegen Moritz Holl mit einem Fehlurteil endete. Da dieser **Justizirrtum** jedoch offiziell nicht thematisiert und Moritz nicht rehabilitiert wird – das herrschende System soll als unfehlbar dargestellt werden –, kommt es zur Diskrepanz zwischen Mias Rechtsempfinden und den geltenden Rechtsnormen.

Vertuschung des Justizirrtums

Im Romanverlauf wird eine „verhängnisvolle Schicksalsgeschichte" beschrieben. Mia Holl trauert um ihren Bruder, der sich im Gefängnis selbst das Leben nahm und dies als letzten freiheitlichen Akt innerhalb einer Diktatur bezeichnete. Weil sie deshalb ihre Pflichten vernachlässigt (regelmäßiges Melden von Gesundheitswerten und kontinuierliches Sporttreiben), kommt **Mia in Konflikt mit der METHODE**. Ihr ist es nicht gestattet, sich intensiv mit dem Tod ihres Bruders auseinanderzusetzen oder angemessen zu trauern.

Mia im Visier der METHODE

Mia beginnt, **angetrieben durch die ideale Geliebte** – eine fiktive Figur, die Mia von ihrem Bruder kurz vor seinem Tod übergeben wurde und die seine Überzeugungen verkörpert –, das herrschende System zu hinterfragen. Deshalb wird schließlich ein Schauprozess gegen sie angestrengt und **Mia als Staatsfeindin verurteilt**. Sie soll mit dem Tod durch Einfrieren bestraft werden, wird aber kurz vor Vollstreckung des Urteils begnadigt und in eine Resozialisierungsanstalt geschickt.

Urteil gegen Mia

Juli Zeh verdeutlicht am Beispiel der Protagonistin, dass **Persönlichkeitsrechte**, wie z. B. Meinungsfreiheit und das Recht auf Unversehrtheit der Person, **in einer Diktatur massiv eingeschränkt** werden. Diese Einschränkungen zeigen sich ebenso an anderen Figuren, wie der des Verteidigers Rosentreter, der seine Geliebte nicht heiraten darf, weil die METHODE selbst die Partnerwahl und die damit verbundene Heirat mit ausgewählten Personen vorschreibt. Auf einen „versöhnlichen Ausweg" verzichtet Juli Zeh, da **in einem Unrechtsstaat keine positive Lösung für die einzelne Person in ihrem Rechtsempfinden möglich** ist. Die Rechtsprechung dient ausschließlich der Sicherung des bestehenden Systems. Die Justiz agiert weder unabhängig noch menschlich und verdeutlicht so den Missbrauch des Gewaltmonopols.

kein „versöhnlicher Ausweg" in Diktatur möglich

Auch Friedrich Dürrenmatt thematisiert häufig in seinen Werken die **Bedeutung von Recht und Gerechtigkeit**, den Unterschied zwischen individuellem Rechtsgefühl und geltendem Recht – so auch in seiner 1956 uraufgeführten Tragikomödie *Der Besuch der alten Dame*. Hier zeigt Dürrenmatt, was geschehen kann, wenn verschiedene Rechtsauffassungen aufeinanderprallen. Das nicht versiegende

Dürrenmatt: ***Der Besuch der alten Dame***

Rachebedürfnis Claire Zachanassians steht einer möglichen Verjährung für lange zurückliegende Straftaten gegenüber (z. B. Falschaussagen, Rufmord). Claire kommt mit einem unmoralischen Angebot in die Gemeinde Güllen zurück. Sie offeriert **eine Milliarde dafür, dass Alfred Ill getötet wird**, um sich so ihre persönliche Gerechtigkeit – unabhängig von bestehenden Gesetzen – zu erkaufen. Damit ist die „Bruchstelle zwischen geltendem Recht und individuellem Rechtsgefühl" auch hier gegeben.

Claires Angebot an die Güllener

Die „verhängnisvolle Schicksalsgeschichte" beginnt damit, dass die Einwohner des mittlerweile verarmten Güllen sich von Claire, die hier aufwuchs und nun Milliardärin ist, eine Spende erwarten. Claire verspricht diese wirklich, verlangt aber dafür öffentlich Gerechtigkeit. Es wird erzählt, dass Alfred Ill vor 45 Jahren Claire, damals Kläri Wäscher, schwängerte und der Vaterschaftsklage nur entkam, da er **Zeugen für eine Falschaussage bestach**. Claires Kind starb früh, sie selbst musste als Prostituierte arbeiten, bis sie durch wechselnde Ehemänner zu Reichtum kam. Nun will sie Rache, sie **kehrt das Opfer-Täter-Verhältnis um** und fordert zum Mord an Alfred Ill auf. Claire wird zur Auftraggeberin und instrumentalisiert die Güllener.

Erwartungshaltung der verarmten Stadt Güllen

Grund für Claires Rachebedürfnis

Diese nehmen Kredite, um sich ein schönes Leben zu gönnen, und **vergessen ihre moralischen Überzeugungen**. Dies tun die Bewohner bereits im Vorhinein, weil sie fest davon ausgehen, dass Ill getötet wird und das Geld an sie ausbezahlt wird. Die ganze Stadt erliegt dem **Konsumrausch**. Schließlich wird Ill offen angefeindet und beschuldigt wegen seines Verhaltens vor 45 Jahren. Auf diese Weise unter Druck gesetzt stimmt er der Durchführung eines Schauprozesses zu, in dessen Verlauf er **durch männliche Güllener ermordet** wird. Folgerichtig überreicht Claire den Scheck und die Einwohner von Güllen bejubeln die neue Lage. Sie nehmen den Tod Ills billigend in Kauf, nach der Tat übernehmen sie keinerlei Verantwortung.

exzessives Kaufen durch Güllener

Auch Dürrenmatt bietet in seinem Stück keine Lösung. **Ills Versöhnungsversuche werden durch Claire abgelehnt**. Die Güllener werden zu **Erfüllungsgehilfen von Claires Racheplan** und ihre Schuld wird juristisch nicht aufgearbeitet. Gleiches gilt allerdings auch für die Schuld, die Alfred Ill vor langer Zeit auf sich lud. Die private Rache steht über dem positivem Recht, Claires Rache kann aber nur durchgeführt werden, weil sich genügend Unterstützer dafür finden, die bereit sind, moralisch verwerflich zu handeln.

Schuldfrage

Ähnlich wie Claire Zachanassian ist auch Medea, die Titelfigur in Euripides' gleichnamiger Tragödie aus dem Jahr 431 v. Chr., **getrieben von dem unbedingten Wunsch nach Rache**. Ihr persönliches

Euripides: ***Medea***

Rechtsempfinden, das geprägt ist von der unbedingten **Verbindlichkeit eines Eides sowie der Göttergesetze**, wird durch Iasons Verrat tief verletzt. Für Iason, den Anführer der Argonauten, hatte Medea ihre eigene Familie verraten und verlassen. Nur durch ihre Hilfe konnte Iason das **Goldene Vlies aus Kolchis** rauben. Kreon, der König von Korinth, gewährt beiden Asyl. Doch Iason geht eine Beziehung mit der korinthischen Königstochter Glauke ein, weil er Ambitionen auf den korinthischen Königsthron hegt. Er verstößt also seine eigene Familie aus Ehrgeiz und Egoismus. Medea soll **mit den gemeinsamen Kindern aus dem Land ausgewiesen** werden. Ihr Ziel besteht nun darin, ihre individuelle sowie die göttliche Gerechtigkeit wiederherzustellen, womit die „Bruchstelle" zwischen diesem Ziel und dem geltenden Recht Korinths gegeben ist.

Medeas Taten für Iason

Iasons Verrat an Medea

Medea schmiedet einen grausamen Racheplan, dem nicht nur die neue Frau an Iasons Seite zum Opfer fallen soll, sondern auch ihre eigenen Söhne. Damit will sie **Iason bestrafen und demütigen**. Es ist eine äußerst „verhängnisvolle Schicksalsgeschichte", die hinter dem Verhalten Medeas steckt, denn sie selbst hat ihre Familie verraten, weswegen eine Rückkehr in ihre Heimat Kolchis für sie ausgeschlossen ist. Obwohl aus einem Königsgeschlecht stammend, droht ihr in Korinth die Ausweisung und damit ein **ungewisses Schicksal**. Außerdem glaubt die stolze Medea an bedingungslose Liebe, deshalb verletzt und kränkt Iasons Ehebruch sie zutiefst. Sie befindet sich in einer für sie aussichtslosen Situation und setzt ihren Plan konsequent um. Nachdem **Glauke vergiftet** wurde, **ermordet Medea ihre eigenen Kinder**. Da Medea die Herausgabe der Kinderleichen verweigert, auf einem Drachenwagen davonfährt und keine ihrer Taten bestraft wird, bietet auch Euripides keinen „versöhnlichen Ausweg".

Medeas Wunsch, Iason zu bestrafen

Mord an Glauke und den eigenen Kindern

Dass ein Einzelner das bestehende Rechtssystem infrage stellt, schildert Christoph Hein in seinem 2005 erschienenen Roman *In seiner frühen Kindheit ein Garten*. Der pensionierte Gymnasiallehrer Dr. Richard Zurek will die **Wahrheit über den Tod seines Sohnes Oliver** herausfinden – Selbstmord oder Todesschuss. Oliver Zurek schloss sich einer linksextremen Terrororganisation an und kam bei einem Polizeieinsatz unter ungeklärten Umständen ums Leben. Der Vater ist enttäuscht über den Ausgang des Prozesses, in dem er als Kläger gegen den Staat auftrat und in dessen Verlauf sein **Sohn des Mordes und Selbstmordes bezichtigt** wurde. An dieser Stelle wird die Diskrepanz zwischen Recht in einem Rechtsstaat und dem Rechtsempfinden eines Einzelnen deutlich.

Hein:
In seiner frühen Kindheit ein Garten

Richard Zureks Suche nach der Wahrheit

Eine Familie muss hier den **Tod des Sohnes bzw. Bruders verarbeiten** und sich gleichzeitig die **Frage nach persönlichen Ver-**

Tod von Oliver als Handlungsmotor

säumnissen stellen. Richard Zurek versucht verzweifelt, die Wahrheit zu finden, und geht dabei den Weg durch alle Instanzen, die einem Bürger des Staates zur Verfügung stehen. Unterstützung erhält er von seinem früheren Schulfreund Immenfeld, der ihm auch vorschlägt, die BRD auf Übernahme der Kosten von Olivers Beerdigung zu verklagen. Dadurch soll ein Schuldeingeständnis oder eine Neuaufnahme des Prozesses bewirkt werden.

Zureks Klagen gegen den Staat

Zureks Klage wird aus Mangel an Beweisen zurückgewiesen, was aber gleichzeitig verdeutlicht, dass **Olivers Schuld nicht bewiesen** werden kann. Daraufhin widerruft Dr. Richard Zurek seinen einstmals dem Staat geleisteten Eid, denn er hat zwar die Entscheidungen eines Rechtsstaates akzeptiert, sich aber **innerlich vom Staat abgewendet** und sein Vertrauen in diesen verloren. Obwohl Zurek subjektiv die Rechtsprechung als Unrecht wahrnimmt, gibt er sich keinen Racheplänen hin.

Vertrauen in Staat verloren

Christoph Hein nahm den Tod des Terroristen Wolfgang Grams zum Anlass für das Schreiben seines Romans. Er versucht nicht, die Hintergründe für dessen Tod zu klären, sondern stellt die Frage nach der **Verhältnismäßigkeit der Mittel zur Bekämpfung von Terrorismus** und lässt Zweifel an der offiziellen Lesart des SEK-Einsatzes im Raum stehen. Auf ein Lösungsangebot wartet der Leser auch bei diesem Buch vergebens.

geschichtlicher Hintergrund des Romans

Fazit

All diesen literarischen Werken ist gemeinsam, dass sie Recht und Gerechtigkeit als zentrale Punkte thematisieren und verschiedene Ansichten dazu beleuchten. Schließlich bleibt es aber **dem Leser überlassen, sich mit den dargestellten Problemfällen auseinanderzusetzen und für sich mögliche Lösungen durchzuspielen**. Literatur soll zur differenzierten Sicht auf Konflikte anregen. Rechtskonflikte zu lösen, ist nicht ihre Aufgabe. Indem in literarischen Werken Dilemma-Situationen gezeigt werden, die für Einzelne oder Gruppen existieren, wird ein Spannungsverhältnis zwischen individuellem Rechtsempfinden und geltendem Recht deutlich gemacht. Der Leser kann sich mit Figuren der Handlung identifizieren oder deren Verhalten ablehnen. Im besten Fall kann er sich positionieren und hinterfragen, wie er selbst in einer solchen oder ähnlichen Situation agieren würde und welches die für ihn plausibelste Lösung wäre. Würden Autoren stets einen „versöhnlichen Ausweg" aufzeigen, würden sie den Lesern die Denkarbeit abnehmen und die Auseinandersetzung mit ihrem literarischen Werk eher verhindern als fördern.

Funktion von guter Literatur

Verantwortung des Lesers

Eugen Ruge (*1954)[1]: Versuch über eine aussterbende Sprache. Dresdner Rede (2018)[2]

Yimas ist eine Sprache in Papua-Neuguinea. Sie wird noch von etwa dreihundert Personen in einem Seitental des Karawari gesprochen. Die Gemeinschaft der Yimas Sprechenden hat irgendwann beschlossen, ihren Kindern nicht mehr ihre Sprache weiterzugeben, sondern sie von Anfang an das melanesische Pidgin zu lehren, eine reduzierte Behelfssprache, in der die Handels- und Wirtschaftsbeziehungen mit den Nachbarvölkern abgewickelt werden. Ihre Sprecher lassen die Sprache bewußt sterben, weil sie – vermutlich zu Recht – davon ausgehen, dadurch die Chancen der nachfolgenden Generation im ökonomischen Wettbewerb zu erhöhen. […]

An dem Morgen, nachdem ich die E-Mail mit der Einladung zu dieser Rede bekommen hatte, hörte ich […] im Radio die erstaunliche Meldung, daß die deutsche Sprache in zweihundert bis dreihundert Jahren aussterben wird. […]

Hatte ich etwas mißverstanden? Oder war ich wirklich dabei, einen Text zu verfassen in einer Sprache, die es in zweihundert oder dreihundert Jahren nicht mehr geben wird? Die Frage kann man mir als Eitelkeit auslegen. Erwarte ich etwa, daß ich in zweihundert oder dreihundert Jahren noch gelesen werde? Falls man in zweihundert oder dreihundert Jahren noch liest.

Ich habe, schrecklicher Verstoß gegen die mir selbst auferlegte Arbeitsdisziplin, rasch im Netz nachgesehen: Büchner wurde vor zweihundertvier Jahren geboren. Schiller schrieb seine „Räuber“ vor zweihundertsiebenunddreißig Jahren, Goethe seinen „Werther“ vor zweihundertvierundvierzig. Wir lesen sie noch alle, und ich kann nicht sagen, daß sie auf mich besonders fern wirken. Sollte es möglich sein, fragte ich mich an diesem Morgen, daß die deutsche Literatur, einschließlich meines bescheidenen Werks, in zweihundert bis dreihundert Jahren als tote Bibliothek in den lichtgeschützten Kellern irgendeines Instituts herumstehen und, wie die Sprache der Yimas, nur noch für einzelne Experten entzifferbar sein würde?

Mir fiel ein, daß meine Romane immerhin ins Englische übersetzt sind. Es bestand also die Hoffnung, daß auch der, an dem ich gerade arbeitete, irgendwann auf englisch verfügbar sein würde. Das hätte mich motivieren sollen, aber statt dessen ertappte ich mich dabei, wie ich einzelne deutsche Ausdrücke aus meinem Text, der übrigens von meiner Großmutter handelt, in das Online-Wörterbuch Linguee eingab:

Das schöne Wort „Zubrot“: extra income.

Die leicht empathische Wendung „in etwas aufgehen“: to merge into something.

Der Anzug, den man so lange trägt, bis er „abgetragen“ ist: worn out suit.

Damit keine Mißverständnisse entstehen: Ich will die deutsche Sprache vor keine andere stellen. Und gewiß finden kluge Übersetzer treffendere Ausdrücke als ein Online-Wörterbuch. Dennoch glaube ich aus meiner eigenen Erfahrung als Übersetzer sagen zu können, daß der Reichtum jeder Sprache gerade in ihren Absonderlichkeiten, ihren

Abweichungen, ihren unnachahmlichen Konstruktionen und Wendungen besteht; gerade in dem also, was sich schwer, mitunter auch nicht übersetzen läßt. […]

Die Nachricht vom bevorstehenden Untergang der deutschen Sprache hatte sich, ohne daß ich darüber nachgedacht hätte, verbunden mit dem Unbehagen am Überhandnehmen des Englischen in unserem Sprachraum. Natürlich kenne ich dieses Unbehagen seit langem. Oft habe ich mich schon über Anglizismen mokiert. Allerdings kamen mir meine Beschwerden manchmal auch ein wenig altbacken vor. Ich verdächtigte mich insgeheim der Befangenheit, denn natürlich habe ich immer das Gefühl, nicht gut genug Englisch zu sprechen. Natürlich bin ich ein bißchen neidisch auf die jungen Leute, die ihr Englisch irgendwie im Schlaf zu lernen scheinen. […]

Deutsche Großunternehmen führen Englisch längst als Verkehrssprache ein; selbst der Geschäftsführer einer Kuchen- und Keksfabrik berichtete mir kürzlich, daß man anfängt, interne Veranstaltungen auf englisch durchzuführen. Die Belegschaften kleinerer, neugegründeter Unternehmen, die um die Mittagszeit in kleinen Grüppchen durch Prenzlauer Berg ziehen, sprechen untereinander fast immer Englisch. Selbst deutsche Germanisten beginnen inzwischen, Texte über die deutsche Sprache auf englisch zu verfassen: „for the sake of competitiveness".

Bei technischen Neuerungen wird schon seit langem nicht mehr versucht, deutsche Ausdrücke zu finden, im Gegenteil, das Englische wird gesucht. Der Airbag ist eine Erfindung von Daimler. […]

Sprachen ändern sich. Sprachen bereichern einander. Schon immer, seit ihrem Bestehen, war die deutsche Sprache dem Einfluß anderer Sprachen ausgesetzt. Ich würde noch weiter gehen: Sie ist im Grunde entstanden aus dem Zusammenfließen, ja aus dem Zusammenprall des Lateinischen mit den großen germanischen Dialekten. […]

Nur spreche ich hier nicht vom Wandel, sondern vom Aussterben – ein Phänomen, das allerdings ebenso real ist wie der Wandel. Achtzig Prozent aller – noch – existierenden Sprachen sind bedroht, sagen die Linguisten. Und etwa jede Woche stirbt eine. […]

Gibt es eine Tendenz bei den Deutschen, ihre Sprache als weniger nützlich anzusehen? Als ökonomisch weniger brauchbar? Als weniger geeignet für den globalen Wettbewerb? […]

Schon heute sind Englischkenntnisse ein Distinktionsmerkmal. Schon heute kann kein Akademiker ohne Englisch auskommen – und Akademiker gibt es, wie wir wissen, immer mehr. Schon heute ist Englisch eine Tür zum Arbeitsmarkt, eine Eintrittskarte in die Gesellschaft. Wer kein Englisch kann, ist mit einem Makel behaftet; er ist, wenn nicht heute, dann morgen, ein Sonderling mit Tendenz zum geistigen Prekariat – was übrigens einer von vielen Gründen dafür sein mag, daß viele Ostdeutsche sich abgehängt oder ausgeschlossen fühlen, auch wenn sie materiell nicht prekär gestellt sind: Sie sprechen nicht – oder nicht ausreichend – Englisch.[3]

Und je wichtiger das Englische wird, desto mehr gerät das Deutsche unter Druck, und desto mächtiger wird wiederum das Englische. Es ist ein Prozeß, der sich selbst beschleunigt, eine Kettenreaktion. Wenn Sie in einer staatlichen Institution anweisen, daß alle E-Mails in zwei Sprachen geschrieben werden, werden sie selbstverständlich bald nur noch in Englisch geschrieben. Wenn wir heute Englischunterricht ab der ersten Klasse einführen, dann werden ehrgeizige Eltern ihre Kinder schon im Kindergarten

Englisch lernen lassen. Und Kinder von Eltern, die selbst schon im Kindergarten Englisch gelernt haben, werden anfangen, mit ihren Kindern zu Hause Englisch zu sprechen, um die Chancen der nachfolgenden Generation im ökonomischen Wettbewerb zu erhöhen.

Glauben Sie wirklich, daß es noch dreihundert Jahre dauern wird, bis das Deutsche ausstirbt? [...]

Ich habe nicht gewußt, wie diese Rede endet. Als ich sie, irritiert durch eine Radiomeldung, zu schreiben begann, war ich, zugegeben, ein bißchen darauf aus, Sie zu erschrecken. Jetzt bin ich selbst erschrocken. Je länger ich über die Chancen der deutschen Sprache in Zeiten der Globalisierung und Digitalisierung nachdenke, desto mehr komme ich zu der Überzeugung, daß sie untergehen wird.

Alles spricht gegen sie: das unerbittliche Gesetz des Nutzens, man kann es Kapitalismus nennen; unsere blinde Verehrung für die US-amerikanische Kultur; die Katastrophe des Nazismus, der diese Sprache entstellt und verwundet hat und nicht aufhört, sie zu entstellen und sie zu verwunden; das Internet mit seinen Reinigungsphantasien und Schmutzkampagnen; und nicht zuletzt die mangelnde Zuneigung ihrer Sprecher. [...]

Aus: Ruge, Eugen: Versuch über eine aussterbende Sprache. Dresdner Rede. In: Sinn und Form. Beiträge zur Literatur. Hg. von der Akademie der Künste, 70. Jahr, 2018, 3. Heft, Mai/Juni, S. 356–372.

1 deutscher Schriftsteller, Regisseur, Übersetzer
2 Dresdner Rede: traditionsreiche Reihe, die seit 1992 am Staatsschauspiel Dresden stattfindet
3 In der DDR war Russisch erste Fremdsprache, Englisch konnte fakultativ belegt werden.

Arbeitsanweisung:

Analysieren Sie den Auszug aus der Rede zur Entwicklung der deutschen Sprache von Eugen Ruge. Berücksichtigen Sie auch sprachlich-gestalterische Mittel.

Erörtern Sie ausgewählte Kernaussagen des Autors.
Beziehen Sie eigene Erfahrungen im Umgang mit der deutschen Sprache ein.

Der Schwerpunkt der Aufgabe liegt auf der Erörterung.

Lösungsvorschlag

Damit Sie diese Aufgabe souverän lösen können, sollten Sie im Umgang mit pragmatischen Texte versiert und in der Lage sein, sich mit verschiedenen Positionen auseinanderzusetzen. Nachdem Sie den Text gründlich gelesen haben, formulieren Sie das ***Thema des vorliegenden Redeauszuges*** *und geben dessen Inhalt zusammengefasst wieder. Beachten Sie dabei, dass Sie diesen nicht nacherzählen, und formulieren Sie Ihre Zusammenfassung in indirekter Rede. Dann untersuchen Sie die* ***sprachlich-stilistische Gestaltung*** *und machen dabei stets deutlich, welche Funktion diese Mittel im Text erfüllen. So können Sie den* ***Argumentationsverlauf*** *im vorgegebenen Text herausstellen. Ein bloßes Aufzählen sprachlich-stilistischer Besonderheiten ist nicht ausreichend. Abschließend sollten Sie die* ***Autorenintention*** *klar benennen, damit Sie nun einige Kernaussagen des Redeauszuges erörtern können. Wägen Sie hierbei das Für und Wider von Ruges Standpunkten ab. Achten Sie darauf, dass Sie* ***Ihre eigenen Erfahrungen im Umgang mit der deutschen Sprache*** *in Ihre Überlegungen mit einfließen lassen.*

Einleitung

Hinführung zu Ruges Rede

Seit 1992 werden im Dresdner Schauspielhaus von verschiedenen Personen des öffentlichen Lebens im Rahmen der Reihe *Dresdner Rede* Vorträge zu aktuellen Themen gehalten. Im Jahr 2018 hielt der Schriftsteller Eugen Ruge einen solchen mit dem Titel *Versuch über eine aussterbende Sprache*, in dem er die **Konkurrenzfähigkeit der deutschen Sprache im Zuge der Globalisierung** hinterfragt und die Aufmerksamkeit der Zuhörer auf das drohende Verschwinden unserer Muttersprache lenkt. Gleichzeitig beschreibt er Möglichkeiten sowie Grenzen des Umgangs mit der deutschen Sprache.

Analyse

Inhalt

- Prognose vom Untergang der deutschen Sprache

- Übermacht der englischen Sprache

Seine Rede eröffnet Eugen Ruge mit einem Fallbeispiel: Bewohner in Papua-Neuguinea ließen ihre Sprache bewusst sterben, um ökonomische Vorteile zu erzielen (vgl. Z. 1–8). Ruge verweist anschließend auf eine Radiomeldung, die ihm als Anlass bzw. Inspiration für seine Rede gedient habe. In dieser Meldung sei behauptet worden, die **deutsche Sprache werde in zwei- bis dreihundert Jahren aussterben** (vgl. Z. 10 f.). Dem schließen sich eine Reflexion über die Auswirkung einer solchen Prognose auf die Arbeit des Schriftstellers an sowie Anmerkungen zur persönlichen Recherche Ruges in Bezug auf die Zukunft der deutschen Sprache (vgl. Z. 12–25). **Behauptungen zum wachsenden Einfluss von Anglizismen** werden im Folgenden mithilfe vieler Beispiele untermauert (vgl. Z. 26–57). Ruge stellt den Sprachwandel dem Aussterben von Sprachen gegenüber, indem er den **gegenseitigen Einfluss der Sprachen aufeinander** thematisiert (vgl. Z. 58–64). Wiederum anhand vieler Beispiele veranschaulicht der Autor, wie das Englische in immer mehr Bereichen unsere Muttersprache ablöst (vgl. Z. 68–85). Er kommt zu dem Schluss, dass die deutsche Sprache „in Zeiten der Globalisierung und Digitalisierung“ (Z. 91) untergehen werde (vgl. Z. 92) und fasst noch einmal seine Gründe für diese Behauptung zusammen (vgl. Z. 93 ff.).

- Einfluss der Digitalisierung und Globalisierung

Der Titel der Rede *Versuch über eine aussterbende Sprache* beinhaltet eine sehr **vage Prognose** und verweist schon auf eine **subjektive Sicht des Autors**, die durch die Verwendung der Ich-Form in großen Teilen des Textes noch gestützt wird. Um die Aufmerksamkeit der Zuhörer- bzw. Leserschaft zu gewinnen und sie zum Mitdenken zu animieren, nutzt Eugen Ruge z. B. Fragen, die er anhäuft (vgl. Z. 12 ff., 21 ff., 65 ff.).

sprachlich-stilistische Gestaltung:

In den ersten vier Textabschnitten veranschaulichen Zahlen und Statistiken (vgl. Z. 63 ff.), die zum Teil wiederholt werden, die vom Autor aufgeführten Fakten und verweisen intensiv auf das der deutschen Sprache drohende Schicksal. So sprechen noch „etwa dreihundert Personen“ (Z. 1 f.) Yimas, eine Sprache Papua-Neuguineas, in „zweihundert bis dreihundert Jahren“ (Z. 11) werde die deutsche Sprache aussterben und Ruge überlegt, ob er „in zweihundert oder dreihundert Jahren noch gelesen werde“ (Z. 14 f., vgl. auch Z. 23). Um dieses drohende Schicksal zu illustrieren und dessen Endgültigkeit zu betonen, bedient sich Ruge des Wortfeldes „Tod“, wenn er das **Aussterben der Sprache** benennt (vgl. Z. 11, 62, 64, 87).

Wirkung der genannten Zahlen und Statistiken

„Sprachen ändern sich. Sprachen bereichern einander“ (Z. 58), sagt Ruge und verdeutlicht dadurch das Wesen von Sprache. Gleichzeitig zeigt der Autor, **welchen Einfluss Ökonomie auf Sprachentwicklungen haben kann**. So seien „Englischkenntnisse ein Distinktionsmerkmal“ (Z. 68), werde der ökonomische Nutzen höher als der kulturelle Eigenwert der Sprache bewertet (vgl. Z. 7 f., 84). Ruge stellt infrage, ob die deutsche Sprache „weniger nützlich“ (Z. 65) bzw. „ökonomisch weniger brauchbar“ (Z. 66) und somit „weniger geeignet für den globalen Wettbewerb“ (Z. 66 f.) sei.

Auswirkungen der Ökonomie auf Sprache

Der Einfluss und das **Überhandnehmen des Englischen in unserer Gesellschaft** werden mithilfe unterschiedlicher Beispiele veranschaulicht. „Englisch […] als Verkehrssprache“ (Z. 48) werde in Wirtschaftsunternehmen ebenso verwendet wie von Akademikern (vgl. Z. 68 ff.), habe Einzug gehalten in staatlichen Institutionen (vgl. Z. 78 f.) und werde in Grundschulen, Kindergärten sowie im privaten Bereich gesprochen (vgl. Z. 80 ff.). Eugen Ruge **reflektiert seinen eigenen Umgang mit der englischen Sprache kritisch**, wenn er von seinem „Unbehagen am Überhandnehmen des Englischen“ (Z. 41 f.) spricht und sein Verhalten als „altbacken“ (Z. 44)

Darstellung der englischen Sprache bei Ruge

und „neidisch“ (Z. 46) charakterisiert. Auch durch diese Überlegungen kann sich der Zuhörer bzw. Leser, v. a. der ostdeutsche, angesprochen fühlen, denn Englisch wurde in den Schulen der DDR nur fakultativ unterrichtet. Insgesamt dominiert in der Rede ein **verständlicher und meist sachlicher Sprachstil**, persönliche Äußerungen sowie Wertungen Eugen Ruges unterstützen seine Aussageabsicht. Dies zeigt sich nochmals konkret ab Z. 88 ff.: Ruge kommt zu dem Schluss, dass die Prognose vom Untergang der deutschen Sprache stimmt, und er formuliert **sein eigenes Erschrecken über diese Einsicht**.

Ruges sprachlicher Stil und Wortwahl

Der Schriftsteller Eugen Ruge zeigt in seiner Rede die Bedeutung von Sprache für die eigene Identität auf und verdeutlicht den zunehmenden Einfluss des Englischen im deutschen Sprachraum. Dabei formuliert er klar seine Betroffenheit über diese aktuellen Entwicklungen und fordert die Deutschen indirekt dazu auf, der eigenen Sprache mehr „Zuneigung“ (Z. 97) zu erweisen.

Intention des Autors

Erörterung

Schub für Englisch durch Corona-Pandemie

Eugen Ruge konstatiert, dass die deutsche Sprache untergehen wird, und zählt Gründe auf, welche diesen Untergang seiner Meinung nach beschleunigen. Eine Ursache dafür, die in der gesamten Rede ausführlich betrachtet wird, sieht der Autor im wachsenden Einfluss des Englischen auf unser Leben. Dieser Behauptung kann unumwunden zugestimmt werden. Im Wirtschaftsleben dominieren englische Begriffe schon lange, sie sind **Ausdruck einer globalisierten Welt** und erlangen wegen der zunehmenden **Digitalisierung der Gesellschaft** noch größere Bedeutung. Die Corona-Krise trug und trägt ihr Übriges dazu bei. Spätestens seit der Verordnung von Homeoffice sowie digitaler Beschulung, dem Angebot von Videosprechstunden beim Hausarzt sowie Diskussionen über den elektronischen Impfpass ist wohl dem Letzten klargeworden, dass ohne Englisch-Vokabeln nur noch wenig geht. Wir befanden uns im Lockdown oder Shutdown, hörten bzw. lasen Corona-News oder Stay-home-Aufforderungen. Click and meet hielten ebenso Einzug in unseren Sprachgebrauch wie Online-Partys oder das Drive-in-Testcenter.

Beispiele für neue Anglizismen

Die gesamte Elektronik Branche spricht Englisch. Sobald ich einen PC einschalte oder mein Smartphone, muss ich mich z. B. mit Browsern, E-Mail-Programmen, Lernsoftware oder Apps beschäftigen. Dies hat sich schon so verfestigt, dass es kaum noch gelingt, ursächliche Bedeutungen bzw. richtige Erklärungen dieser Begriffe zu formulieren. Die Funktionalität oder, um mit Ruge zu sprechen, die Nützlichkeit zählt. Um mithalten und funktionieren zu können, muss ich mich dem **Diktat der Technik** und der damit verbundenen Verwendung englischer Begriffe beugen.

Gewöhnungseffekt gegenüber englischen Begriffen

Nun ist das Beispiel aus Pandemiezeiten sicher ein besonderes, aber letztlich zeigt sich in einer solchen Situation auch, wie sich Sprache entwickelt. Einige dieser Wörter werden bleiben, so wie schon immer neue Wörter Eingang in andere Sprachen fanden und diese veränderten. Dies beschreibt Ruge in seiner Rede ebenfalls (vgl. Z. 58 ff.). Solche Prozesse kann man erkennen, wenn man sich anschaut, wie in den beiden deutschen Staaten zwischen 1945 und 1990 gesprochen wurde. Im Osten Deutschlands beeinflussten **sowjetische Einwirkung** sowie **ideologische Prägung** den Wortschatz. Russisch wurde ab Klasse fünf obligatorisch unterrichtet. Im Gegensatz dazu etablierten sich in der BRD v. a. englische Wörter aufgrund der **engen Beziehungen zu den USA bzw. Großbritannien**. Dass diese Entwicklung noch heute in Ostdeutschland nachwirke (vgl. Z. 72 ff.), kann nur noch auf die älteren Generationen bezogen werden, denn unter Jugendlichen spielt der fehlende Englischunterricht keine Rolle mehr, die „Eintrittskarte in die Gesellschaft" (Z. 70 f.) kann jeder erwerben. Allerdings ändert der Fakt nichts daran, dass fehlende Englischkenntnisse in der Gesellschaft als Makel gelten.

Entwicklung von Sprache

historische Beispiele: Wortschatz der DDR und BRD

Ein wesentlicher Auslöser für Sprachveränderungen sind auch stets **wirtschaftliche Entwicklungen**. Handelspartner aus verschiedenen Sprachräumen einigen sich auf gemeinsame Begriffe, internationale Unternehmen verwenden heutzutage das Englische als Verkehrssprache. Das erleichtert die **Kommunikation innerhalb der Firma**, macht die Verständigung effektiver und eröffnet neue internationale Märkte. Hier zeigt sich v. a. der **Nützlichkeitsaspekt unter globalisierten Bedingungen**. Wer diese Sprache nicht umfassend beherrscht, wird kaum Führungstätigkeiten ausführen können und wenig bis keine Aufstiegschancen in der Firma haben. Warum aber kleinere und zum Teil familiengeführte Unternehmen interne Veranstaltungen nicht auf Deutsch durchführen, verwundert (vgl. Z. 48 ff.). Die deutsche Muttersprache bietet so **viele Möglichkeiten, sich varianten- und nuancenreich auszudrücken**, dass es sehr schade wäre, würde sie nicht mehr gebraucht werden.

Firmensprache Englisch

Verlust des Nuancenreichtums der deutschen Sprache

Eugen Ruge behauptet, dass „der Reichtum jeder Sprache gerade in ihren Absonderlichkeiten, ihren Abweichungen, ihren unnachahmlichen Konstruktionen und Wendungen" (Z. 37 f.) bestehe. Dadurch ist Sprache ein Identitätsmerkmal und deshalb müsste eigentlich jeder Muttersprachler bemüht sein, seine Sprache zu sprechen und zu pflegen. Welche Bedeutung dabei der Erziehung zukommt, beschreibt der Autor, wenn er von einer Kettenreaktion beim Erlernen der englischen Sprache redet. An diesem Punkt dominiert ebenfalls Nützlichkeitsdenken. Die Liebe zur Sprache wird nicht weitergegeben. Wenn allerdings Sprachverwendung nur auf ihre Effektivität reduziert wird, gehen andere wichtige Möglichkeiten verloren, welche

Rolle der Erzieher beim Umgang mit deutscher Sprache

u. a. durch Literatur aufgezeigt werden können. Glücklicherweise stehen auf den Spielplänen deutscher Theater in der gesamten Republik noch **Stücke der deutschen Klassiker**, die durch ihre Themen Allgemeingültigkeit – eben auch mittels ausgefeilter Sprache – verkörpern. Auch in den Schulen werden deutsche Klassiker wie Goethes *Faust* oder Fontanes *John Maynard* gelesen. Ebenso finden **moderne deutsche Jugendbücher** im Deutschunterricht Beachtung. An dieser Stelle kann nicht vom Untergang des Deutschen gesprochen werden, jedenfalls derzeit noch nicht.

Präsenz der deutschen Sprache in Kultur und Schule

Schon früh werden Kindern Märchen vorgelesen, wodurch nicht nur die Fantasie der Zuhörenden angeregt wird, sondern sich auch moralische Werte, wie Gut und Böse, etablieren. Zaubersprüche entführen das Kind ins Reich des Unwirklichen. Andererseits bilden auch Lieder oder Abzählverse ein **erstes intensives Kennenlernen und Verinnerlichen von Muttersprache**, wenn miteinander geredet bzw. gesungen wird. Durch frühe **Prägung und Vorbildwirkung der Erziehenden** entsteht „Zuneigung“ zur deutschen Sprache (vgl. Z. 97), die – wenn sie ständig genährt wird – sich entwickelt und verfestigt. Vor dem Hintergrund eines verfestigten Wortschatzes sowie klarer grammatischer Kenntnisse ist es später dann gut möglich, Fremdsprachen, insbesondere Englisch, zu erlernen und diese – in passenden Situationen – anzuwenden.

Wert des Vorlesens für Kinder

Nicht nur Umgebung und Personen sind Heimat, sondern auch Sprache gehört dazu. Hört man im Ausland deutsche Worte, ist man aufmerksam und meist erfreut. Kommt man nach längerer Abwesenheit ins Elternhaus zurück, spricht man schnell wieder so wie einst. Trifft man sich mit Schulkameraden, kramt man Redewendungen oder Chiffren hervor, die nur im Freundeskreis verstanden werden. So stiftet Sprache **Identifikation und Identität**. Ein Beispiel dafür, dass die deutsche Sprache, insbesondere der Dialekt, identitätsfördernde Wirkung besitzt, ist seit 2008 die regelmäßige **Abstimmung über das sächsische Wort des Jahres**. Im letzten Jahr wurde der „Schnudndeggl“ als schönstes gekürt, der den Mund-Nase-Schutz in einer besonderen Form würdigt. „Nieslbriem“ war das beliebteste Wort, es bezeichnet einen mürrischen bzw. unbeholfen daherkommenden Menschen. Aber auch bei dieser Preisverleihung zeigt sich, dass sächsische Begriffe zunehmend verloren gehen, denn es existiert die **Kategorie „bedrohtestes Wort“**.

Identität durch Sprache

Beispiel: sächsischer Dialekt

Ruge spricht davon, dass „das Internet mit seinen Reinigungsphantasien und Schmutzkampagnen“ (Z. 96 f.) auch dazu beitrage, dass die deutsche Sprache untergeht. An diesem Punkt schließt sich der Kreis, verbindet sich Digitalisierung erneut mit Sprachentwicklung. Englische Begriffe dominieren im Internet und es geht sehr schnell,

Verflachung der Kommunikation durch Internetsprache Englisch

dass sich sprachliche Normen verfestigen und **eine Sprache ihren Variantenreichtum und damit ihre Schönheit verliert**. Wenn Shit-Stürme durchs Internet fegen ohne Beachtung grundsätzlicher Sprach- und Kommunikationsnormen, verflacht unsere Sprache zu Stereotypen, zielt nur noch auf das Verletzen und nicht mehr darauf ab, miteinander zu reden und Standpunkte zu erörtern.

Skepsis gegenüber deutscher Sprache nach NS-Zeit

Man kann nur spekulieren, warum ein großer Teil der Deutschen seine Muttersprache nicht pfleglicher behandelt. Nützlichkeitsdenken spielt hierbei eine wichtige Rolle. Vielleicht ist es einfach der Lauf der Zeit, der von **Schnelllebigkeit und Effektivitätsdenken** gekennzeichnet ist. Eventuell wirkt „die Katastrophe des Nazismus, der diese Sprache entstellt und verwundet hat" (Z. 94 f.), immer noch nach, weil diese so überdeutlich unter Beweis gestellt hat, wie manipulativ Sprache gebraucht werden kann. So hat das NS-Regime z. B. die Tötung von körperlich und geistig behinderten sowie kranken Menschen euphemistisch-verharmlosend als „Euthanasie", also als „schönen Tod" bezeichnet. Zudem wurden manche Personengruppen zu Feindbildern stilisiert, indem man sie als „Volksfeinde" oder „Parasiten" ausgrenzte. Ähnliches geschieht aktuell z. B. bei Pegida-Aufmärschen oder AfD-Veranstaltungen.

Fazit

Dass die deutsche Sprache in dreihundert Jahren ausgestorben sein wird, ist sehr übertrieben formuliert. Aber die Gefahr, dass normgerechtes und variantenreiches Deutsch verloren geht, besteht in der Tat. Damit das nicht passiert, müssen wir alle dazu beitragen, unsere Sprache lebendig zu halten.

Leistungskurs Deutsch (Sachsen): Abiturprüfung 2021
Aufgabe 1: Interpretation eines literarischen Textes

Hilde Domin (1906–2006): Vorsichtige Hoffnung (1959)

Weiße Tauben
im Blau
verbrannter Fensterhöhlen,
werden die Kriege für euch geführt?

Weiße Taubenschnur
durch die leeren Fenster
über die Breitengrade hinweg.
Wie Rosensträucher auf Gräbern
achtlos nehmt ihr das Unsre.
Auf den mit Tränen gewaschenen Stein
setzt ihr das kleine Nest.

Wir bauen neue Häuser,
Tauben,
die Schnäbel der Krane ragen
über unseren Städten,
eiserne Störche, die Nester für Menschen richten.
Wir bauen Häuser
mit Wänden aus Zement und Glas
an denen euer rosa Fuß
nicht haftet.
Wir räumen die Ruinen ab
und vergessen die äußerste Stunde
im toten Auge der Uhr.
Tauben, wir bauen für euch:
ihr werdet
in den glatten Wänden nisten,
ihr werdet
durch unsere Fenster fliegen
ins Blau.

Und vielleicht sind dann ein paar Kinder da
– und das wäre sehr viel –,
die unter euch
in den Ruinen
unserer neuen Häuser,
der Häuser, die wir mit den hohen Kranen
den Tag und die Nacht durch bauen,
Verstecken spielen.

Und das wäre sehr viel.

Aus: Domin, Hilde: Nur eine Rose als Stütze. Frankfurt a. M.: S. Fischer Verlag 1959, S. 24 f.

Günter Kunert (1929–2019): Häuser an der Spree (1972)

Zu mir sprechen die Steine. Wenn auch nicht alle. Aber es sind auch nicht alle Menschen befähigt, sich auszudrücken. Die grauen Großblöcke, die frischen jungen Ziegel sagen mir gar nichts, nur die von Erfahrung brüchigen, die vom Dasein lädierten, die von neuem und anderem Leben bereits befallenen, bemoosten, überwucherten. So stehe ich vorm Gemäuer alter Berliner Häuser, vor den Altersflecken fehlenden Putzes, streifig von herabrinnendem Wasser, von Granatsplittern noch immer versehrt und von Kugeleinschlägen, innen geräumt und abrißbereit, da auch an ihrerstatt der viereckige Beton ersetzen soll, was unersetzlich ist: die Zeichen gelebten Lebens. Große Anteilnahme befällt mich vor solchem Gestein, und weil man mit ihm nicht anders umspringt, als mit den Städtebewohnern aus Fleisch und Blut. Was wir uns zu sagen haben, ist nicht viel; wir verstehen einander mit wenigen Worten, die nichts Wichtiges besagen, sondern nur – da wir beide nicht wissen, ob wir einander je wiedersehen, Umbau und Verschleiß der Welt beschleunigen sich stetig – daß wir voneinander Abschied nehmen.

Aus: Kunert, Günter: Tagträume in Berlin und andernorts. Kleine Prosa, Erzählungen, Aufsätze. München: Carl Hanser Verlag 1972, S. 147.

Arbeitsanweisung:

Interpretieren Sie das Gedicht *Vorsichtige Hoffnung* von Hilde Domin.

Vergleichen Sie die Gestaltung des Motivs der Erneuerung in Hilde Domins Gedicht *Vorsichtige Hoffnung* mit derjenigen in Günter Kunerts Kurzprosatext *Häuser an der Spree*. Berücksichtigen Sie dabei neben inhaltlichen auch ausgewählte sprachliche und formale Aspekte.

Der Schwerpunkt der Aufgabe liegt auf der Interpretation des Gedichts von Hilde Domin.

Lösungsvorschlag

Diese Aufgabe verlangt eine vergleichende Interpretation zweier Texte, die verschiedenen literarischen Gattungen angehören. Biografische Kenntnisse zu Hilde Domin und Günter Kunert werden nicht vorausgesetzt. Als notwendig erweist sich aber die ***Berücksichtigung der angegebenen Zusatzinformationen*** *(Jahreszahlen, Quellen). Wie in der Aufgabenstellung explizit formuliert, sollen Sie den* ***Schwerpunkt auf die Interpretation des Domin-Gedichtes*** *„Vorsichtige Hoffnung" legen. Hier stellen Sie zunächst Ihre Methodenkenntnisse bei der Interpretation lyrischer Texte unter Beweis. Nach einer differenzierten* ***Analyse von Inhalt, Struktur und sprachlich-künstlerischen Mitteln*** *haben Sie die Aufgabe, die von Ihnen erarbeiteten* ***Analyseergebnisse in ihren Wirkungszusammenhängen zu deuten*** *und zu werten. Der vorgestellte Lösungsvorschlag beinhaltet eine strophenweise Analyse, wahlweise können Sie auch aspektorientiert vorgehen.*

Die sich anschließende zweite Teilaufgabe fordert Sie auf, einen ***Vergleich zwischen dem Gedicht Domins und Günter Kunerts Kurzprosatext*** *„Häuser an der Spree" unter Berücksichtigung eines vorgegebenen Vergleichsaspektes durchzuführen. Die* ***Gestaltung des Motivs der Erneuerung*** *in beiden Texten bildet den roten Faden für Ihren Textvergleich. Es ist nicht verlangt, vor dem Vergleich eine umfassende Analyse und Interpretation des Kurzprosatextes durchzuführen. Nach einer kurzen* ***Inhaltszusammenfassung*** *des Kunert-Textes sollten Sie eine* ***kriteriengeleitete Gegenüberstellung beider Texte*** *erarbeiten, indem Sie Gemeinsamkeiten und Unterschiede der Texte beschreiben und nach deren Ursachen fragen. Beachten Sie, dass die Aufgabenstellung neben einem* ***inhaltlichen Vergleich*** *auch den Vergleich* ***ausgewählter sprachlicher und formaler Aspekte*** *verlangt.*

Vergessen Sie nicht, Ihre Aussagen (Gedichtinterpretation und Textvergleich) stets mit Textbelegen zu stützen und durchgehend funktional und korrekt Bezug auf die Textgrundlagen zu nehmen.

Für eine resümierende Deutung und somit das ***Fazit*** *Ihres Vergleichs sollten Sie die Entstehungszeiten der Texte und die daraus resultierenden unterschiedlichen Intentionen der beiden Autoren berücksichtigen. Durch das Formulieren von Deutungsvarianten können Sie Ihren Aufsatz aufwerten.*

Einleitung

thematische Hinführung

Die Menschen in Deutschland standen **nach dem Ende des Zweiten Weltkrieges** oft vor den Trümmern ihres bisherigen Lebens. Nahe Familienangehörige waren ums Leben gekommen, das eigene Zuhause war zerstört und nicht wenige Menschen verloren infolge des Krieges sogar ihre Heimat. Trotzdem gaben die meisten Menschen die Hoffnung nicht auf und wagten einen **Neuanfang**. Hilde Domins Gedicht *Vorsichtige Hoffnung* aus dem Jahr 1959 bewegt sich zwischen trauriger Bestandsaufnahme und erwartungsfroher Beschreibung des Wiederaufbaus.

Der Titel des Gedichtes lässt für den Rezipienten zunächst offen, worin genau die von der Autorin in Aussicht gestellte Hoffnung besteht, und weckt Vermutungen darüber, warum diese nur als vorsichtig beschrieben werden kann. Nach der Rezeption des Gedichtes wird dem Leser sehr schnell deutlich, dass Domin in ihrem Text die **Sorge um die Zukunft der Menschen** ausdrückt, indem sie deren Fehlverhalten und die Unfähigkeit, aus Fehlern zu lernen, demonstriert, was ihrer Meinung nach immer wieder zu neuen Kriegen führe. Jene im Titel erwähnte „[v]orsichtige Hoffnung" setzt sie in die **Kinder der Gesellschaft**, die die Chance haben, die Fehler der früheren Generationen nicht zu wiederholen.

Interpretation des Domin-Gedichtes

Assoziationen zum Titel und Thema des Gedichtes

Das lyrische Subjekt des Textes hält in dem Gedicht **Zwiesprache mit den neuen Bewohnern der durch den Krieg zerstörten Häuser** – einer Taubenschar. Das Entstehungsjahr des Werkes 1959 legt die Vermutung nahe, dass Domin beim Schreiben ihres Textes die Zerstörungen durch die Bombenangriffe und die Kampfhandlungen des Zweiten Weltkrieges vor Augen gehabt hat. Das lyrische Subjekt des Gedichtes steht vor den zerstörten, menschenleeren Ruinen, die nun von Tauben bevölkert sind. Die Tiere haben von den für Menschen unbewohnbaren Gebäuden Besitz ergriffen und für sich neuen Lebensraum geschaffen. Da Menschen als Kommunikationspartner offensichtlich nicht zur Verfügung stehen, spricht das lyrische Subjekt die Tauben mehrfach konkret an (z. B. V. 1 ff., 5, 13, 24). Es äußert seine Gedanken beim Anblick der zerstörten Häuser und der inzwischen regen Bautätigkeit, mit der die **Kriegsschäden unsichtbar gemacht** werden sollen. Das lyrische Subjekt wagt unter Verwendung der beiden einzigen Futurformen des sonst durchgängig im Präsens verfassten Textes (V. 25 und V. 27) einen vorsichtigen Blick in die Zukunft und artikuliert seinen **Wunsch nach einem friedlichen Miteinander der Menschen**. Eine Antwort von den neuen Bewohnern der Häuser kann das lyrische Subjekt trotz seines Kommunikationsbedürfnisses leider nicht erwarten, was die vom Gedicht ausgehende **nachdenkliche und leicht resignative Stimmung** unterstützt.

kommunikative Situation

Tauben als Ruinenbewohner

Verdrängung des Krieges

angesichts neuer Bauten: Wunsch nach Frieden

Das Gedicht ist dadurch gekennzeichnet, dass es **weder eine feste Struktur noch andere formale Regelmäßigkeiten** aufweist. Die Länge der **fünf Strophen** variiert zwischen einem und 18 Versen, wobei die Strophenlänge bis zur Strophe drei zunehmend, danach abnehmend ist. Während sich die inhaltlich zusammengehörenden Strophen 1 und 2 mit den unmittelbaren Kriegsfolgen auseinandersetzen und eine Art Ist-Zustand beschreiben, gewährt die 3. Strophe einen zunächst optimistischen Blick in die Zukunft, der jedoch in den Strophen 4 und 5 wieder relativiert wird. Es fällt auf, dass die

Gliederung und formale Auffälligkeiten

Verse eine unterschiedliche Länge haben und oft durch Enjambements verbunden sind. Die dadurch willkürlich erscheinenden Zeilenumbrüche schaffen eine **unharmonische und unruhige Textstruktur**, die den sorgenvollen und teils assoziativen Gedanken des lyrischen Subjekts auch optisch Ausdruck verleiht und dem Leser ein hohes Maß an Emotionalität suggeriert. Unregelmäßig wechselnde zwei- und dreisilbige Versmaße, ohne erkennbares System alternierende männliche und weibliche Kadenzen und die freien reimlosen Rhythmen, in denen das Gedicht verfasst ist, unterstützen diesen Eindruck.

Sorgen des lyrischen Subjekts

Die ersten beiden Verse des Gedichtes rufen durch die **Erwähnung weißer Tauben und eines blauen Himmels** beim Leser zunächst eine positive Assoziation hervor, die jedoch im 3. Vers durch die verbrannten Häuser, die das vom lyrischen Subjekt wahrgenommene Bild ergänzen, vehement zerstört wird. Tauben und Blau sind wie durch einen Bilderrahmen der zerstörten Fenster wahrzunehmen, die metaphorisch bedrohlich als „Fensterhöhlen" (V. 3) beschrieben werden. Erst die sich anschließende Frage: „[W]erden die Kriege für euch geführt?" (V. 4) verweist auf die Zwiesprache des lyrischen Subjekts mit den in Vers 1 erwähnten Tauben. Somit handelt es sich in den ersten drei Versen des Gedichts um eine **Anrede**. Die den Tauben gestellte Frage zeigt, dass das lyrische Subjekt über die **Sinnhaftigkeit der von Menschen immer wieder geführten Kriege** nachdenkt und offensichtlich zu keinem Ergebnis kommt, außer dass durch die zerbombten Häuser paradoxerweise neuer Wohnraum für andere Lebewesen – die Tauben – geschaffen wird. Die Autorin hat mit der Beschreibung von weißen Tauben vor einem blauen Himmel bewusst den **Kontrast zwischen dem Symbol der weißen Friedenstaube und den Kriegsruinen** dargestellt. Unterstützt wird dieser Gedanke durch die Tatsache, dass die normalerweise die Städte bevölkernden Tauben nicht weiß, sondern meist grau sind.

Strophe 1:

direkte Ansprache an Tauben

Kritik an zerstörerischen Kriegen

weiße Tauben als Symbol für Frieden

Die in der ersten Strophe vom lyrischen Subjekt als Kommunikationspartner gewählten „[w]eiße[n] Tauben" (V. 1) werden in der nächsten Strophe anaphorisch mit dem Neologismus „Weiße Taubenschnur" (V. 5) angesprochen. Beim Leser entsteht so das **Bild einer in einer Reihe fliegenden Schar Tauben**, die laut lyrischem Sprecher nicht nur in Deutschland Kriegsruinen bewohnen, sondern wie ein alles verbindendes Band „über die Breitengrade hinweg" (V. 7) fliegen und die **Friedensbotschaft in alle Länder** tragen könnten. Überall auf der Welt werden Kriege geführt, die Leid und Elend verursachen und als Mahnmal Ruinen mit „leeren Fenster[n]" (V. 6) zurücklassen. Die Anwesenheit der Tauben suggeriert jedoch auch eine leise Hoffnung auf eine friedliche Zukunft. In den folgenden vier Versen

Strophe 2:

Friedensbotschaft für die ganze Welt

(V. 8–11) merkt das lyrische Subjekt vorwurfsvoll an, dass die Tauben „achtlos“ (V. 9) den „mit Tränen gewaschenen Stein“ (V. 10) bevölkern und **keine Empathie für das Unglück der Menschen** aufbringen, das mit den Zerstörungen einhergeht und mit vielen Tränen beweint wird. Für die Tauben sind die Ruinen, in denen die Menschen dem Tod begegnet sind, ein **Ort, um Nester zu bauen und ihre Jungen aufzuziehen**. Dabei ruft das „kleine Nest“ (V. 11) beim Leser einerseits ein Gefühl der Geborgenheit hervor, andererseits aber auch den **Eindruck der Schutzlosigkeit der Tauben und der Fragilität allen Lebens**. Krieg und Frieden, Zerstörung und Wiederaufbau wechseln sich ab. Tod und Leben existieren gleichberechtigt und bestimmen das Dasein des Menschen. Diese Antithetik wird verstärkt durch den paradoxen Vergleich mit auf Gräbern wachsenden Rosensträuchern (vgl. V. 8). Die **Schönheit der Rose**, die symbolhaft für das **Leben** steht, und der **Tod**, metonymisch beschrieben durch die **Gräber**, begegnen sich, wodurch das lyrische Subjekt emotional berührt scheint.

Bedeutung der Ruinen für Tauben

von Kontrasten geprägter Lauf der Welt

Nach den beiden ersten eher resignativ und nachdenklich wirkenden Strophen vermittelt die nächste Strophe – mit 18 Versen ist es die umfangreichste – zunächst eine sehr optimistische Wirkung. Denn das lyrische Subjekt, das sich nun erstmals als einer Gruppe von Menschen zugehörig kennzeichnet, beschreibt eine **rege Bautätigkeit**, durch die neue Häuser entstehen und die traurigen Ruinen bald aus dem Stadtbild verschwunden sein werden. Gleich drei Verse dieser Strophe beginnen anaphorisch mit dem Pronomen „**Wir**“ (V. 12, 17, 21). Sie demonstrieren den Tauben, die einen eigenen Vers zugesprochen bekommen (vgl. V. 13), wie tatkräftig die Menschen mit der **Beseitigung der Kriegsfolgen** beschäftigt sind. Zur Beschreibung der für den Wiederaufbau benötigten Krane nutzt das lyrische Subjekt mehrere **Metaphern aus dem Bereich der Ornithologie**. Mit den Formulierungen „Schnäbel der Krane“ (V. 14), „eiserne Störche“ (V. 16) versucht das lyrische Subjekt eine gedankliche Verbindung zu den Tauben herzustellen – auch durch den Hinweis, dass die Krane keine Wohnungen, sondern „Nester für Menschen“ (V. 16) errichten.

Strophe 3:

Bau- und Erneuerungsmaßnahmen der Menschen

metaphorische Ausdrucksweise

Andererseits wird sofort deutlich, dass dieser Gedanke scheitern muss. Die Störche bestehen aus Eisen (vgl. V. 16) und die Baumaterialien Zement und Glas (vgl. V. 18) sollen von vornherein verhindern, dass der „rosa Fuß“ (V. 19) der Tauben an den neu errichteten Bauwerken Halt findet. Tauben sind unerwünscht und werden vom Menschen in den Städten oft **als zu bekämpfende Plage betrachtet**. Hier stellt sich die Frage, ob das Fernhalten der Tauben die **Ignoranz der Menschen gegenüber der Natur** thematisieren soll oder ob die Menschen das Symbol der Friedenstaube vergessen, da sie sich in falscher Sicherheit wähnen.

Taubenfeindlichkeit der neuen Gebäude

Im zweiten Teil der 3. Strophe prognostiziert das lyrische Subjekt den Tauben jedoch, dass die jetzt **neu gebauten Häuser perspektivisch auch wieder zu Ruinen zerfallen** und den Tauben trotz der „glatten Wänd[e]" (V. 26) neuen Wohnraum bieten werden. Den Grund dafür sieht das lyrische Subjekt in der Tatsache, dass die Menschen mit der Beseitigung der Ruinen und der optisch wahrnehmbaren Kriegsfolgen auch den Krieg selbst ausblenden, der hier unter Verwendung eines Superlativs als „äußerste Stunde" (V. 22) metaphorisch umschrieben wird. Die Metapher des „toten Auge[s] der Uhr" (V. 23) könnte auf den Moment der Bombardierung verweisen, in dem das **Ziffernblatt zerstört** worden und die **Uhr stehen geblieben** ist. Die Personifizierung der Uhr und ihr Tod deuten darauf hin, dass die Menschen die Erinnerung an diesen Moment „zu Grabe tragen". Mit der Beseitigung der Ruinen „vergessen [sie auch] die äußerste Stunde / im toten Auge der Uhr" (V. 22 f.). Am Ende der dritten Strophe greift das lyrische Subjekt das Bild von den durch zerstörte Fenster ins Blaue fliegenden Tauben aus der ersten Strophe erneut auf. Allerdings verweist die anaphorische Verwendung der Futurformen „ihr werdet […] nisten" (V. 25 f.) und „ihr werdet […] fliegen" (V. 27 f.) eindeutig auf die Zukunft. Alle neu errichteten Häuser werden **wieder Wohnraum für die Tauben** bieten, da die Menschen immer wieder Kriege führen und somit das zuvor Aufgebaute erneut zerstören werden.

neue Häuser als zukünftige Ruinen

Vergessen der Kriegserlebnisse

auffällige Futurformen

In der vorletzten Strophe äußert das lyrische Subjekt dennoch eine „[v]orsichtige Hoffnung". Erst in den nun folgenden Versen erschließt sich dem Rezipienten des Textes die **Bedeutung des Gedichttitels**. Beschrieben wird die Chance, dass die Kinder und somit die zukünftigen Generationen diesen ewigen und weltweiten **Kreislauf der immer wieder aufflammenden Kriege mit all ihrem Leid und Unglück durchbrechen** könnten. Mit der zaghaften Vision „Und vielleicht sind dann ein paar Kinder da" (V. 30) und der im nächsten Vers formulierten Wertung „und das wäre sehr viel" äußert das lyrische Subjekt den Wunsch, die Menschheit möge sich nicht selbst vernichten und Kinder sollen am Leben bleiben, damit sie die Welt zum Positiven verändern und friedlicher gestalten können. Dies ist als **Parenthese** formuliert, wodurch der Vers optisch hervorgehoben wird. Die Wiederholung dieser Worte am Ende des Gedichts unterstreicht deren besondere Bedeutung (vgl. V. 38).

Strophen 4 und 5:

Hoffnung auf Kinder und zukünftige Generationen

Das lyrische Subjekt entwirft in der vorletzten und letzten Strophe eine **ambivalente Zukunftsvision**, indem es Inhalte aus verschiedenen Strophen zusammenführt. Die in Strophe drei erwähnten „mit den hohen Kranen" (V. 35) „Tag und […] Nacht" (V. 36) eifrig errichteten Neubauten sind inzwischen **wieder zu Ruinen geworden**, in denen die Tauben ihre Nester bauen können. Aber während die Tauben hoch oben ihre Jungen aufziehen, spielen unter ihnen ein

verschiedene Deutungen der letzten beiden Strophen

paar Kinder Verstecken. Eine weitere Deutungsvariante könnte beinhalten, dass die durch die Fenster fliegenden Tauben (vgl. V. 27 f.) tatsächlich den Frieden bringen werden und das in Strophe 4 erwähnte Spiel der Kinder in den Ruinen der jetzt neu erbauten Häuser (vgl. V. 34) stattfinden wird, die nicht durch den Krieg, sondern einfach **durch natürlichen Verfall in einer andauernden Zeit des Friedens entstanden** sind. Welche Sichtweise das lyrische Subjekt hier genau verfolgt, lässt sich nicht eindeutig bestimmen.

Offenheit des Gedichts

Die Lyrikerin Hilde Domin reflektiert in ihrem über zehn Jahre nach Kriegsende entstandenen Gedicht *Vorsichtige Hoffnung* ihre **Befürchtungen über die latente Gefahr, dass wieder neue Kriege ausbrechen**, da die Menschen ihrer Ansicht nach nicht in der Lage sind, Kriege zu vermeiden und in Frieden miteinander zu leben. Die Autorin versucht mit ihrer behutsamen Lyrik, die Menschen für Dinge zu sensibilisieren, die in ihren Augen einer Veränderung bedürfen. Obwohl die Menschen noch mit den Folgen des Zweiten Weltkrieges zu kämpfen haben, sind die Großmächte schon zur **Phase des Kalten Krieges** übergegangen, die auf eine Politik der Konfrontation ausgelegt ist und eine neue Kriegsgefahr heraufbeschwört. Die im Jahr 1945 auf Nagasaki und Hiroshima abgeworfenen Atombomben haben Leid nie gekannten Ausmaßes hervorgerufen und lassen Domins Sorge darüber, ob zukünftig überhaupt noch Kinder da sein werden, aus damaliger Sicht als berechtigt erscheinen.

Fazit zum Domin-Gedicht

Verweis auf Entstehungszeit des Gedichts

In dem von Günter Kunert im Jahr 1972 verfassten Kurzprosatext *Häuser an der Spree* setzt sich ein Ich-Erzähler mit den **baulichen Veränderungen in der Stadt Berlin** auseinander und bewertet vor diesem Hintergrund das Verhalten der Gesellschaft. Es ist zu vermuten, dass Kunert mit seinem sehr kritischen Text auf **bedenkliche Tendenzen der Stadtentwicklung** und auf negative Konsequenzen der Auslöschung geschichtsträchtiger „sprechender Steine" in Berlin aufmerksam machen möchte. Die Titel des Textes *Häuser an der Spree* und des Sammelbandes *Tagträume in Berlin und andernorts* legen die Vermutung nahe, dass Kunert eine enge persönliche Bindung zu dieser Stadt hatte und sich oft dort aufhielt. Der Autor zeichnet in seinem Text in einer resignativen, teilweise melancholischen Art und Weise am Beispiel der Großstadt Berlin das Bild einer sich zum Negativen verändernden, oberflächlichen **Gesellschaft mit mangelndem Geschichtsbewusstsein**.

Vergleich mit Kunerts Kurzprosatext

Thematik des Kunert-Textes

fehlendes Bewusstsein für geschichtsträchtige Gebäude

So wie das lyrische Subjekt aus dem Gedicht *Vorsichtige Hoffnung* findet auch der Ich-Erzähler des Kurzprosatextes seine Kommunikationspartner nicht unter den Menschen, sondern wendet sich mit seinen Gedanken direkt an die **dem Untergang geweihten alten**

Gemeinsamkeiten und Unterschiede bzgl. des Motivs der Erneuerung:

Häuser Berlins, deren baldigen Abriss er bedauert. Der Ich-Erzähler beschreibt, dass die Häuser, vor denen er steht und die ihm sehr vertraut sind, ihre Lebensgeschichte mit ihm teilen. Aufmerksam nimmt er viele **vertraute Details ihres Äußeren** wahr, die „Altersflecken fehlenden Putzes, streifig von herabrinnendem Wasser" (Z. 5 f.). Aber es ist nur das „Gemäuer alter Berliner Häuser" (Z. 5), das aufgrund der „Zeichen gelebten Lebens" (Z. 8) etwas zu erzählen hat und von dem sich der Ich-Erzähler emotional ergriffen und traurig verabschiedet, da seine geliebten alten Häuser „grauen Großblöcke[n]" und „frischen jungen Ziegel[n]" (Z. 2) weichen müssen.

Bedauern über Abriss der „sprechenden" Häuser

Die in beiden Texten beschriebene Bautätigkeit wird in sehr unterschiedlicher Weise gewertet. Domin stellt in ihrem Gedicht den Wiederaufbau der vom Krieg zerstörten Häuser als positiven Neuanfang dar, der auch als alternativlos angesehen werden muss, da die **Beseitigung der Kriegsschäden zwingend erforderlich** ist. Kunert hingegen macht deutlich, dass der Stadt Berlin durch die Zerstörung alter und historischer Häuser ein **irreparabler Schaden** zugefügt wird. Nur wenige Menschen engagieren sich zu diesem Zeitpunkt dafür, auf Fehler in der Stadtentwicklung aufmerksam zu machen, da der Wille zur Erneuerung und das Streben nach Fortschritt dominieren.

unterschiedliche Bewertung der Bautätigkeiten bei Domin und Kunert

Während das lyrische Subjekt bei Domin besorgt darüber scheint, dass mit den aus dem Stadtbild verschwindenden Ruinen auch die **Erinnerung an den Krieg und dessen Ursachen ausgelöscht** wird, stellt dies im Kurzprosatext nur eine Facette der Erinnerung dar. Auch hier mahnen die an alten Gebäuden sichtbaren „Granatsplitte[r]" (Z. 6) und „Kugeleinschläg[e]" (Z. 7) die Menschen, den Frieden zu schützen. Jedoch ist das Bewahrenswerte und aus Sicht des Ich-Erzählers zu wenig Wertgeschätzte hier weiter gefasst. Während die Ruinen in Domins Text nur noch über den Moment ihrer Zerstörung „sprechen" können, haben „die von Erfahrung brüchigen, die vom Dasein lädierten, die von neuem und anderem Leben bereits befallenen, bemoosten, überwucherten" (Z. 3 f.) Häuser des Kurzprosatextes viel mehr zu erzählen: eine **eigene, durch Generationen von Hausbewohnern geprägte Lebensgeschichte**, die den Ruinen bereits genommen wurde.

Ruinen als Erinnerung an Krieg bei Domin

vielfältige Lebensgeschichte der Häuser bei Kunert

Die im Kunert-Text **durchgängige Personifizierung der alten Berliner Gebäude**, erzeugt durch die fiktive Kommunikation mit dem Ich-Erzähler, verstärkt beim Leser den Eindruck, dass der Ich-Erzähler eine enge Bindung zu den dem Abriss geweihten Häusern hat. Unterstützt wird diese Sichtweise durch den traurigen, wortarmen Abschied („[w]as wir uns zu sagen haben, ist nicht viel", Z. 10 f.), den der Ich-Erzähler von seinen ihm vertrauten „sprechenden Steinen"

Kommunikation des Erzählers mit den alten Häusern

nimmt. Während der Ich-Erzähler die **mangelnde Kommunikationsfähigkeit vieler Menschen** direkt anspricht und bedauert (Z. 1 f.), sieht sich das lyrische Subjekt bei Domin durch die mehrfache Verwendung des Pronomens „wir" als einer Gruppe zugehörig, was eine Kommunikation zumindest theoretisch ermöglicht.

fehlende menschliche Kommunikation

Auffallend ähnlich werden in beiden Texten die neu gebauten Häuser gezeichnet. Die im Kurzprosatext beschriebenen „grauen Großblöcke" und „frischen jungen Ziegel" (Z. 2) haben keine Geschichte zu erzählen. Sie haben „ihr Leben" noch vor sich. Aber jeder kennt das Bild trister Plattenbausiedlungen, die in allen Städten gleich aussehen. Zum Preis der Schaffung günstigen Wohnraums werden **gestaltlose, monotone Wohnblöcke** gebaut, deren Äußeres das Erzählen individueller Lebensgeschichten erschwert. Die Häuser in Domins Gedicht haben „Wänd[e] aus Zement und Glas" (V. 18), und diese „glatten Wänd[e]" (V. 26) sollen verhindern, dass Tauben die Neubauten als ihr Zuhause wählen. Das gezeichnete Erscheinungsbild der neu errichteten Gebäude suggeriert, dass die **Erinnerungen an den Krieg und das Streben nach Frieden verdrängt** werden und für die Menschen in ihrem Wunsch nach neuem Wohnraum sekundär sind. Die Beschreibung der Neubauten vermittelt somit in beiden Texten den Eindruck, dass die Menschen **auf blinde Weise fortschrittsgläubig** sind.

Darstellung der eintönigen und gesichtslosen Neubauten

Geschichtsvergessenheit und Fortschrittsgläubigkeit der Menschen

Beide Texte wirken unabhängig von der jeweiligen literarischen Gattung berührend und fürsorglich. Ich-Erzähler und lyrisches Subjekt äußern unter Nutzung einer bildhaften und eindringlichen Sprache ihre **Sorgen und Ängste im Kontext des Erneuerungswillens der Menschen**. Während in Kunerts Text die konkreten Ängste um die Stadt Berlin gespiegelt werden, ist Domins Gedicht allgemeiner gefasst und bezieht sich auf keinen konkreten Ort in Deutschland oder sogar „über die Breitengrade hinweg" (V. 7) irgendwo auf der Welt. Der Rezipient kann dadurch die im Gedicht beschriebene lyrische Situation auf für ihn persönlich relevante Orte übertragen. Obwohl die beiden zu vergleichenden Texte verschiedenen Gattungen angehören, spielt die gezielte Verwendung spezifischer Gattungsmerkmale bei der Auseinandersetzung mit dem Motiv der Erneuerung ganz offensichtlich nur eine untergeordnete Rolle.

Bedenken gegenüber dem Erneuerungswillen

Berlin bei Kunert vs. anonymer Ort bei Domin

Der im Kurzprosatext ausschließlich negativ beschriebene Wille der Menschen zur Erneuerung („Umbau und Verschleiß der Welt beschleunigen sich stetig", Z. 12 f.) suggeriert eine latente Oberflächlichkeit und **Ignoranz der Menschen gegenüber bestehenden Werten und Traditionen**. Dem Fortschritt und der Moderne wird alles geopfert. Im Gegensatz dazu zeigt sich in Domins Gedicht die

Schluss

Hoffnung, dass mit dem Fortschritt auch ein gesellschaftlicher Wandel einhergeht und die Menschen aus ihren Fehlern lernen. Während Kunerts Text durch die Zerstörung der geschichtsträchtigen Häuser resignativ wirkt, setzt das lyrische Subjekt am Ende von Domins Gedicht seine **Hoffnung in die Kinder der Gesellschaft**.

vorsichtiger Optimismus bei Domin vs. Resignation bei Kunert

Es wird deutlich, dass beide Autoren das Motiv der Erneuerung in ihren Texten mit sehr unterschiedlichen Intentionen verwendet haben. Das Gedicht von Domin wirkt insgesamt sehr zukunftsorientiert und spricht eine „[v]orsichtige Hoffnung" auf eine positive Entwicklung der Gesellschaft aus. Kunerts Text bringt diesen Optimismus nicht auf und zeichnet eine eher düstere Prognose für die Gesellschaft. Veränderungen bestimmen das Leben der Menschen. Es gilt jedoch, eine **gute Balance zwischen Fortschrittsgläubigkeit und anachronistischen Tendenzen** zu finden. Die Basis dafür ist eine Verbesserung der in beiden Texten als problematisch thematisierten Kommunikationsfähigkeit der Menschen.

Christoph Hein (*1944): Landnahme (2004)

[…]

„Ich werde in einem Jahr sechzig, dann bin ich ein alter Mann. Und ich begreife, was ich früher nicht verstanden habe, worüber ich gelacht habe, nämlich dass wir alle einen Platz auf dieser Erde haben. Wir haben einen Platz zugewiesen bekommen, und der gehört zu uns und wir zu ihm. Und wenn man diesen Platz aufgibt, dann gehört man nirgendwo hin, so ist nun mal diese Welt. Und dieser Platz hat etwas mit der Geburt zu tun. Wo du geboren wurdest, da ist deine Heimat, und nur dort bist du daheim. Und wenn du diesen Platz verlässt, dann gibst du deine Heimat auf. Dann kannst du vielleicht in deinem Leben viel erreichen, vielleicht mehr, als wenn du nicht weggegangen wärst. Aber deine Heimat hast du verloren. Das merkt man erst, wenn man so alt geworden ist wie ich. Früher habe ich darüber gelacht. Ich habe nicht verstanden, warum sich unsere Eltern gegen die Umsiedler stellten. Jetzt weiß ich es, und ich weiß, sie hatten Recht."

„Wo sollten sie hin, diese Leute?"

„Das ist etwas anderes, Sigurd. Wohin sie hätten gehen sollen, weiß ich nicht. Doch ich meine, sie hatten und haben nicht das Recht, anderen Leuten ihre Heimat zu nehmen, nur weil man ihnen ihre Heimat nahm. Guldenberg ist seit dem Krieg nicht mehr das Guldenberg, in dem ich geboren wurde, ist nicht mehr unsere Stadt. Hier hat es nie so viel gebrannt, wie seit der Zeit, als diese Flüchtlinge ankamen. Nicht einmal im Krieg hatten wir so viele Brände. Damals gehörten wir noch alle zusammen. Das ist vorbei, das hat sich geändert. Es sind zu viele Fremde. Zu viele, die hier nicht geboren wurden und nicht hierher gehören."

„Vielleicht hast du Recht, Reinhard. Aber wir leben nun einmal in einer anderen Zeit und müssen damit zurechtkommen. Und Haber ist kein schlechter Kerl. Er ist nicht allzu umgänglich, ein sturer Rappelkopf, der sich immer und überall durchsetzen will, doch man kann sich auf ihn verlassen. Da ist er nicht schlechter als ein Einheimischer. Er hat sich eingefügt, er ist ein Guldenberger."

Beuchler schüttelte den Kopf. „Du kannst mich nicht verstehen, oder du willst es nicht. Wie auch immer, Brände jedenfalls, das kannten wir vorher nicht."

„War es Brandstiftung?"

„Ja. Das ist schon sicher, sagt die Kripo."

„Dann warte ab, was die Polizei herausfinden wird."

„Was wird sie finden? Genau das, was sie immer herausgefunden hat. Nichts."

„Woher willst du wissen, dass es einer von den Umsiedlern war. Bei Habers hatte es ebenso gebrannt, bei dem alten Haber damals und bei dem jungen voriges Jahr."

„So heißt es. Aber keiner kann genau sagen, wer es damals war. Vielleicht waren sie es selber, wer weiß. Der alte Haber konnte eine Tischlerei gar nicht führen. Mit einem Arm, Sigurd! Ihm wird die Versicherungssumme besser gefallen haben. Und der junge Haber, ach Gott, wer weiß, warum da etwas gebrannt hat. Oder vielmehr nicht gebrannt hat. Ist es nicht merkwürdig, wenn eine brennende Benzinflasche keinen Schaden anrichtet? In einer Tischlerei? Wo überall Holz und Späne herumliegen? Seltsame Zufälle, meinst du nicht auch? Das würde ich untersuchen, wenn ich bei der Kripo wäre. Wieso brannte es bei ihm nicht? Irgendetwas stimmt da nicht. Nein, Junge, es ist alles anders, als du denkst. Diesen Leuten bedeutet ein Brand nichts. Es ist nicht ihre Stadt, die sie gefährden. Ihnen ist es egal, was dabei kaputtgehen kann. Ihnen fehlt das Herz für die Stadt, schließlich sind sie zufällig hier gelandet und können jederzeit weiterziehen. Wie die Zigeuner. Die Stadt, die Kirche, die Burg, unser Kurpark, die alten Straßen, all das, an dem unser Herz hängt, für sie bedeutet das alles nichts. Glaub mir, es sind Fremde, und es bleiben Fremde. Auf die kannst du nicht bauen. Sei kein Kindskopf, Sigurd, verlass dich nicht auf diese Leute." […]

Aus.: Hein, Christoph: Landnahme. Frankfurt a. M.: Suhrkamp 2004, S. 339–341.

Figurenverzeichnis

Bernhard Haber	Sohn der Flüchtlingsfamilie Haber
Thomas Nicolas	Banknachbar Bernhards in der Grundschule, Sohn des Apothekers
Marion Demutz	Klassenkameradin und Bernhards erste Freundin
Peter Koller	Jugendfreund, Klassenkamerad, Schleuser
Katharina Hollenbach	Bernhards Schwägerin
Sigurd Kitzerow	Geschäftspartner und Freund Bernhards
Reinhard Beuchler	Tischler

Johann Wolfgang Goethe (1749–1832): Brief an Riemer (1807)[1]

„Man wird sich dessen, was man hat oder nicht hat, ist oder nicht ist, erst am Gegenteile von diesem bewußt oder inne.
Darum werden so viele Menschen durch die Erscheinung eines neuen, fremden Menschen in der Gesellschaft beunruhigt. Er entdeckt ihnen, was sie nicht haben, und dann hassen sie ihn, oder er entdeckt ihnen durch sein Gegenteil, was sie haben, und so verachten sie ihn wieder. […]"

Aus.: Goethes Gespräche, Biedermannsche Ausgabe, Bd. 2. Hg. von Wolfgang Herwig. München: Deutscher Taschenbuchverlag 1998, S. 200.

1 Friedrich Wilhelm Riemer (1774–1845): deutscher Lehrer, Schriftsteller, Bibliothekar in Weimar, der als Sekretär Goethes bekannt geworden ist

Arbeitsanweisung:

Interpretieren Sie den Auszug aus dem Gespräch zwischen Reinhard Beuchler und Sigurd Kitzerow aus Christoph Heins Roman *Landnahme*.

Überprüfen Sie, inwieweit die Aussagen Goethes im *Brief an Riemer* auch auf den Romanauszug zutreffen.

Lösungsvorschlag

Zur Bearbeitung der vorliegenden Aufgabe benötigen Sie eine genaue ***Textkenntnis des zugrundeliegenden Romans*** *und* ***Kompetenzen beim Interpretieren literarischer Texte****. Lesen Sie zunächst den vorgelegten Romanauszug mehrmals und notieren Sie Ihre Beobachtungen. Worüber sprechen die Figuren im Textauszug? Welche Meinungen vertreten sie und wie begründen sie ihre Ansichten? Es ist hilfreich, wenn Sie das Gespräch in Sinnabschnitte unterteilen, an denen Sie sich dann bei Ihrer Interpretation orientieren können.*

Zu Beginn Ihres Aufsatzes sollten Sie den Inhalt des Romans kurz und zielgerichtet – also mit ***Fokus auf Bernhard Haber und die Geschichte der Umsiedler in Guldenberg*** *– zusammenfassen und deutlich machen, an welcher Stelle der Romanhandlung der Textauszug verortet ist. Analysieren und interpretieren Sie dann* ***Schritt für Schritt*** *das Gespräch zwischen Kitzerow und Beuchler hinsichtlich der inhaltlichen und sprachlich-formalen Gestaltung. Da es sich um einen Dialog handelt, stehen weniger konkrete Handlungen der Figuren im Vordergrund, sondern mehr ihre* ***Gedanken, Äußerungen und Argumente****. Denken Sie daran, die inhaltliche Ebene mit der sprachlichen Ebene (Wortwahl, stilistische Mittel, Satzbau etc.) in einen funktionalen Zusammenhang zu stellen. Es bietet sich an, die Gesprächsbeiträge vergleichend zu betrachten: Handelt es sich um einen Austausch von Neuigkeiten oder um einen Streit?* ***Wie entwickelt sich das Gespräch?*** *Finden Beuchler und Kitzerow eine Übereinstimmung oder endet das Gespräch ohne Ergebnis? Um die Aussagen der Figuren richtig einordnen und deuten zu können, müssen Sie im Verlauf der Interpretation immer wieder auf Ihr Wissen zur Romanhandlung von „Landnahme“ zurückgreifen. Fassen Sie Ihre Ergebnisse am Ende kurz zusammen. Der Schwerpunkt der gesamten Aufgabe liegt auf der Interpretation.*

Im Anschluss sollen Sie ein ***Zitat von Goethe mit dem Romanauszug in Verbindung bringen****. Am besten geben Sie Goethes Aussagen zunächst knapp in eigenen Worten wieder. Überprüfen Sie dann, ob Beuchlers und Kitzerows Äußerungen mit Goethes Gedanken zum Umgang mit Fremden übereinstimmen oder nicht.*

Einleitung

Aktualität des Romanthemas

Während der sog. Flüchtlingskrise in den Jahren 2015 und 2016 kamen in kurzer Zeit hunderttausende Menschen aus nahöstlichen und afrikanischen Ländern nach Deutschland, um hier Asyl zu beantragen. Den Schutzsuchenden wurde **viel Solidarität** entgegengebracht, von einer Willkommenskultur war die Rede. Es kam aber auch immer wieder zu **fremdenfeindlichen Aktionen**, rechte Parteien erhielten Zuspruch und im ganzen Land wurden hitzige Debatten geführt über die Einwanderungspolitik. Der **Umgang mit Fremdheit und Fremden** beschäftigt die Menschen seit jeher in einer besonderen Weise, weil damit immer **Fragen der eigenen Identität** verbunden sind. Diese Fragen sind auch zentrales Thema im 2004 erschienenen Roman *Landnahme* des Autors Christoph Hein.

Informationen zu *Landnahme*

Hauptteil

Handlung des Romans

In Heins Roman wird die fiktive **Lebensgeschichte des Umsiedlers und Außenseiters Bernhard Haber** über einen Zeitraum von nahezu 50 Jahren dargestellt – ca. vom Ende des Zweiten Weltkrieges bis zur Jahrtausendwende. Habers Leben wird **aus der Sicht von fünf Wegbegleitern erzählt** – Thomas Nicolas, Marion Demutz, Peter Koller, Katharina Hollenbach und Sigurd Kitzerow. Bernhard Haber kommt als Kind 1950 zusammen mit seiner Familie in der ostdeutschen Kleinstadt Guldenberg an, nachdem sie infolge des Zweiten Weltkrieges und der damit verbundenen territorialen Neuordnungen **aus ihrer schlesischen Heimat Breslau vertrieben** worden waren. In der DDR wurden diesen sog. Umsiedlern Städte zugewiesen, Wohnraum zugeteilt und Arbeit beschafft – von den Einheimischen erfuhren diese Umsiedler oftmals **Ausgrenzung und Diskriminierung**. Diesen Anfeindungen sind auch Bernhard Haber und sein Vater ausgesetzt, der gegen viele Widerstände in der Bevölkerung und trotz seines Handicaps – er hat nur einen Arm – versucht, in Guldenberg eine Tischlerei zu betreiben. Bereits als Schüler muss Bernhard in der Tischlerei helfen, um den Lebensunterhalt der Familie zu sichern. Nach der mühsamen Schulzeit absolviert er selbst eine **Ausbildung zum Tischler** und eröffnet – nachdem er in den späten 1950er-Jahren für kurze Zeit in Berlin **illegal als Schleuser gearbeitet** hat –, eine eigene Tischlerei in Guldenberg. Der Roman schildert den Weg des Umsiedlers Bernhard Haber vom ausgegrenzten und schlechten Schüler mit Sprachproblemen hin zu einem **erfolgreichen Geschäftsmann, Familienvater und anerkannten Bürger von Guldenberg**. Bernhard Habers Leben ist die Geschichte einer mühsamen Integration und eines erstaunlichen sozialen Aufstiegs.

Vertreibung der Familie Haber, Ansiedlung in Guldenberg

Bernhard Habers schwierige Integration

Einordnung des Textauszugs in den Roman

Der vorliegende Textausschnitt befindet sich **im letzten Kapitel des Romans**, in dem Sigurd Kitzerow als Erzähler fungiert. Kitzerow ist ein Guldenberger Holzfabrikant, der Bernhard Haber Anfang der 1960er-Jahre bei der Eröffnung von dessen Tischlerei kennenlernt. Die beiden entwickeln sich zu Geschäftspartnern, Freunden und werden Nachbarn. Der Textauszug zeigt ein kontroverses Gespräch zwischen Reinhard **Beuchler, dessen Tischlerei kurz zuvor niedergebrannt wurde**, und Sigurd Kitzerow. Der Dialog wird also aus der Sicht bzw. der Erinnerung Kitzerows wiedergegeben.

Analyse und Interpretation

Z. 1 bis 12: Beuchlers Theorie über Heimat

Zu Beginn erklärt Beuchler, dass er erst jetzt in seinem Alter etwas begriffen habe (vgl. Z. 1 f.). Er entwirft daraufhin eine Art Weltbild (vgl. Z. 3–9): Jedem Menschen werde **per Geburt eine Heimat zugewiesen**, die einzigartig sei. Wer diesen Ort verlasse, habe keine Heimat mehr. Dann wiederholt Beuchler nochmal seine Aussage über diese späte Einsicht (vgl. Z. 9 ff. u. 1 ff.). Erst gegen Ende seiner kurzen Rede wird er konkret und nennt die Umsiedler als Thema seiner Klage. Durch diese in sehr einfachen Worten vorgetragene

Heimat-Theorie als Grundlage für Beuchlers Ablehnung

Theorie will Beuchler den **Widerstand gegen die Umsiedler rechtfertigen**. Er versucht, seine Meinung als allgemeingültiges Gesetz darzustellen, ohne Begründungen zu liefern. Er reiht seine Gedanken lediglich mit „und“ aneinander (vgl. Z. 3 ff.). Beuchlers lapidare Begründung lautet nur: „[S]o ist nun mal diese Welt“ (Z. 5).

Z. 13 bis 21: Beuchlers Vorwürfe an die Umsiedler

Guldenbergs Identitätsverlust

Kitzerow antwortet mit einer knappen Frage, in der er die Schwachstelle in Beuchlers Theorie aufdeckt und nach dem **Handlungs- und Entscheidungsspielraum der damaligen Vertriebenen** fragt. In Kitzerows nachgeschobenem „diese Leute“ (Z. 13) schwingt aber ebenfalls etwas Despektierliches mit. Bezeichnenderweise kann Beuchler die Frage nicht beantworten und behauptet, dieser Aspekt spiele keine Rolle (vgl. Z. 14). Er sagt, die Umsiedler hätten den Guldenbergern die Heimat genommen, die **Stadt habe nach dem Krieg ihre Identität verloren**, das Zusammengehörigkeitsgefühl sei verschwunden. Ein Anzeichen dafür seien die Brände – hier spielt Beuchler auf den **Brand in der Werkstatt von Bernhards Vater** zu Beginn der 1950er an, auf den **Brandanschlag auf Bernhards Werkstatt** im Jahr vor dem Zeitpunkt des Gesprächs und auf das **Abbrennen von Beuchlers eigener Werkstatt** kurz vor diesen Gespräch. Indirekt behauptet Beuchler sogar, dass die Situation in Guldenberg während des Krieges friedvoller gewesen sei als die Zeit, die mit der Ankunft der Umsiedler begann. Er bezeichnet die „Flüchtlinge“ (Z. 18), die „Fremde[n]“ (Z. 20) als Urheber dieser Entwicklung: Es seien „zu viele“ (Z. 20).

Z. 22 bis 26: Kitzerow als Vermittler

Kitzerows Worte über seinen Freund Haber

Kitzerow stellt Beuchlers Aussagen nicht weiter infrage und räumt sogar die Möglichkeit ein, dass dieser recht hat (vgl. Z. 22). Kitzerow zeigt sich aber als **Realist**, er beschäftigt sich nicht mit der Vergangenheit („wir leben nun einmal in einer anderen Zeit“, Z. 22), man müsse mit den gegebenen Umständen „zurechtkommen“ (Z. 23). Dann bezieht er sich auf Bernhard Haber, den Beuchler – vermutlich zurecht – verdächtigt, fur den Brand in seiner Werkstatt verantwortlich zu sein. Seine **Charakterisierung von Haber** formuliert Kitzerow – wohl im Wissen, dass er Beuchler nicht zu viel zumuten darf – zurückhaltend durch Litotes, also doppelte Verneinungen: Haber sei „kein schlechter Kerl“ und „nicht schlechter als ein Einheimischer“ (Z. 23 ff.). Er betont Habers **Sturköpfigkeit**, seinen **Durchsetzungswillen** und seine **Zuverlässigkeit** (vgl. Z. 24 f.). In Kitzerows Augen habe Haber sich integriert, er bezeichnet ihn sogar als Guldenberger (vgl. Z. 26) und widerspricht damit Beuchlers These, dass die Umsiedler in Guldenberg Fremde seien.

Z. 27 bis 34: Beuchlers Frust über Kitzerow

An dieser Stelle findet sich der einzige Erzählerbericht des vorliegenden Textauszugs (vgl. Z. 27): Durch das Kopfschüttlen macht

Beuchler **seine Ablehnung und seinen Frust gegenüber Kitzerows beschwichtigenden, verteidigenden Worten** deutlich. Beuchler behauptet dann, Kitzerow verstehe ihn nicht – ob das an Kitzerows fehlendem Verstand oder seiner geringeren Lebenserfahrung liege („Du kannst mich nicht verstehen", Z. 27), oder **ob Kitzerow mit seiner Verteidigung Habers andere Interessen verfolge** („oder du willst es nicht", Z. 27), lässt Beuchler offen. Erneut wischt er Kitzerows Argumente einfach als nebensächlich – „Wie auch immer" (Z. 28) – beiseite (vgl. Z. 14) und wiederholt dann seine Aussage, dass es in der Zeit vor den Umsiedlern keine Brände gegeben habe (vgl. Z. 28). Im Umkehrschluss macht Beuchler damit die **Umsiedler für die Brände in Guldenberg verantwortlich**.

kein Eingehen auf Kitzerows Einwände

Nun kommt es zu einem schnellen **Wortwechsel zwischen Kitzerow und Beuchler**. Kitzerow erkennt offenbar die Anspielung in Beuchlers Aussagen, fragt ihn nach der Möglichkeit von Brandstiftung (vgl. Z. 29) und fordert im Imperativ auf (vgl. Z. 31), das Ergebnis der polizeilichen Untersuchung abzuwarten – und nicht im Vorhinein die Umsiedler bzw. Haber dafür verantwortlich zu machen. Kitzerow zeigt sich hier als Realist, der den staatlichen Behörden vertraut und die **Umsiedler nicht als Bedrohung, sondern längst als Teil von Guldenberg ansieht**. Beuchler stellt dagegen die Kompetenz der Polizei infrage und behauptet, diese werde bei ihren Ermittlungen wie immer nichts herausfinden (vgl. Z. 32). Kitzerow fragt daraufhin nach Beweisen für Beuchlers These, dass Umsiedler die Brandstifter gewesen seien. Als Gegenargument führt er die beiden Brände bei Habers an (vgl. Z. 33 f.).

Wortgefecht über mögliche Brandstiftung

Kitzerow als Pragmatiker und Realist

Beuchler spricht daraufhin den schweren Verdacht aus, dass die Habers selbst für die Brände in ihren Werkstätten verantwortlich seien (vgl. Z. 35 f.), betont aber immer wieder, dass er es nicht wisse („vielleicht", Z. 35; „wer weiß", Z. 36, 38). Es folgt eine weitere Unterstellung durch Beuchler: Durch das Vortäuschen von Brandstiftung wollte Bernhards Vater die **Versicherungssumme abgreifen** (vgl. Z. 37), da die Werkstatt aufgrund seiner Behinderung nicht gewinnbringend war. Beuchler macht aus dem Opfer des Brandes also den angeblichen Täter. Der Verdacht, dass Haber selbst seine Werkstatt angezündet habe, wurde von der Polizei damals ebenso geäußert, hat sich jedoch nicht erhärtet. Zum Zeitpunkt des Gesprächs zwischen Beuchler und Kitzerow ist der alte Haber bereits tot – er beging **scheinbar Suizid**. Am Ende des Romans stellt sich heraus, dass er **ermordet** wurde und **Beuchler der Auftraggeber** war.

Z. 35 bis 49: Beuchlers Unterstellung: Versicherungsbetrug durch Haber

Beuchlers Verantwortung für den Tod von Haber senior

Dass Bernhards Werkstatt nicht abgebrannt sei – kurz vor dem Brandanschlag auf Beuchlers Werkstatt –, ist für Beuchler unerklärlich, was er durch die vielen teilweise elliptischen Fragen deutlich

Verwunderung über geringen Schaden bei Bernhard Haber

macht, die er im Folgenden stellt (vgl. Z. 40 ff.). Beuchler wirkt dadurch **ratlos und empört**. Für ihn ist es „[s]eltsa[m]" (Z. 40), dass eine brennende Benzinflasche in einer Tischlerei keinen größeren Schaden verursacht hat. Erneut bringt er seine **Skepsis gegenüber der Polizei** zum Audruck (vgl. Z. 41), um dann verzweifelt die Frage zu wiederholen: „Wieso brannte es bei ihm nicht?" (Z. 42). Seine Vermutung, dass hier irgendetwas nicht stimme (vgl. Z. 42), wirkt schon beinahe verschwörerisch. Will er Bernhard vorwerfen, dass dieser einen fehlgeschlagenen Brandanschlag vorgetäuscht habe?

Beuchlers verschwörerische Andeutungen

Die Romanhandlung legt vielmehr nahe, dass Beuchler hier **von seiner eigenen Schuld ablenken** will. Er hat den Brandanschlag auf Habers Werkstatt verübt, weil er **neidisch auf Habers wachsenden Erfolg** ist und weil er es ablehnt, dass ein **Umsiedler in den Guldenberger Kegelclub aufgenommen** worden ist – eine Art Verband der einflussreichtsten Unternehmer Guldenbergs, in dem geheime wirtschaftliche Absprachen getroffen werden. Auf diesen gescheiterten Brandanschlag hin hat wohl tatsächlich Bernhard Haber aus Rache das Niederbrennen von Beuchlers Werkstatt angeordnet. Auf seinem Weg zu wirtschaftlichen Erfolg agiert **Bernhard Haber skrupellos** – seine Werkstatt mit hochwertigen Maschinen konnte er nur mit dem Geld finanzieren, das er mit seiner früheren illegalen Schmugglertätigkeit verdient hatte.

aus Neid: Beuchlers Anschlag auf Habers Werkstatt

Habers Verantwortung für Brand bei Beuchler

Im Fortgang des Gesprächs (vgl. Z. 42 ff.) wiederholt Beuchler seine Meinung vom Beginn des Textauszuges und **steigert die Heftigkeit seiner Vorwürfe**. Erneut behauptet er, der wohlwollende Kitzerow sehe die Wahrheit nicht – herablassend bezeichnet er ihn als „Junge[n]" (Z. 42). Den Umsiedlern – Beuchler nennt sie wie Kitzerow zuvor „[d]ies[e] Leut[e]" (Z. 43) – sei an der Stadt Guldenberg nichts gelegen. Durch die Wiederholung der Worte „nichts bedeuten" (Z. 43, 47) und „Herz" (Z. 44, 47), durch die Aufzählung der Monumente Guldenbergs (vgl. Z. 46) und durch den eindringlichen parallelen Satzbau („Diesen Leute bedeutet…", „Ihnen ist es egal…", „Ihnen fehlt…", Z. 43 f.) verdeutlicht Beuchler seine **unumstößliche Meinung über die Umsiedler**. Er baut auch sprachlich eine Grenze auf zwischen „ihnen" und „uns" (vgl. Z. 44 ff.) und vergleicht die angeblich umherziehenden Umsiedler mit „Zigeuner[n]" (Z. 46) – ein diskriminierender Begriff für Sinti und Roma.

angeblich keine Wertschätzung für Guldenberg durch Umsiedler

Beuchlers Sprache und Satzbau

Der Textauszug endet mit einem Fazit Beuchlers und seinem Appell an Kitzerow, den er in Imperativen formuliert (vgl. Z. 47 ff.). Eine Integration der Umsiedler kann Beuchler nicht erkennen, die **Fremden bleiben in seinen Augen Fremde**, auf die man sich nicht verlassen könne. Er widerspricht damit Kitzerow, der Habers Zuverlässigkeit betont hat (vgl. Z. 25). Mit dem Aufruf, Kitzerow solle „kein

Beuchlers deutliche Worte gegen Kitzerow

Kindskopf“ sein (Z. 48), spielt Beuchler erneut (vgl. Z. 42) auf den Altersunterschied zwischen ihm und Kitzerow an und macht klar, dass er aufgrund seines Alters und seiner Lebenserfahrung (vgl. Z. 1 ff.) die Wahrheit über die Umsiedler erkannt habe.

Verweis auf Altersunterschied

Kitzerow versucht im vorliegenden Textausschnitt, den **Vermittler zwischen Beuchler und Bernhard Haber** zu spielen. Er verteidigt seinen Freund Haber und will die Konflikte beilegen, da er als Unternehmer den **wirtschaftlichen Erfolg von Guldenberg nicht gefährden** will. Man darf ihm also durchaus Eigeninteresse unterstellen in seiner Vermittlerrolle. Beuchler hingegen gelingt es nicht, Kitzerow von seinen **Vorbehalten gegenüber den Umsiedlern und von Habers Schuld** – sowohl am Brand in Beuchlers Werkstatt als auch am Anschlag auf dessen eigene Tischlerei – zu überzeugen.

Resümee zum Textauszug

Bezug zu Goethes Brief

Inhalt des Goethe-Zitats

Nach den Ursachen für den oft problematischen Umgang mit Fremden hat auch Johann Wolfgang von Goethe gesucht. Goethe beschreibt in dem vorliegenden Zitat, das aus dem *Brief an Riemer* aus dem Jahr 1807 stammt, dass sich ein Mensch seines Besitzes und seiner Identität erst in dem Augenblick bewusst werde, wenn er Veränderungen in diesen Bereichen erlebe (vgl. Z. 1 f.). Fremde Menschen würden deshalb für **Unruhe und Verunsicherung** sorgen (vgl. Z. 3 f.). Sollte der Fremde den Menschen spiegeln, was diese nicht haben, würde **Neid und Hass** entstehen (vgl. Z. 4 f.). Die Menschen würden den Fremden hingegen verachten, wenn sie durch dessen Anwesenheit bemerken, was sie ihm voraushaben (vgl. Z. 5 f.).

Übereinstimmung zwischen Romanauszug und Goethe-Zitat

Beuchler sieht die **Umsiedler als ursächlich für den Identitätsverlust von Guldenberg** und für die Gewalt in der Stadt an. Im Sinne Goethes könnte man sagen, dass Beuchler besonders am Beispiel von Bernhard Haber bemerkt, dass eben jener, der zeit seines Lebens mit Ausgrenzung und Verlusten zu kämpfen hatte, allmählich zu einem erfolgreicheren Geschäftsmann geworden ist als er selbst. Bernhard Haber ist die Personifikation dessen, was Beuchler nie erreicht hat. Haber hat es geschafft, sich in einer fremden Stadt eine stattliche Existenz aufzubauen und wird sogar in den berüchtigten Kegelclub aufgenommen. **Er schürt damit den Neid Beuchlers**. Es ist sehr wahrscheinlich, dass Beuchler aus diesem Hass heraus den Brandanschlag auf Habers Werkstatt verübt hat.

Beuchlers Neid auf erfolgreichen Umsiedler Haber

Verachtung gegenüber schutzbedürftigen Fremden

Und auch der von Goethe angesprochene Aspekt, dass denjenigen Fremden Verachtung entgegenbracht wird, die weniger besitzen als die Einheimischen, wird im Romanauszug angedeutet – etwa wenn Beuchler Bernhards Vater als „alten Haber“ bezeichnet, der mit nur einem Arm gar keine Tischlerei führen konnte (vgl. Z. 36 f.). Als die

Familie Haber mittellos in Guldenberg ankam, wurde sie ausgegrenzt und diskriminiert. Das rührte wohl daher, dass Einheimische wie Beuchler **von der Angst erfasst wurden, dass ihnen durch die Ankunft der Fremden etwas weggenommen würde**. Beuchler scheint von Verlust- und Versagensängsten getrieben zu sein und findet im „neuen, fremden" Bernhard Haber den angeblichen Grund für seinen abnehmenden Erfolg und eine passende **Bestätigung für seine Abneigung dem Fremden gegenüber**.

irrationale Angst um eigenen Besitz

Auf Sigurd Kitzerow treffen Goethes Aussagen allerdings nicht zu – zumindest nicht im vorgelegten Romanauszug. Dass er die Umsiedler als „diese Leute" (Z. 13) bezeichnet oder Bernhard Haber als „sture[n] Rappelkopf" (Z. 24), klingt zwar etwas herablassend, Kitzerow zeigt aber im Textauszug **weder Anzeichen von Hass noch von Verachtung** und ist in keinerlei Taten gegen die Umsiedler verwickelt. Das mag auch daran liegen, dass Kitzerow anders als Beuchler ein sehr erfolgreicher Geschäftsmann ist, der sich von den Umsiedlern in keiner Weise bedroht fühlt.

keine Übereinstimmung zwischen Kitzerow und Goethe-Aussage

Schluss

Was bedeutet Heimat? Ist Heimat der Ort, an dem man geboren wurde und aufgewachsen ist, der Ort, an dem geliebte Menschen leben oder ist es ein Ort im Herzen einer jeden Person? Und was ist mit denjenigen, die ihre Heimat verlassen oder verloren haben und in der Fremde nach einer neuen suchen müssen? Was passiert, wenn sich Einheimische von Fremden bedroht fühlen? Aktuelle politische Entwicklungen und auch der vorgelegte Romanauszug aus Heins *Landnahme* verdeutlichen uns immer wieder, welche **Herausforderungen und Chancen** die Begegnungen mit Fremden bereithalten.

Andreas Gardt (*1954): Ich spreche, also bin ich. Sprache ist Identität (2016)

Man ist immer jemand, wenn man spricht. Italienerin oder Deutscher, Sachse oder Hamburgerin. Man ist Mann oder Frau, jung oder alt, ist gebildet, naiv, freundlich oder vulgär. Schon wenige Worte reichen, um einen Eindruck davon entstehen zu lassen, wer und was wir sind. Nicht nur die Sprache trägt zu diesem Urteil bei, aber sie hat einen großen Anteil daran. Es ist fast unmöglich, dem zu entgehen, und auch Schweigen hilft nur, wenn es nicht als beredtes Schweigen gedeutet wird. Der identitätsschaffenden Wirkung unserer Sprache sind wir nicht passiv ausgesetzt, sondern können „acts of identity" (Robert Le Page) vollziehen, können gezielt versuchen, die Wahrnehmung unserer Identität durch unser Sprechen zu beeinflussen. Das tun etwa Jugendliche, wenn sie sich der Sprache ihrer Altersgruppe anpassen, aber auch Erwachsene, die über die Jahre den Dialekt der Gegend annehmen, in die sie neu gezogen sind. [...]
Der Psychoanalytiker Erik H. Erikson, der einige Klassiker der Identitätsforschung verfasst hat, beschreibt individuelle Identität so: „Das bewusste Gefühl, eine persönliche Identität zu besitzen, beruht auf zwei gleichzeitigen Beobachtungen: der unmittelbaren Wahrnehmung der eigenen Gleichheit und Kontinuität in der Zeit, und der damit verbundenen Wahrnehmung, dass auch andere diese Gleichheit und Kontinuität erkennen."[1] Zentral ist zweierlei: die Kontinuität in der Zeit und die Reaktion der anderen. Tatsächlich kann etwas, das permanentem Wandel ausgesetzt ist, kein bestimmtes So-Sein, keine Identität entwickeln. Und immer gehört zur Identität auch die Alterität, zum Eigenen das Andere. Erst im Blick der anderen und in unserem Bewusstsein von der Existenz dieses Blicks werden wir zu dem, der wir sind. Dabei unterscheidet sich der Blick derjenigen, die die Existenz einer bestimmten Identität behaupten, oft ganz erheblich vom Urteil der wissenschaftlich Analysierenden. Das gilt vor allem für kollektive Identitäten. [...] Nicht selten erscheint Identität dann als etwas Festes, in sich Ruhendes, nahezu Monolithisches, dem historischen Wandel und wechselvollen menschlichen Zugriff in ihrem *Kern* Enthobenes. Die aktuelle Forschung dagegen betrachtet Identität grundsätzlich als Resultat gesellschaftlicher Konstruktionen, als eine dynamische Größe, die im Diskurs ausgehandelt wird. Mit den Interessen der Diskursteilnehmer verändern sich auch die Identitäten, die ganz und gar der historischen Entwicklung anheimgestellt sind. Das bedeutet nicht, dass sie beliebig sind: Nicht aus jeder historischen Konstellation kann sich jede Identität entwickeln. [...]
Die enge Beziehung zwischen Sprache, Sprechern und politischem/kulturellem Körper bedeutet auch, dass die Gefährdung der einen Größe auch als Gefährdung der anderen betrachtet wurde und wird. Vor allem die Verwendung von Fremdwörtern steht in Geschichte und Gegenwart immer wieder im Zentrum einer Kritik, die diese Wörter als *Eindringlinge* in die eigene Sprache betrachten, als Gefahr für den Bestand der Sprache und zugleich als Gefahr für die Identität der Sprach- und Kulturgemeinschaft. In früheren Jahrhunderten galten oft französische Wörter und Wendungen als *Seelengift* für

Deutsche, in jüngster Zeit richtet sich die Kritik gegen englische. Der gegen Anglizismen gerichtete Fremdwortpurismus ist allerdings in seiner Aggressivität und nationalistischen Zuspitzung nicht annähernd mit dem Purismus früherer Zeiten vergleichbar. Dabei ist die Sorge, dass die zunehmende Präsenz des Englischen in allen Lebensbereichen die eigene kulturelle Identität bedroht, nicht auf den deutschsprachigen Raum beschränkt, sondern findet sich in vielen Sprachgemeinschaften und Staaten, häufig getragen von einer unspezifischen Furcht vor den Folgen der Globalisierung. Was die Forschung betrifft, so sieht sie für die deutsche Sprache keine Gefahren durch fremdsprachige Einflüsse. Auch gelten ihr Nationalsprachen nicht als Größen, die fixiert werden könnten oder sollten, um der Aufgabe gerecht zu werden, die Identität einer Sprachgemeinschaft zu sichern. Vielmehr werden sie als historische Phänomene verstanden, für die Wandel und Variation geradezu konstitutiv sind. Dabei leugnet die Sprachwissenschaft keineswegs die bedeutende Rolle der Sprache bei der Konstitution von Identität. Spätestens seit dem Rationalismus der Aufklärungszeit finden sich Auffassungen, die der Sprache einen ganz entscheidenden Einfluss auf die Art und Weise zusprechen, wie wir unsere Welt erkennen und kognitiv ordnen. Am offensichtlichsten ist die sprachliche Gliederung der Welt im Wortschatz, sodass etwa August Willhelm Schlegel zu Beginn des 19. Jahrhunderts feststellt: „Mit der Muttersprache zugleich saugen wir die Vorstellungen und Ansichten der Dinge […].“[2] Der amerikanische Philosoph Richard Rorty spricht von einem bestimmten „Vokabular“, in dem sich die Sprecher einer Sprache intellektuell bewegen und das ihr Bild von der Welt wesentlich beeinflusst.[3]

Zugleich stehen unterschiedliche sprachliche Perspektiven auf die Wirklichkeit in Konkurrenz zueinander. Die Diskussion um Political Correctness in der Sprache belegt es: Mit einem bestimmten Wort wird eine bestimmte Identität verknüpft. Ob ein und dieselbe Person als *Flüchtling*, als *Migrant* oder als *Eindringling* bezeichnet wird, macht einen ganz erheblichen Unterschied. An der identitätsbildenden Kraft der Sprache und des Sprechens führt kein Weg vorbei, auch unterhalb der Ebene einer Sprachgemeinschaft als ganzer. In George Bernard Shaws Schauspiel *Pygmalion* ist es Eliza Doolittle, die diese Erfahrung macht, als versucht wird, sie durch eine „bessere“ Sprache zu einem Mitglied der „besseren“ britischen Gesellschaft zu machen. Die Menschen aus den beiden Teilen Deutschlands haben es erlebt, als sie in den ersten Jahren nach der Wiedervereinigung den *typisch Westdeutschen* oder den *typisch Ostdeutschen* an seiner Sprache erkannten (oder zu erkennen glaubten). Und sprechen wir einen Dialekt, dann versuchen wir vielleicht, ihn bei offiziellen Anlässen zu vermeiden. Oder aber umgekehrt: Wenn wir aus der Stadt, in der wir leben, unser Heimatdorf besuchen, wählen wir wieder den Dialekt, um nicht durch unsere Sprache den Eindruck zu erwecken, wir seien ein ganz Anderer geworden. „Sprich, damit ich Dich sehe“: Sokrates’ oft zitierte Äußerung handelt genau davon.

Aus: Sprache. Ein Lesebuch von A–Z. Perspektiven aus Literatur, Forschung und Gesellschaft. Hg. für das Deutsche Hygiene-Museum Dresden und die Deutsche Akademie für Sprache und Dichtung von Colleen M. Schmitz und Judith Elisabeth Weiss. Göttingen: Wallstein Verlag 2016, S. 105–107.

1 Erikson, Erik H.: *Identität und Lebenszyklus*. Drei Aufsätze, Frankfurt a. M. 1966, 1973, S. 20.
2 Schlegel, August Wilhelm: Vorlesungen über schöne Literatur und Kunst, 1. Teil: Die Kunstlehre, in: ders.: *Kritische Ausgabe der Vorlesungen*, hg. v. Ernst Behler in Zusammenarbeit mit Frank Jolles, Bd. 1, Paderborn 1989, S. 181–472, hier S. 417.
3 Rorty, Richard: *Kontingenz, Ironie und Solidarität,* Frankfurt a. M. 1989, S. 26 f.

Arbeitsanweisung:

Analysieren Sie den gedanklichen Aufbau des Textes *Ich spreche, also bin ich. Sprache ist Identität* von Andreas Gardt. Beziehen Sie ausgewählte Aspekte der sprachlich-stilistischen Gestaltung und deren Funktion in Ihre Ausführungen ein.

Erörtern Sie die Aussagen des Autors zur Erkenntnisfunktion von Sprache und zum Sprachwandel. Beziehen Sie eigene Erfahrungen und Wissen aus dem Unterricht in Ihre Ausführungen ein.

Der Schwerpunkt der Aufgabe liegt auf der Erörterung.

Lösungsvorschlag

Die vorliegende Aufgabe erfordert Kompetenzen in der Sachtextanalyse und in der Auseinandersetzung mit Aspekten des Arbeitsfeldes „Sprache". Die ***Komplexität der Textvorlage*** *legt nahe, bei deren Erschließung keine Vollständigkeit in der Darstellung des Sinngehalts und der gestalterischen Umsetzung anzustreben. Vielmehr geht es darum,* ***Wesentliches im Sinne der Aufgabenstellung*** *herauszuarbeiten und sich dazu* ***gezielt mit eigenen Positionen und Argumenten*** *zu äußern. Dafür haben Sie im Verlauf des Deutschunterrichts sowohl in der Oberstufe als auch in der Sekundarstufe 1 Beispiele aus verschiedenen Themenbereichen kennengelernt.*
Zum ***Sprachwandel*** *können neben exemplarischen Phänomenen der deutschen* ***Gegenwartssprache*** *auch Kenntnisse aus der* ***Sprachgeschichte*** *herangezogen werden. Beispiele für den Einfluss anderer Sprachen müssen Sie nicht vorher auswendig lernen: Es genügt schon ein Blick in das als Hilfsmittel zugelassene* ***Wörterbuch****. Hinter einer Vielzahl von Fremdwörtern wird die Herkunft in eckigen Klammern angegeben.*
Argumente im Hinblick auf die Erkenntnisfunktion von Sprache müssen sich nicht auf linguistische Aspekte aus dem Lernbereich Sprache beschränken. Denkbar sind auch Texte oder Textfragmente zu (defizitären) ***Sprachwahrnehmungen aus der Literatur****, etwa aus der sog. Sprachkrise um 1900 (Rilke, Mauthner, Hofmannsthal) oder aus der Sprachpoesie, sei es die Romantik mit Eichendorff oder Brentano, seien es Sprachexperimente aus Dada (Morgenstern, Ball) oder Konkreter Poesie (Jandl).* ***Eigene Erfahrungen*** *zur Kernthese aus der Überschrift (Sprache ist Identität) können Ihren Aufsatz abrunden.*

Einleitung

Ich denke, also bin ich (René Descartes). Ich spreche, also bin ich (Andreas Gardt). Ich schreibe, also bin ich. Ein Abiturient über seinem Deutsch-Aufsatz … Die Liste ließe sich weiterführen: Ich tanze, also bin ich. Ein Tänzer. Ich singe, also bin ich. Eine Sängerin. Ich lese, also bin ich. Ein*e Leser*in.

Hinführung zum Thema und Informationen zum Text

Inwieweit der Vollzug bestimmter Handlungen maßgeblich ist für die **Wahrnehmung eines einzelnen Individuums** hinsichtlich seiner Wirklichkeitserfahrung, seines In-der-Welt-Seins, seiner Identität, ist Hintergrund der Überlegungen von Andreas Gardt in seinem Essay *Ich spreche, also bin ich. Sprache ist Identität* in einer Publikation für das Deutsche Hygiene-Museum in Dresden aus dem Jahr 2016. Im Folgenden wird zu untersuchen sein, wie er seine Überlegungen gedanklich aufbaut und welche Kernaussagen er trifft. Seine auf den **Sprachwandel** und die **Erkenntnisfunktion von Sprache** bezogenen Positionen sollen anschließend mit meinen eigenen Auffassungen darüber ins Verhältnis gesetzt und diskutiert werden.

Analyse des gedanklichen Aufbaus

Gardts Ausführungen geben einen interessanten Einblick in die Sprachwissenschaft. Nach einführenden Überlegungen zum **Verhältnis von Individuum und Sprache** äußert er sich ausführlicher über die Identität, die mithilfe von Sprache für den Einzelnen, aber auch für Gruppen von Individuen bis hin zu ganzen Völkern geschaffen werden kann. Zum Schluss des hier vorliegenden Auszuges führt er eine Reihe von Beispielen aus sehr verschiedenen Lebensbereichen an, die die Wirkmächtigkeit sprachlicher Äußerungen anschaulich belegen.

Sprache und Identität

Bereits im Titel geht Gardt von der Kernthese aus, dass Sprache Identität sei, dass man also mit jeglicher sprachlichen Äußerung etwas über sich aussage, auch wenn das gar nicht beabsichtigt sei. „Schon wenige Worte" seien ausreichend, um bei anderen einen wie auch immer gearteten Eindruck von uns zu hinterlassen (vgl. Z. 3). Dieser Ausgangspunkt erinnert an **Paul Watzlawicks Diktum**, der sogar noch zugespitzter formuliert, dass „man nicht nicht kommunizieren könne". Auch wenn der österreichische Psychologe von Gardt nicht ausdrücklich benannt wird, scheinen doch dessen **Axiome über Kommunikation** und Kommunikationsregeln im Hintergrund mitzuwirken.

Gardts Anspielung auf Watzlawick

Gardt behauptet nun mit dem Verweis auf Robert Le Page, dass man diese **Wirkung von Sprache aktiv ausnutzen** könne. Das tun Jugendliche etwa, „wenn sie sich der Sprache ihrer Altersgruppe anpassen" (Z. 10), ebenso wie Erwachsene, wenn sie sich der Kraft des Dialektes nicht erwehren können, dem sie z. B. nach einem Umzug in einer neuen Umgebung ausgesetzt sind.

Jugendsprache und Dialekt

Auch für den folgenden Absatz nutzt Gardt ein **Autoritätsargument** als Ausgangspunkt für seine Überlegungen. Er zitiert den **Psychoanalytiker Erik H. Erikson** mit dessen Definition von Identität und leitet daraus seine eigenen Schlussfolgerungen ab. Die Kernaussage dieser Herleitung besteht in der These, dass wir „[e]rst im Blick der anderen und in unserem Bewusstsein von der Existenz dieses Blicks […] zu dem [werden], der wir sind" (Z. 20 f.). Diese Blicke könnten aber sehr verschieden sein, das „Urteil der wissenschaftlich Analysierenden" (Z. 23) könne erheblich von in der Allgemeinheit verstandenen Auffassungen abweichen und auch der Einzelne entwickle sich ja beständig weiter. Deshalb werde, so Gardt, in der aktuellen Forschung „Identität grundsätzlich als Resultat gesellschaftlicher Konstruktionen [verstanden], als eine dynamische Größe, die im Diskurs ausgehandelt wird" (Z. 27 f.).

Eriksons Definition von Identität

Identität als Zuschreibung und wandelbare Größe

Diese Auffassung von der Dynamik auch „kollektive[r] Identitäten" (Z. 23 f.) bedeute nun auch einen **Wandel in der Betrachtung von Fremdwörtern und Fremdwortgebrauch**, die bisher häufig als „Gefahr für den Bestand der [eigenen] Sprache und zugleich als Gefahr für die Identität der Sprach- und Kulturgemeinschaft" (Z. 36 f.)

angebliche Gefahr durch Fremdwörter

angesehen wurden. Gardt belegt diese Auffassung, die er in der Vergangenheit für das Französische, aktuell aber für den **Einfluss des Englischen** konstatiert, nicht mit Beispielen. Er verweist aber analogisierend darauf, dass diese gefühlte **Bedrohung der eigenen kulturellen Existenz** keine deutsche Eigenart, sondern ein internationales Phänomen sei (vgl. Z. 43 f.). Er behauptet zwar, dass „die Forschung […] keine Gefahren durch fremdsprachige Einflüsse" (Z. 45 ff.) sehe, bringt aber hierfür ebenso wenig Belege oder Beispiele.

Angst vor Fremdsprachen als globale Erscheinung

Stattdessen werden mit August Wilhelm Schlegel und Richard Rorty zwei Philosophen als Autoritäten zitiert, die im Abstand von knapp 200 Jahren übereinstimmend darauf verweisen, wie sehr die „Muttersprache" (Z. 56) bzw. ein bestimmter gegebener Wortschatz, „in dem sich die Sprecher einer Sprache intellektuell bewegen" (Z. 58 f.), das **Weltbild der Sprecher wesentlich beeinflussen**. Beispiele fehlen auch hier, obwohl sie vergleichsweise einfach anzuführen wären. Im Zusammenhang mit der **Sapir-Whorf-Hypothese** sind die Beispiele für die unterschiedlichen Farbskalierungen bei indigenen Völkern wohl das anschaulichste Beispiel.

Einfluss der Sprache auf Weltbild

Wie sehr der Gebrauch von Sprache, die Benutzung eines bestimmten „Vokabular[s]" (Z. 58) ein **Gradmesser für den Intellekt des Sprechers bzw. dessen geistige Positionen** ist, veranschaulicht Gardt zu Beginn seines letzten Abschnittes. Er benennt die Verwendung der Substantive „Flüchtling", „Migrant" und „Eindringling" (Z. 64) als Indiz für das Vorhandensein oder Nichtvorhandensein von **„Political Correctness"** (Z. 62). Man könne mit „einem bestimmten Wort […] eine bestimmte Identität" (Z. 63) verknüpfen. Er behauptet, dass es „einen ganz erheblichen Unterschied" (Z. 65) mache, ob „ein und dieselbe Person" (Z. 63 f.) so oder so oder so bezeichnet werde.

Sprache als Spiegel der Persönlichkeit

Ein Beispiel aus der Literatur (G.B. Shaws *Pygmalion*) und eines aus der jüngeren Geschichte und Gegenwart (die sprachliche Erkennbarkeit von „Ossis" und „Wessis" an ihrem Dialekt) runden die Ausführungen Gardts ab (vgl. Z. 67 ff.). Der **Bogen zu seiner Einleitung** wird geschlagen, wenn er behauptet, dass wir beim Besuch unseres Heimatdorfes ganz bewusst, also aktiv, den heimatlichen Dialekt „wählen […], um nicht durch unsere Sprache den Eindruck zu erwecken, wir seien ein ganz Anderer geworden" (Z. 75 f.).

Gardts Beispiel: ost- und westdeutsche Dialekte

Aspekte der Gestaltung und Fazit

Zusammenfassend kann Gardts Text verstanden werden als ein Beitrag, der einem linguistisch und psychologisch interessierten Publikum einige Aspekte der neueren Forschung auf diesen Gebieten nahebringen will. Da er mit dem Thema offensichtlich vertraut ist und eine Anzahl von Autoritätsargumenten aus der **Psychologie** (Erikson), **Sprachwissenschaft** (Le Page) und auch der **Philosophie**

Gardts Verweise auf Experten

(Schlegel, Rorty, Sokrates) benutzt, wirkt seine Argumentation weitgehend überzeugend. Die Verwendung vorwiegend **hypotaktischer Satzstrukturen** sowie der häufige Gebrauch von **Fachwortschatz** in Form von abstrakten Nomina (z. B. „Identität", Z. 9; „Kontinuität", Z. 16; „Alterität", Z. 19; „Diskurs", Z. 28; „Fremdwortpurismus", Z. 40) erschweren zwar einerseits den Zugang zum Text, machen aber andererseits auch die Ernsthaftigkeit der Auseinandersetzung Gardts mit seinem Thema deutlich. Interessant ist auch der Einsatz der **Anglizismen** „acts of identity" (Z. 8) und „Political Correctness" (Z. 62), die hier aber weniger als „Eindringlinge" (Z. 36), sondern vielmehr als „Migranten" aus dem wissenschaftlichen Beschreibungswortschatz (z. B. von Le Page) verstanden werden sollen.

Satzbau und Wortwahl

Dass bei Gardts tiefgründiger Betrachtung **konkrete Beispiele aus der Sprachpraxis eher selten** sind, liegt wahrscheinlich in der Publikationsform des „Lesebuches" begründet. Dieser Mangel ist einerseits bedauerlich, eröffnet aber andererseits die Möglichkeit, anhand eigener Beobachtungen die Aussagen Gardts auf den Prüfstand zu stellen.

Überleitung

Wenn Gardt beispielsweise „Eindringlinge" aus anderen Sprachen (vgl. Z. 32–37) anführt, um auf die **behauptete Gefährdung der Identität einer Sprach- und Kulturgemeinschaft** hinzuweisen, widmet er sich offensichtlich dem Problemfeld des Sprachwandels. Konkret benennt er das Französische, dessen Wörter und Wendungen in „früheren Jahrhunderten" (Z. 37 f.) nach Deutschland einwanderten, und die Anglizismen, die für viele Sprachnutzer nicht nur in Deutschland Anlass zur Sorge seien (vgl. Z. 39 ff.).

Erörterung: Sprachwandel

Der Hinweis auf die **geschichtliche Dimension des Sprachwandels** ist allerdings ein starkes Argument dafür, diese soeben behauptete Gefahr sogleich wieder zu relativieren. Schaut man sich die Entwicklung der deutschen Sprache in den vergangenen Jahrhunderten an, so erkennt man leicht, dass eine **Vielzahl von fremdsprachlichen Einflüssen** ihre Spuren hinterlassen hat. Angefangen bei den sprachlichen Überbleibseln aus den Kontakten mit dem Griechischen (z. B. „Metamorphose", „Fotografie"), über das Lateinische („Aktion", „Archiv"), bis hin zum Italienischen („Bank", „Konto", „Spaghetti") finden sich unzählige Belege, die diese Begegnungen **nicht als Gefahr, sondern als Bereicherung** verdeutlichen. Eine Sprache, die lediglich aus dem sog. eigenen Wortgut, d. h. aus den Erbwörtern des Deutschen bestünde, wäre eine arme Sprache.

Spuren von Fremdsprachen im Deutschen

fremdsprachliche Einflüsse als Gewinn

Die fachwissenschaftlichen Bezeichnungen von Fremd- und Lehnwörtern veranschaulichen die Tatsache, dass ein solcher Wandel **nicht abrupt und nicht per Verordnung** geschieht, also „dekretiert"

Beispiel für Wandel eines Fremdwortes: „Bureau"

werden kann. Was, wie das französische „Bureau", im Deutschen zunächst **durch seine abweichende Orthografie als Fremdwort leicht erkennbar** war, wurde später zum Lehnwort, indem man es in die deutsche Rechtschreibvariante „Büro" transformierte. Eine Weiterentwicklung dieses Wortes lässt sich nun selbst innerhalb dieser Schreibung beobachten: Während die hochdeutsche Aussprache das Wort wie im Französischen auf der zweiten Silbe betont, ist es in einigen sächsischen Mundarten (z. B. des Vogtlands und im Erzgebirgsraum) schon anfangsbetont – was eigentlich ein **Kennzeichen für den deutschen Erbwortschatz** ist. Weiß der heutige Sprachnutzer, dass die „Frisörin" ursprünglich ein „Friseur" war? Und auch „Friseusen" hat es zwischenzeitlich gegeben.

verschiedene Grade der Eindeutschung

Ein letztes Beispiel möchte ich anführen, das zeigt, wie bei einem Fremdwort allmählich, durch Benutzung im Alltag und in verschiedenen situativen Kontexten, eine **Adaption und Aneignung durch die eigene Kultur** stattfindet. Was die Franzosen als „pommes frites" bezeichnen, hat es in der deutschen Küche früher so nicht gegeben. „Bratkartoffeln" erfordern eine grundsätzlich andere Zubereitungsweise, sind aber sprachlich gesehen mit den „pommes frites" genauso eng verwandt wie die englischen „French fries". Als der Deutsche sie auf seine Speisekarten in den „Restaurants" setzte, wurden aus den „pommes frites" zunächst „Pommes frites". Heutzutage kann man sie an der „Frittenbude" sowohl als „Pommes" als auch als „Fritten" bestellen – mit Ketchup und „Majo" – oder einfach „rot/weiß".

weiteres Beispiel: „pommes frites"

Identität kann genau wie Sprache wachsen, sich weiterentwickeln und **durch vielfältige äußere und innere Einflüsse bereichert** werden. Nicht nur die menschliche Identität wird durch soziale und sprachliche Einflüsse verändert, sondern auch die Sprachidentität kann entweder gezielt oder auch – vom einzelnen Sprecher – unbewusst beeinflusst werden. Und obwohl ausreichend deutschsprachige Synonyme für die Bezeichnung von Eigenschaften, Merkmalen o. Ä. zur Verfügung stehen, werden auch in Zukunft weitere **bedeutungsähnliche Begriffe aus anderen Sprachen mit feinen semantischen Nuancierungen** in den deutschen Wortschatz integriert werden. Was kann daran falsch sein oder sogar gefährlich?

Wandel und wechselseitiger Einfluss von Sprache und Identität

Es ist nur ein kleiner Argumentationsschritt von den soeben genannten Aspekten des historischen Sprachwandels zu Fragestellungen, die sich mit der Erkenntnisfunktion von Sprache beschäftigen. Gardt nutzt in seiner Darstellung exemplarisch die Gegenüberstellung von „Flüchtling", „Migrant" und „Eindringling", ohne dabei auszuführen, worin genau der von ihm behauptete „erheblich[e] Unterschied" (Z. 65) besteht. Die mit den genannten Begriffen bezeichnete Person wird oftmals gar keine Kenntnis davon erlangen, wie über sie gesprochen

Erörterung: Erkenntnisfunktion von Sprache

wird – ob **empathisch, neutral oder negativ sprachlich markiert**. Die verwendeten Vokabeln setzen allerdings deutliche Signale. Meines Erachtens ist die Verwendung der jeweiligen Begriffe sehr **verräterisch für die Geisteshaltung des Sprachproduzenten**.

Aussagekraft der Wortwahl

Betrachtet man diese Fragestellung aus einem anderen Blickwinkel, wird es wahrscheinlich noch anschaulicher. Man stelle sich z. B. meinen zweieinhalbjährigen Cousin vor, der voller Aufregung auf ein im Garten flatterndes Tier zeigt und „Bogel" ruft. Die **richtige Aussprache** des „Vogel-Vau" gelingt ihm noch nicht. Aber das Tier hat er – für sein Alter – korrekt bezeichnet. Für ein Vogelkunde-Lexikon würde das allerdings nicht reichen, hier könnte und müsste man viel deutlicher differenzieren und klassifizieren. Handelt es sich etwa um eine Amsel oder um einen Rotschwanz? Und noch genauer: um einen Hausrotschwanz oder einen Gartenrotschwanz?

Beispiel: Vogel

In analoger Weise ist auch Stein nicht gleich Stein. Wenn ich erkennen will, ob es ein Tiefen- oder Ergussgestein, ein Sediment oder ein metamorph entstandenes Stückchen der Erdkruste ist, das zur Verschönerung unseres Vorgartens beiträgt, brauche ich die dazu notwendigen Vokabeln. Dann kann ich mich freuen, wenn Freunde den neuen Gast in unserem Garten als Glimmerschiefer **identifizieren und angemessen bezeichnen** und in seiner Schönheit würdigen können und ihn nicht etwa mit Granit oder Gneis verwechseln. Sprache erlaubt mir also zu differenzieren; ich kann die **Unterschiede zwischen den Dingen erkennen und benennen**.

Beispiel: Stein

differenzierte Wahrnehmung der Welt durch Sprache

„Ich fürchte mich so vor der Menschen Wort. / Sie sprechen alles so deutlich aus …" – Ist es diese **Klassifizierungswut des Menschen**, vor der Rilke, der Dichter der Jahrhundertwende (um 1900), sich in seinem berühmt gewordenen Gedicht fürchtete? Dass alles haarklein erkannt, benannt, beschrieben, übertrieben, analysiert, klassifiziert werden muss? Ich glaube, Rilke fürchtete sich weniger vor den Möglichkeiten, die mit einem bewussten und achtsamen Sprachgebrauch einhergehen, als vor dem **Missbrauch dieses Sprach-Potenzials durch Nachlässigkeit und Verwahrlosung**. Er erinnert damit an einen früheren Dichter aus der Romantik (Eichendorff, *Wünschelrute*), der daran glaubte, dass es möglich sei, die ganze Welt zum Singen zu bringen, wenn man nur das „**Zauberwort**" treffe. So sprechen beide Gedichte von der **Magie der Sprache** – das eine voller Hoffnung, das andere eher skeptisch, weil diese Magie in einer Phase des gesellschaftlichen Umbruchs verloren zu gehen droht.

literarisches Beispiel zur Erkenntnisfunktion von Sprache

zwei Perspektiven auf die Macht der Sprache

Die Aneignung von Welt und die Herstellung einer Beziehung zu dieser ist untrennbar verbunden mit der Notwendigkeit, deren Strukturen auch sprachlich zu erfassen. Der Sprachphilosoph Ludwig

Verweis auf Ludwig Wittgenstein

Wittgenstein formuliert diese Erkenntnis so: **„Die Grenzen meiner Sprache bedeuten die Grenzen meiner Welt."** Was ich für mich, in meinem Ausdruck nicht klar benennen kann, kann ich meinem Kommunikationspartner auch nicht vermitteln (z. B. als Appell). Wenn es mir nicht gelingt, die Gegenstände oder Sachverhalte exakt darzustellen, über die ich mich mit jemandem austauschen möchte, muss ich mich nicht wundern, wenn wir **aneinander vorbeireden**.

Vermeidung von Missverständnissen durch exakte Sprache

Damit der Code, den ich zur Übermittlung meiner Informationen an mein Gegenüber benutze, möglichst wenig Entschlüsselungsprobleme bereitet, sollte ich bereit sein, ihn bei Bedarf zu variieren. Andreas Gardt führt dazu abschließend das Beispiel an, dass man beim Besuch seines Heimatdorfes wieder in den heimischen Dialekt verfällt, obwohl man sich in „der Stadt, in der wir leben" (Z. 74), einer weitgehend dialektfreien, nah an der Standardsprache befindlichen Sprachvariante bedient hat. Die **Gegenüberstellung von Heimatdorf und Lebensraum Stadt** erscheint mir **wenig überzeugend**. Zum einen haben mittlerweile weitreichende Ausgleichsprozesse stattgefunden, sodass Dialekte gegenüber der Hochsprache an Bedeutung verlieren und der Dialekt in ländlichen Gegenden weniger relevant sein dürfte, als von Gardt behauptet. Zum anderen fände ich ein Beispiel für das sog. **Codeswitching** interessanter, das nicht auf regionale, sondern situative oder sozial bedingte Unterschiede verweist.

Kritik an Gardts Aussagen zu Stadt und Land

Bedeutungsverlust der Dialekte

So dürfte leicht nachzuvollziehen sein, dass man im Freundeskreis anders kommuniziert als im Unterricht mit seinen Lehrern. Während in dem einen Fall **jugendsprachliche Elemente** oder gar der **Jargon** nicht fehlen dürfen, wird man im anderen Fall um die **Verwendung hochsprachlicher Lexik und Syntax** bemüht sein. Dass das im Bereich der **Aussprache** manchmal Schwierigkeiten bereiten kann, deutet Gardt mit seinem Sokrates-Zitat und dem Hinweis auf die sprachlichen Entlarvungen von ost- bzw. westdeutschen Dialekten an. Mir fällt dazu ein Hör-Quiz ein, das ich vor einiger Zeit mit Begeisterung gespielt habe: Gegeben sind jeweils mehrere **Sprachproben von jugendlichen Sprechern**, die den verschiedenen Regionen Deutschlands, Österreichs und der Schweiz zugeordnet werden müssen. Je öfter man spielt, desto besser gelingt diese Zuordnung zu den Dialektregionen. „Sprich, damit ich Dich sehe" (Z. 76) – dieses Online-Quiz passt genau zu Sokrates' jahrtausendealter Äußerung.

für gelingende Kommunikation: Codeswitching

Beispiel: Hör-Quiz zu Dialekten

Ich höre, also bin ich. Gardts Hauptthese bedarf mindestens dieser Ergänzung. Denn Kommunikation und Weltbezug finden nicht durch das Sprechen allein statt. Es braucht dazu immer auch ein Gegenüber, das dir zuhört und das dich versteht.

Fazit

Zoë Jenny (*1974): Der Flug des Kondors (2013)

Den ganzen Tag hatte es geregnet. Erst in den letzten Nachmittagsstunden war die Sonne durch die Wolkenmassen gebrochen und stand jetzt leuchtend in einem kleinen blauen Hof am Himmel. Der Käfig stand im Schatten von vier Kastanienbäumen; mit der Zeit war das Gitter rostig geworden, und der Käfig wirkte verwahrlost und wie ein Fremdkörper am Rande des Waldes. Der beißende Geruch schlecht gehaltener Tiere, der vom Käfig ausging, vermischte sich im Sommer mit dem Geruch von Raps und warmer Erde.

Seit Stunden schlief der Kondor in der gedeckten Ecke des Käfigs, während die Papageien, in Gruppen versammelt, lauernd auf den Astbäumen hockten, als warteten sie auf ein Signal. Sobald sich der Kondor aufrichtete, flatterten sie auf und flogen, eine rotgrüngelbe Wolke, laut kreischend durch das Gehege. Einige Papageien verloren dabei Federn, die sich im Gitter verfingen oder auf den Boden segelten. Ruckartig, mit einem hinkenden Bein, steuerte der Kondor den Rest des Kadavers an, der ihm wie jeden Tag von einem Wärter in den Käfig geworfen worden war. Mit dem Schnabel zupfte und riss er daran, bis sein Kopf im offenen rohen Fleisch versank. Nachdem er die Beute verzehrt hatte, erreichte er, mit nur einem Flügelschlag, wieder seinen Ast, und die Papageien rückten gurrend und sich aufplusternd zur Seite. Der Kondor begann sein Gefieder zu putzen, indem er Feder für Feder durch den Schnabel zog; und als er fertig war, blieb er auf dem Ast sitzen, reglos wie träumend.

Der Feldweg, der vom angrenzenden Wald zum Käfig führte, war vom Regen aufgeweicht, und das Paar suchte, den Blick auf den Boden gerichtet, nach trockenen Stellen.

„Warum mussten wir nur herkommen?“, sagte die junge Frau und sprang hinter ihm über eine Wasserlache.

„Wenn ich mich schon von ihm nicht verabschieden kann, will ich wenigstens unseren Ort noch einmal sehen, den Ort, an dem wir uns jahrelang getroffen haben, Elena.“

Das Paar setzte sich auf eine Bank vor dem Gehege. Elena wandte sich vom Käfig ab und blickte, den Kopf auf seine Schulter gelehnt, auf den schmalen Waldstrich zurück, aus dem sie gekommen waren. Hinter den Baumwipfeln ragten die Kamine und Hochhäuser der Stadt empor.

„Hier war unser Versteck“, sagte er und hielt inne. Er fühlte die Last ihres Kopfes auf seiner Schulter und richtete den Blick auf den Kondor, als brauche er zum Reden jemanden, den er ansehen konnte. „Hierher flüchteten wir uns nach der Schule. Wir haben über den Kondor gelacht, weil er immerzu gegen das Gitter flog und von den Papageien angegriffen wurde. Wenn der Kondor schlief, war er unsere Zielscheibe, und wir haben Steinchen nach ihm geworfen. Irgendwann rechneten wir zum Spaß aus, wie viele Quadratmeter Flugraum dem Vogel eigentlich zur Verfügung stehen. Aber er nahm es plötzlich ernst und fand, es sei tödlich wenig. Dann kam er auf die Idee, den Vogel freizulassen. Mit einer Drahtschere wollte er das Gitter aufschneiden. Er war wie besessen davon, den Kondor zu befreien. Erst als er dann dich kennengelernt hat …"

Sie winkte harsch ab. „Phil, wenn wir schon unbedingt hierherkommen mussten, kannst du nicht wenigstens aufhören, von ihm zu reden? Ich habe mit ihm abgeschlossen", sagte Elena, blickte in Richtung Stadt, sah, wie die Rauchsäulen aus den Kaminen aufstiegen und für Sekunden Schatten an die Hochhäuser warfen, bis der Rauch sich auflöste.

„Wo hast du den Abschiedsbrief eigentlich …"

„… gut sichtbar auf den Küchentisch gelegt", fiel sie ihm ins Wort. Dann schwiegen sie, nur die Papageien stießen von Zeit zu Zeit ihre kurzen schrillen Schreie aus.

„Er wird diesen Brief wochenlang mit sich herumtragen und ihn noch lesen, wenn wir schon längst fort sind. Er wird es nie begreifen können, dass ich mit dir weggegangen bin", sagte Phil nach einer Weile und zog eine Zigarette aus der Brusttasche.

In Gedanken sah Elena den vom vielen Lesen verknitterten, schmutzig gewordenen Briefbogen. „Er wird uns verachten", erwiderte Elena kühl, „und den Brief überall herumzeigen."

Phil beobachtete, wie oben auf dem Ast der alte Kondor seinen Kopf unter den Flügel schob.

Niemand wird je kommen, den Kondor freizulassen. Er wird hier in diesem Käfig sterben, dachte Phil. Die Klarheit dieser Tatsache erschreckte ihn.

„Ich glaube, er hat es geahnt", sagte Elena plötzlich und sah die Sonne hinter den Wolken verschwinden wie ein sich langsam schließendes Auge.

„Nein. Wie kannst du so etwas sagen. Er hätte nie erwartet, dass du ihn verlassen könntest. Schon gar nicht mit mir", erwiderte Phil aufgebracht, „außerdem wart ihr so gut wie verheiratet." Elenas Kopf fühlte sich plötzlich schwer an auf seiner Schulter, und er wünschte, sie würde ihn hochheben.

„Bereust du es?", fragte er schließlich und schnippte mit Daumen und Zeigefinger den glühenden Zigarettenstummel wie ein Geschoss ins nahe Gebüsch.

Im Käfig pickte ein Papagei mit seinem harten Schnabel auf den zerrupften Kondor ein, der es nicht zu bemerken schien. „Morgen, wenn wir im Flugzeug sind, werde ich glücklich sein", sagte sie entschlossen, hob den Kopf von seiner Schulter und wandte sich dem Käfig zu.

In der Dämmerung bildete das Paar vor dem Gitter eine kleine dunkle Silhouette. Elena sah erschreckt den großen schwarzen Vogel an, dessen Anwesenheit sie erst jetzt bemerkte. Er hatte inzwischen die Schwingen, zwei riesige Arme, ausgebreitet, und an den Flügelspitzen zitterten die Federn wie angespannte gespreizte Finger. Der Kondor streckte seinen dünnen, verletzlich wirkenden Hals in die Höhe. Für Sekunden streifte Elena seinen kahlen, fast menschlichen Blick. Sie fuhr auf, und wie um sich vor einem Angriff zu schützen, machte sie einen Schritt zurück, als der Kondor zu seinem Flug gegen das Gitter startete.

Aus: Jenny, Zoë: Spätestens morgen. Erzählungen. Frankfurt a. M.: Frankfurter Verlagsanstalt 2013, S. 71–74.

Arbeitsanweisung:

Interpretieren Sie den Text *Der Flug des Kondors* von Zoë Jenny. Berücksichtigen Sie dabei besonders, wie das Verhältnis der Figuren zueinander erzählerisch dargestellt wird.

Lösungsvorschlag

Der Operator „interpretieren" verlangt von Ihnen eine genaue Analyse und differenzierte Deutung des vorliegenden Kurzprosatextes. Hierfür müssen Sie systematisch den ***Inhalt, den Aufbau, die Erzähltechnik*** *und die* ***sprachlich-stilistische Gestaltung*** *der Erzählung analysieren und die genannten Elemente im Hinblick auf ihre Funktion und Wirkung für die Gesamtaussage des Textes überprüfen. Ihre* ***Interpretation*** *soll in eine schlüssige* ***Gesamtdeutung*** *münden.*
Lesen Sie dafür den Text genau und mehrfach, wobei Sie ihn mit entsprechenden ***Markierungen und Randnotizen*** *strukturieren. An den Beginn Ihrer schriftlichen Ausarbeitungen sollten Sie eine* ***Einleitung*** *stellen, in der Sie die wichtigsten Informationen zur vorliegenden Erzählung (Textsorte, Titel, Erscheinungsjahr, Autorin) nennen, um anschließend das Thema in einem Satz zusammenzufassen und eine* ***Deutungshypothese*** *zu präsentieren, deren Tragfähigkeit Sie im Hauptteil Ihrer Ausarbeitungen überprüfen. Der* ***Hauptteil*** *beginnt mit einem kurzen* ***inhaltlichen Überblick*** *und einer Einteilung des Textes in* ***Sinnabschnitte****. Im Anschluss an diese eher informierenden Ausführungen folgt dann die* ***Analyse*** *und Interpretation. Sie können Aufbau, Inhalt, Sprache und Erzähltechnik durchaus getrennt untersuchen. Um Wiederholungen zu vermeiden und die Wechselwirkung der Bereiche aufzuzeigen, liefert der Lösungsvorschlag eine* ***integrierte Darstellung****, die der Textchronologie folgt. Dabei werden die sprachlich-stilistische Gestaltung sowie die Erzähltechnik aufeinander bezogen dargestellt und mit dem Inhalt, vor allem der Figurendarstellung, verknüpft, um so die Funktion und Wirkung für die Gesamtaussage deutlich herauszuarbeiten und der Aufgabenstellung gerecht zu werden. Diese fordert nämlich explizit eine* ***Untersuchung des Verhältnisses der Figuren*** *– berücksichtigen Sie hierbei nicht nur die beiden auftretenden Partner, sondern auch den abwesenden betrogenen Freund. Achten Sie darauf, Aussagen zu Erzähltechnik und Sprache immer durch geeignete* ***Beispiele*** *und* ***Zitate*** *zu belegen, um so Ihr Textverständnis zu untermauern.*
Fassen Sie im ***Schlussteil*** *Ihre wichtigsten Ergebnisse in einem* ***Fazit*** *zusammen und modifizieren Sie gegebenenfalls Ihre anfängliche Deutungshypothese.*

Einleitung
Autorin, Gattung, Titel, Jahr, Thema

Der von Zoë Jenny verfasste Kurzprosatext *Der Flug des Kondors*, abgedruckt in dem Band mit Erzählungen *Spätestens morgen* aus dem Jahr 2013, thematisiert den Plan eines Paares, in ein neues Leben aufzubrechen, wobei im Hintergrund der Flug eines Kondors gegen die Gitter seines Käfigs für die Hypothek steht, auf der diese neue Liebe gründet. Die Vorstellung von Freiheit, die der Titel eigentlich weckt, wird so infrage gestellt.

Aufbau

Die Geschichte lässt sich in **drei Sinnabschnitte** einteilen, deren **erster** neben einer Einführung in Zeit und Ort der Handlung die in einer Voliere lebenden Vögel und insbesondere den Kondor beschreibt (Z. 1–19). Der **zweite Abschnitt** zeigt ein junges Paar auf dem Weg zur Voliere, das sich mit der neuen Lebenssituation, dem

Bruch mit dem vorigen Partner der Frau bzw. dem Freund des Mannes, auseinandersetzt. Der Vogelkäfig erscheint dabei als bedeutungsvoller Erinnerungsort (Z. 20–70). Im **letzten Abschnitt** der Erzählung wird dann der vergebliche Ausbruchsversuch des Kondors thematisiert, dessen Dasein von Unfreiheit und Einsamkeit bestimmt ist (Z. 71–78).

Hauptteil

Ort der Handlung

„Den ganzen Tag hatte es geregnet." (Z. 1) Der erste Satz der Geschichte steigt *in medias res* ein und schafft eine **unangenehme und bedrückende Atmosphäre**, die durch die folgende Schilderung verstärkt wird: Detailliert werden die Witterung, die **Voliere** mit den gefangenen Vögeln und die von ihr ausgehenden starken Gerüche beschrieben. Der ungepflegte Käfig in Waldnähe wird dabei explizit als „Fremdkörper" (Z. 5) bezeichnet, was auf die **Unnatürlichkeit der Gefangenschaft** hinweist (vgl. Z. 1–7). Begriffe wie „rostig" (Z. 4), „verwahrlost" (Z. 4) und „beißen[d]" (Z. 5) verstärken den Eindruck eines **deprimierenden, von wenig Hoffnung geprägten Ortes**.

Darstellung des Kondors

Eine Erzählinstanz, die wie ein **unbeteiligter Beobachter** wirkt, führt die Leserschaft über zeitdeckendes Erzählen im Präteritum in die Szenerie ein, indem sie das **Verhalten der Käfigbewohner** genau wiedergibt. Im Fokus steht ein von langer Gefangenschaft ermüdeter Kondor. Lediglich sein Fressverhalten erinnert noch an das natürliche Wesen des Raubvogels (vgl. Z. 14 f.), und auch das Putzen seines Gefieders bewahrt ihm eine gewisse Würde, die ihm durch sein ödes Dasein in Gefangenschaft ansonsten verwehrt bleibt (vgl. Z. 17 ff.). Zwar ist er körperlich angeschlagen, kann sich nur „[r]uckartig, mit einem hinkenden Bein" (Z. 12 f.) fortbewegen, doch vermittelt der Flug „mit nur einem Flügelschlag" (Z. 16) eine **Ahnung von seiner einstigen Majestät** und Stärke. Einen weiteren **Gegensatz zu seinem traurigen Zustand** erzeugt die Anwesenheit einer unbestimmten Anzahl an **Papageien**, die als „rotgrüngelbe Wolke" (Z. 11) auffliegen. Die Metapher lässt sie als unruhige Störenfriede erscheinen. „[L]auernd" und „kreischend" (vgl. Z. 9–11) verstärken sie den Eindruck, dass das Leben des Kondors in diesem Käfig von **Kampf und Unterdrückung** geprägt ist. Nicht nur die kontrastierende Beschreibung erzeugt **Mitleid** mit dem Kondor. Während die Darstellung der Nahrungsaufnahme noch deutlich tierische Züge hat („sein Kopf [versinkt] im offenen rohen Fleisch", Z. 15), wird der große Vogel kurz darauf durch einen Vergleich („wie träumend", Z. 19) in die **Nähe der menschlichen Sphäre** gerückt.

Der reglos dasitzende Kondor wird zu einer Art Kulisse für das folgende **Gespräch von Elena und Phil**, das die Geschichte einer **Dreiecksbeziehung** offenbart. So sind die beiden ein frisch zusammengekommenes Paar, das der Wunsch nach einer gemeinsamen **Zukunft an einem fernen, unbekannten Ort** verbindet, wo sie ein neues Leben beginnen wollen (vgl. Z. 68 f.). Das wird aber offensichtlich erst durch den **Betrug** am bisherigen Partner bzw. Freund möglich. Während ihres Dialogs ist auch dieser **namentlich nicht genannte Mann** imaginär anwesend: der bisherige Lebensgefährte Elenas und der Schulfreund Phils. Innerhalb des Gesprächs zeigt sich die **Ambivalenz beider Protagonisten** im Umgang mit der Situation und dem hintergangenen Freund. Befinden sich Elena und Phil anfangs noch auf dem gemeinsamen Weg (vgl. Z. 20 ff.), agieren sie während ihres Gesprächs als **Einzelpersonen mit unterschiedlichen Ansichten** und verarbeiten die Situation auf unterschiedliche Art und Weise.

Gespräch von Elena und Phil: Einblick in Beziehungskonstellation

Phils Verlangen, über den Verlassenen zu sprechen, ist groß, während **Elena den Blick abwendet** und der Situation zu entfliehen versucht (vgl. Z. 26 ff.). Er verspürt offensichtlich **Schuldgefühle** gegenüber seinem Freund. Das zeigt sich in dem Wunsch, an jenem bedeutsamen Ort der Kindheit Abschied zu nehmen, der ihnen in der Schulzeit als Versteck diente (vgl. Z. 30 ff.). Nun erscheint die **Voliere als Inbegriff der Verbundenheit mit dem Freund** und als eine Art Ersatzobjekt: „Wenn ich mich schon von ihm nicht verabschieden kann, will ich wenigstens unseren Ort noch einmal sehen, den Ort, an dem wir uns jahrelang getroffen haben“ (Z. 24 f.).

Verhalten Phils

Phil beschwört **Erinnerungen** an den Verlassenen herauf, wobei der einsame Kondor im Käfig eine gedankliche Brücke ermöglicht und als Ersatz für den abwesenden Freund dient: „Er [...] richtete den Blick auf den Kondor, als brauche er zum Reden jemanden, den er ansehen konnte.“ (Z. 30 ff.) In einer längeren Erzählung vergegenwärtigt Phil **gemeinsame Jugenderlebnisse**, die um den Kondor kreisen (vgl. Z. 32 ff.). Als Schüler hatten er und sein Freund das Tier erst zu ihrer Unterhaltung gequält, dann aber plötzlich Mitleid mit ihm empfunden. Vor allem der Freund habe sich für den Vogel einsetzen wollen und sogar beschlossen, mit einer Drahtschere das Gitter zu zerschneiden und dem Kondor die Freiheit zu schenken. An dieser Stelle fällt kurz Licht auf den **Charakter des verlassenen Freundes**, der „ernst“ (Z. 37), engagiert („wie besessen“, Z. 39) und empathisch wirkt.

Doch wurde aus seinem Entschluss nichts, da **Elena** in das Leben des Freundes trat. Das durch drei Punkte markierte Stocken in Phils Erzählung (vgl. Z. 40) verrät, dass sich damals der Schwerpunkt im

Dreiecksbeziehung

Leben des Freundes verändert hat und für ihn wohl nicht nur der Kondor, sondern auch Phil seine Bedeutung verloren hat. Die Tatsache, dass Phil nun selbst mit Elena zusammen ist, legt die Vermutung nahe, dass er damals **eifersüchtig** war, sich verlassen fühlte und es dem Freund nun gleichsam heimzahlt. Dabei wird nach und nach klar, dass Phil und Elena den Freund nicht nur betrogen haben, sondern darüber hinaus zu **feige** gewesen sind, ihm ihre Liebe offen mitzuteilen. Statt in einem persönlichen Gespräch hat Elena in einem auf dem Küchentisch zurückgelassenen **Abschiedsbrief** die Beziehung beendet (vgl. Z. 46 f.). Einer Auseinandersetzung scheinen sich beide nicht stellen zu wollen, immerhin ist der Flug schon gebucht. Der **doppelte Verrat** von Freund und Frau wird durch eine **Flucht** und die **Verweigerung jeglicher Kommunikation** verschärft.

Phils kurzer Monolog offenbart, dass er einen Gesprächspartner sucht, den er in Elena nicht findet. Er kann sich nicht losreißen vom Gedanken an den Freund, was deutlich sein **schlechtes Gewissen** zeigt. Als würde er sich die Schuldgefühle von der Seele reden wollen, hat Phil eindeutig die **größten Gesprächsanteile** und ist **Impulsgeber** für den Dialog, den Elena abzublocken versucht. Phils Gedanken schweifen immer wieder ab und auch Pausen deuten darauf hin, dass er nachdenklich ist, aber die Situation des Kondors wahrnimmt, die Elena nicht interessiert. So zeigt er nicht nur **Empathie dem verlassenen Freund, sondern auch dem gefangenen Kondor gegenüber**. Sein direkt wiedergegebener Gedanke („Niemand wird je kommen, den Kondor freizulassen. Er wird hier in diesem Käfig sterben“, Z. 57 f.) enthüllt die **Parallelen zwischen dem Freund und dem Kondor:** Sowohl der Freund als auch der Vogel werden von Phil als **Opfer** wahrgenommen, das zur **Einsamkeit** verdammt ist.

Verhalten Elenas

Elena äußert sich ihrerseits nicht über ihre Beziehung zum Exfreund und versucht, Phil zu unterbrechen: „Phil, wenn wir schon unbedingt herkommen mussten, kannst du nicht wenigstens aufhören, von ihm zu reden?“ (Z. 41 f.) Ihr Unbehagen zeigt sich sowohl in der **Abneigung gegenüber dem Ort** als auch in dem permanenten **Versuch, dem Gespräch aus dem Weg zu gehen**. Gründe für ihren Liebesverrat bleiben ungenannt. Bezeichnenderweise ist Elenas Blick vom Gehege abgewandt (vgl. Z. 26 f.). Sie will den Tatsachen nicht ins Auge sehen und **versucht, die Schuld zu verdrängen**. Der **latente Konflikt zwischen den Partnern** wird auch durch die Darstellung Elenas als „harsch“ (Z. 41), „kühl“ (Z. 53) und „entschlossen“ (Z. 69) angedeutet, da diese negativ konnotierten Attribute Elena als gefühlskalten Charakter ohne Einfühlungsvermögen erscheinen lassen.

Uneins sind sich beide auch darin, wie sie sich die **Reaktion des Verlassenen** auf die Trennung vorstellen: Während Phil vor seinem inneren Auge einen fassungslosen Freund sieht, der sich an den Brief als letztes Überbleibsel klammert und die Trennung „nie begreifen" (Z. 50) kann, behauptet Elena, dass der Exfreund den Betrug sehr wohl vorausgeahnt habe und weniger hilflos-traurig als böse sein werde: „Er wird uns verachten [...] und den Brief überall herumzeigen." (Z. 53 f.) Beide haben somit ein **gegensätzliches Bild von ihrem Freund**, das zugleich verrät, dass sie sich ganz unterschiedlich positionieren: **Phil bemitleidet** das Opfer, **Elena distanziert sich** und scheint ihre Tat damit rechtfertigen zu wollen, dass der Expartner schlecht über sie reden wird.

Einschätzungen zum verlassenen Freund

Aufgrund des unterschiedlichen Umgangs mit der Trennungssituation und aufgrund der konträren Eigenschaften der Protagonisten wirkt die **Beziehung bereits von Beginn an belastet**, sodass ein unbeschwerter Neuanfang schwer möglich scheint. Auch die disharmonische Gesprächsführung mit den Abbrüchen (vgl. Z. 40 und Z. 46) und Pausen (vgl. Z. 30, 47 f., 51 f.) sowie die Unausgeglichenheit der Redeanteile bestätigen diesen Eindruck. Verweist Elenas Kopf, der an Phils Schulter ruht, zu Beginn noch auf die Verbundenheit und die intime Nähe zweier Verliebter (vgl. Z. 27), wird er schließlich eher zur **Last:** „Elenas Kopf fühlte sich plötzlich schwer an auf seiner Schulter" (Z. 63). Auch der Vergleich der verschwindenden Sonne mit einem „sich langsam schließende[n] Auge" (Z. 60) lässt sich als Vorausdeutung lesen, dass das Paar keine helle Zukunft haben wird. „Bereust du es?" (Z. 65) – Mit dieser knappen Frage will Phil wissen, ob Elena zu ihrer Entscheidung steht, doch vermeidet sie eine klare Antwort. Ihre trotzige Ankündigung „Morgen, wenn wir im Flugzeug sind, werde ich glücklich sein" (Z. 68 f.) erlaubt den Schluss, dass sie momentan **alles andere als glücklich** ist. Und es steht erneut die Frage im Raum, ob sich das erwartete Glück überhaupt einstellen wird.

fragwürdiges neues Glück

„In der Dämmerung bildete das Paar vor dem Gitter eine kleine dunkle Silhouette." (Z. 71) Am Ende ihres Gesprächs werden Phil und Elena nunmehr nur noch als **Schatten** und nicht mehr als Paar dargestellt. Dabei lässt sich das **Gitter auch symbolisch deuten:** Während sich der Raubvogel buchstäblich im Käfig befindet, ist das **Paar in seinen Erinnerungen und Schuldgefühlen gefangen**. Am Schluss der Erzählung rückt nun wieder der Kondor in den Blick, sodass die Passagen, die ihn und sein Verhalten beschreiben, das Gespräch des Paares wie ein **Rahmen** einfassen. Einmal mehr wird so der bedeutungsträchtige Ort in den Mittelpunkt gerückt, da durch den **Fluchtversuch des Kondors** (vgl. Z. 73 ff.) ein Kontrast zu der geplanten Flucht des Paares mit dem Flugzeug entsteht (vgl.

Schluss der Erzählung: symbolische Dimension des Kondors

Z. 68 f.). Dabei wird der Kondor als schwach, aber auch **vermenschlicht** dargestellt, indem ihm „Arme“ (Z. 73), „gespreizte Finger“ (Z. 74), ein „dünne[r], verletzlich wirkende[r] Hals“ (Z. 75) sowie ein „kahle[r], fast menschliche[r] Blick“ (Z. 76) zugeschrieben werden. Diese Beschreibung weckt **Mitleid** mit dem Vogel, dem seine eigentliche Bestimmung, in Freiheit zu fliegen und zu jagen, verwehrt bleibt. Zugleich vermitteln die Häufung der Adjektive sowie die parataktisch gereihten Sätze einen Eindruck von der früheren Größe des Vogels, lassen ihn bedrohlich wirken und steigern die **Dynamik** der Erzählung. Elena nimmt erst jetzt den Kondor bewusst wahr, als der aus seiner Agonie erwacht, sich aufbäumt und gegen das Käfiggitter fliegt: „Elena sah erschreckt den großen schwarzen Vogel an, dessen Anwesenheit sie erst jetzt bemerkte.“ (Z. 71 ff.) Ihr Zurückweichen aufgrund des als Angriff empfundenen Ausbruchsversuchs des Kondors zeigt die Parallelen zur Situation des Paares. So kann der **Vogel als Sinnbild für den verlassenen Partner** stehen, der ebenfalls eine Opferrolle einnimmt und aufbegehren könnte. So wie der Kondor von den Papageien attackiert (vgl. Z. 67 f.) oder von Schülern mit Steinen beworfen wird (vgl. Z. 34 f.), wird nun der Freund psychisch verletzt. Elena geht in Deckung, da sie um ihre Schuld weiß.

erzähltechnische Gestaltung

Die **Zurückhaltung des Erzählers** gegenüber den Figuren und der Handlung konfrontiert die Leserschaft mit der Herausforderung, sich ein **eigenes Urteil zu bilden**. So kommentiert der Erzähler die Situation nicht, er bleibt **neutral** und positioniert sich nicht zur Dreiecksbeziehung und dem Betrug. Stattdessen wird über die **direkte Wiedergabe der wörtlichen Rede** deutlich, wie die Figuren jeweils mit der Trennung umgehen. Man erhält nur an zwei Stellen Einsicht in die **Gedanken und Gefühle der Figuren**. Beide Male handelt es sich um Gedankengänge, die die Partner einander vermutlich nicht offen mitteilen wollen (vgl. Z. 52 f., 57 f.).

Schluss: Deutung des Titels der Erzählung

Das unfreiwillige Verhaftetsein an einem Ort und die **Unmöglichkeit, in Freiheit und Selbstbestimmtheit zu leben**, unterwandern den Wunsch des Paares nach einem Neuanfang. Da der **Titel** der Erzählung Freiheit suggeriert, steht er im Widerspruch zu dem misslingenden Ausbruchsversuch des Kondors und ist zugleich als **Mahnung** zu verstehen: Auch wenn das Leben an der Oberfläche frei und sicher zu sein scheint, geht doch oft ein Riss hindurch, tut sich im Kopf ein symbolischer Käfig auf. Somit steht der verzweifelte Flug des Kondors gegen die Käfiggitter für die Unmöglichkeit, ganz unbeschwert aus einer Liebesbeziehung auszubrechen und die **neue Liebe auf dem Verrat an einem Dritten** zu begründen.

Eva Strittmatter (1930–2011): An meinen achtzehnjährigen Sohn (1975)

Du glaubst gar nicht, wie traurig ich bin,
Mein Sohn, wenn ich dich sehe.
Und schon nehm ich als endgültig hin,
Daß ich dich nicht verstehe.
Und helfen kann ich dir auch nicht,
Und helfen kann dir keiner.
Und einmal liebte ich dein Gesicht,
Und einmal warst du *mein Kleiner*,
Mein Junge, Land Unbekannt
Und sicherste Utopie.
Und damals war ich es, die dich erfand
Und bestimmte das Was und Wie
Für dich über all diese Zeit.
Und ich glaubte, ich könnte dich schützen
Vor Lebenslüge und Lebensleid
Und könnte dir lebenslang nützen.
Nun habe ich dich aus der Sorge entlassen,
Und du gehst erleichtert fort
Und verstehst doch nicht, dich der Welt einzupassen
Und flüchtest von Ort zu Ort.
Du rauchst Zigaretten und bildest dir ein,
Dadurch erwachsen zu scheinen,
Und in Wirklichkeit bist du noch schrecklich klein
Und ich möchte sehr um dich weinen.
Theoretisch weiß ich: das Leben ist gut.
Und die Guten gehn nicht verloren.
Doch bei dir fehlt mir zum Gleichmut der Mut:
Ich habe dich einmal geboren.

Doch diese eine Geburt reicht nicht
Für immer und alle Zeiten.
Auch du verfällst der irdischen Pflicht,
Gegen dich und für dich zu streiten.

Aus: Strittmatter, Eva: Mondschnee liegt auf den Wiesen. Gedichte. Berlin: Aufbau Taschenbuch Verlag 2001, S. 123 f.

Christoph Hein (*1944): In seiner frühen Kindheit ein Garten (2005)

[…],„Es ist alles so schrecklich, Christin.“

„Ja, Mutter. Und das Fürchterlichste ist, es war alles vorhersehbar. Ganz genau so. Und das hatte ich Oliver gesagt, als wir uns in Hannover zum letzten Mal gesehen haben. Ich habe ihm gesagt, du ermordest nicht nur die Vertreter eines Schweinesystems, wie du sagst, sondern du bringst auch deine Eltern damit um.“

„Christin! Oliver ist tot.“

„Mama, ich bitte dich. Hattest du denn wirklich etwas anderes erwartet? Seit fünf Jahren, seit er untergetaucht ist, habt ihr da nicht jeden Tag an ihn gedacht und euch gefragt, wie er seinen hirnrissigen Einfall, in diesem Land als Illegaler zu leben, überstehen kann? Wenn du ehrlich bist, so musst du dir eingestehen, es war dir ebenso klar wie mir, dass das Ende seines Weges nur Gefängnis heißen kann oder Tod. Die Terroristen werden seit Jahren gejagt, es gibt Einheiten der Polizei und des Grenzschutzes, die sich ausschließlich mit den Terroristen in diesem Land befassen. Wieso sollte da ausgerechnet mein Bruder nicht gefasst werden? Wieso sollte ausgerechnet Herr Oliver Zurek von den Eliteeinheiten nicht aufgespürt werden? Mutter, er hatte den ganzen Staat gegen sich, das konnte er nicht überleben. Und das wusstet ihr so gut wie ich. Ich wusste seit fünf Jahren, dass er umkommen wird. Fünf Jahre habe ich daran denken müssen, fünf lange Jahre. Ich habe es vorausgesehen, ich habe mich davor gefürchtet. Ich habe um ihn gezittert, und ich habe sogar für ihn gebetet, obwohl ich nicht allzu gläubig bin. Ich bin nachts wach geworden, weil ich ihn tot sah, erschossen oder im Gefängnis. Und manchmal habe ich geheult, Mama. Und Oliver wusste auch ganz genau, was ihm bevorsteht, das habe ich bei unserem letzten Gespräch gemerkt.“

„Ja, Christin, ja, wir wussten es wohl alle.“

„Irgendwie ist es jetzt für mich einfacher. Jetzt, wo er tot ist, ist meine Angst weg. Nun muss ich mich davor nicht mehr fürchten. Ich weiß nicht, wie es dir geht, Mama, aber jetzt schlafe ich wieder ohne Alpträume. Ich werde nicht mehr mitten in der Nacht wach. Diese lähmende, fürchterliche Angst ist weg. Jetzt ist da alles ganz leer. Jetzt haben wir es überstanden, Mama. So schlimm es für uns auch ist, nun ist es vorbei. Für Oliver, und auch für dich und mich, Mama, und für Papa.“

„Ich weiß nicht, Christin …“

„Doch, Mama, glaube mir. Es ist schlimm, und für euch beide noch viel schlimmer als für mich. Es muss fürchterlich sein, ein Kind zu verlieren. Doch trotzdem, diese quälende Unruhe ist weg. Jetzt ist da nur noch dieser Schmerz. Der wird nicht weggehen, der wird bleiben, aber mit der Zeit wird er stiller werden, gnädiger, er wird sich beruhigen. Und vielleicht wird der Schmerz eines Tages einfach einschlafen. Ich hoffe es, Mama, ich hoffe es für dich und Papa. Und auch für mich.“

„Ach, Christin, so weit kann ich gar nicht denken. Ich bekomme einfach meinen Kopf nicht klar.“ […]

Aus: Hein, Christoph: In seiner frühen Kindheit ein Garten. Roman. Frankfurt a. M.: Suhrkamp Taschenbuch Verlag [12]2006, S. 101–103.

Arbeitsanweisung:

Interpretieren Sie das Gedicht *An meinen achtzehnjährigen Sohn* von Eva Strittmatter.

Setzen Sie Christoph Heins Roman *In seiner frühen Kindheit ein Garten* mit Eva Strittmatters Gedicht unter dem Aspekt des Mutter-Kind-Verhältnisses in Beziehung. Nutzen Sie dafür auch den Textauszug.

Der Schwerpunkt der Aufgabe liegt auf der Interpretation des Gedichts von Eva Strittmatter.

Lösungsvorschlag

*Der vorliegende GK-Vorschlag besteht aus **zwei Teilaufgaben**, die Sie beide bearbeiten müssen. Der Schwerpunkt liegt dabei auf der **Interpretation des Gedichts** von Eva Strittmatter, auf die Sie deshalb besondere Sorgfalt verwenden sollten. Strukturieren Sie das Gedicht zunächst, indem Sie es in einzelne **Sinnabschnitte** einteilen, und fassen Sie den **Inhalt** zusammen. Anschließend untersuchen Sie **formale sowie sprachlich-stilistische Mittel** und verknüpfen sie sinnvoll mit dem Inhalt. Dabei müssen Sie stets auf die Funktion und **Wirkung** einzelner Besonderheiten achten. Als Abschluss des ersten Aufgabenteils sollten Sie eine **Gesamtdeutung** des Gedichts formulieren. Diese kann dann als Grundlage für die zweite Teilaufgabe dienen, in der Sie dazu aufgefordert sind, **Christoph Heins Roman** „In seiner frühen Kindheit ein Garten" **zu dem Gedicht in Beziehung zu setzen**. Dabei müssen Sie dem dargestellten **Mutter-Kind-Verhältnis** besondere Beachtung schenken. Um der Aufgabenstellung gerecht zu werden, sind gute Werkkenntnisse zu Heins Roman erforderlich, da Sie sowohl die Gesamthandlung des Romans als auch den Textauszug zur Formulierung Ihres Aufsatzes heranziehen sollen. Es bietet sich demnach an, den Auszug kurz in den **Handlungszusammenhang** einzuordnen. Versuchen Sie dann, **Gemeinsamkeiten** sowie **Unterschiede** zwischen dem Gedicht und dem Roman bzw. dem Auszug zu thematisieren. Ein **Fazit** sollte Ihre Darstellung abrunden.*

Einleitung

Vorstellung des Gedichts

Der **Text Eva Strittmatters** aus dem Jahr 1975 trägt den Titel *An meinen achtzehnjährigen Sohn* und verweist damit direkt auf den Adressaten des Gedichts. Das lyrische Ich thematisiert darin in Form eines Klagelieds den inneren **Konflikt einer Mutter bei der Trennung von ihrem nun volljährigen Sohn**.

Interpretation des Gedichts

Aufbau und Inhalt

Auffällig ist, dass das Gedicht aus zwei sehr **unterschiedlich langen Strophen** besteht, von denen die erste 28 Verse und die zweite nur vier Verse umfasst. Allerdings lässt sich die lange **erste Strophe** noch einmal in **vier Sinnabschnitte** untergliedern: Im ersten Sinnabschnitt (V. 1–6) beschreibt das lyrische Ich seine gegenwärtigen **Gefühle der Trauer**, die es beim Anblick des erwachsenen Sohns empfindet. Spätestens mit der Aussage „Ich habe dich einmal geboren." (V. 28) gibt das sprechende Subjekt sich als **Mutter** zu erkennen. Als diese muss sie sich „endgültig" (V. 3) eingestehen, ihren Sohn weder zu verstehen noch ihm helfen zu können (vgl. V. 3 ff.). Im darauffolgenden Sinnabschnitt (V. 7–16) blickt das lyrische Ich in die **Vergangenheit** und damit in die **Kindheit des Sohns** zurück, die mit liebevollen und gleichzeitig sehnsuchtsvollen Worten beschrieben wird. Das lyrische Ich bezeichnet die **mütterliche Liebe** als „sicherste Utopie" (V. 10), welche den Glauben an das lebenslange „[S]chützen" (V. 14) und „[N]ützen" (V. 16) beinhaltet. Dem steht jedoch das **Erwachsenwerden des Sohns** entgegen, auf welches der folgende Sinnabschnitt (V. 17–24) wieder den Fokus richtet. Hier wird erneut das **Fortgehen des Sohns** in der Gegenwart thematisiert. Das lyrische Ich ist sich sicher, dass sein Kind dem Leben noch nicht gewachsen ist, und klagt über den **Verlust des Sohns**. Den Abschluss der ersten Strophe (V. 25–28) bildet eine Gegenüberstellung von theoretischem **Wissen über den Sieg des Guten** und konkreten mütterlichen Befindlichkeiten: Zwar ist das lyrische Ich eigentlich überzeugt, dass das Gute im Leben Bestand haben wird, doch im Hinblick auf den eigenen Sohn überwiegen dann doch **Zweifel und Ängste**, was mit der Mutterrolle begründet wird (vgl. V. 28). In der kurzen und abschließenden **zweiten Strophe** (V. 29–32) erkennt das lyrische Ich in nur vier Versen seine mütterlichen Grenzen und stellt fest, dass der **Sohn** nun unausweichlich („irdisch[e] Pflicht", V. 31) **für sich und sein Leben selbst verantwortlich** sein muss.

formale Auffälligkeiten

Alle Verse des Gedichts sind im Kreuzreim verfasst, wobei sich männliche und weibliche Kadenzen abwechseln. Diese **regelmäßige Form** verstärkt den **aufzählenden und abwägenden Charakter** der Aussagen, die von der Mutter im Gedicht anaphorisch mit der Konjunktion „Und" (V. 3, 5 ff., 10 ff., 14, 16 usw.) geäußert werden. Die überwiegend im Zeilenstil gehaltenen Aufzählungen zeigen die schier **endlosen Gedanken der Sorge**, die der Mutter durch den Kopf gehen und die sie im Gedicht ausspricht. Eine **Ausnahme** von der zuvor diagnostizierten Regelmäßigkeit stellen die Verse neun bis 13 dar, da hier nur männliche Kadenzen auftreten. In dieser Passage weicht die Mutter auch inhaltlich kurzzeitig von der Klage über die Entfremdung von ihrem Sohn ab, indem sie sich an eine **Zeit** erinnert, zu der das **Band zwischen ihr und ihrem Nachwuchs unverbrüchlich** schien und sie die **Kontrolle** über sein Wachsen und Werden hatte („damals war ich es, die dich erfand", V. 11). Die betonten Versenden bewirken, dass die **Sprecherin an dieser Stelle sicherer und fester verankert** klingt, während die übrigen in einem jambisch-daktylischen Metrum verfassten Verse genauso dahingleiten, wie der Mutter ihr Sohn entgleitet, was ihr **Gefühl von Verlust und Unsicherheit** sprachlich untermalt.

Deutung von Inhalt, Form und Sprache:

persönlicher Charakter des Gedichts

Schon die **Überschrift** lässt das Gedicht **sehr persönlich** wirken: Der **Sohn wird direkt angesprochen**, was durch die Verwendung des Possessivpronomens „mein“ verstärkt wird. Das gleiche Pronomen wird im Textverlauf noch dreimal verwendet (vgl. V. 2, 8, 9). Dass es vor allem am Anfang des Gedichts gehäuft auftaucht und später gar nicht mehr, könnte auf der Wortebene ein Zeichen für die **zunehmende Akzeptanz der Eigenständigkeit des Sohns** durch die Mutter sein. Des Weiteren suggerieren Personalpronomen wie „du“ (z. B. V. 1, 31) oder deren deklinierte Formen „dir“ (z. B. V. 5 f.) und „dich“ (z. B. V. 17, 24) den persönlichen Charakter des Textes. Die Mutter-Sohn-Beziehung wird aus der **Perspektive der Mutter** geschildert, die ihrem Sohn in einer (zumindest vorgestellten) direkten Ansprache ihre Gefühle darlegt. Im Präsens formuliert das lyrische Ich die **von Traurigkeit geprägte aktuelle Situation**, die es als „endgültig“ (V. 3) bezeichnet. Für die Mutter scheint der **Abnabelungsprozess des Sohns**, der sich von ihr genauso wie von aller Welt unverstanden fühlt („Und helfen kann ich dir auch nicht, / Und helfen kann dir keiner.“, V. 5 f.), so ein **tiefer Einschnitt** zu sein, dass sie nicht an eine erneute Annäherung in der Zukunft glauben kann. Statt nach vorne zu blicken, **flüchtet** sie sich **in die Vergangenheit**, was die Wiederholung des Wörtchens „einmal“ (V. 7 f.) und der Tempuswechsel vom Präsens ins Präteritum („liebte“, V. 7; „warst“, V. 8) zeigen. Der kursiv gedruckte und damit hervorgehobene Ausdruck „mein Kleiner“ (V. 8) verweist auf den früheren Kosenamen der Mutter für ihren Sohn und die **von Zärtlichkeit geprägte Beziehung** zwischen den beiden, die jetzt auf einmal beendet zu sein scheint. Welch große Hoffnungen die Sprecherin in ihren Sohn gesetzt hat, unterstreicht das fast paradox anmutende Begriffspaar „sicherste Utopie“ (V. 10). Der dadurch vermittelte feste **Glaube an eine Verwirklichung ihrer Wunschvorstellungen** steht in besonders deutlichem Gegensatz zu ihren jetzt geäußerten **Gefühlen der Unsicherheit und Verletzlichkeit**.

Trauer über Verlust des Sohns

Rückblick in die Vergangenheit

Desillusionierung der Mutter

Um zu zeigen, dass sich ihre großen Hoffnungen und **Wünsche** in Bezug auf ihren Sohn **nicht erfüllt** haben, verwendet die Sprecherin den Konjunktiv des Verbs „können“ (vgl. V. 14, 16). Im Zusammenhang mit der Alliteration „Lebenslüge und Lebensleid“ (V. 15) sowie des Adjektivs „lebenslang“ (V. 16) wird das Eingeständnis deutlich, den Sohn nicht wie erhofft allumfassend und stets schützen zu können. Metaphorisch veranschaulicht die Wortgruppe „aus der Sorge entlassen“ (V. 17) den **Prozess der Ablösung**, wobei das Sich-Sorgen für die Mutter dennoch weitergeht. Antithetisch formuliert sie, dass der Sohn zwar erwachsen scheint (vgl. V. 22), aber von ihr als „noch schrecklich klein“ (V. 23) wahrgenommen wird. Diese hyperbolische Aussage (ein 18-Jähriger ist, egal wie er sich verhält, nicht mehr „schrecklich klein“, V. 23) betont erneut, wie stark die **Mutter** sich **an die Vergangenheit und die Kindheit** ihres Sohns **klammert**. Aus Verzweiflung möchte das lyrische Ich „sehr um [den Sohn] weinen“ (V. 24). Durch die mit einem Doppelpunkt abgeschlossene Einleitung „Theoretisch weiß ich:“ (V. 25) wird klar, dass dem im Folgenden näher bezeichneten **Wissen** ein „Praktisch“ und damit ein Einwand entgegensteht. Dem lyrischen Ich ist eigentlich bewusst, dass das „**Leben** [**gut**] ist“ (V. 25). Dieser **Gedanke** wird jedoch durch die zweimalige Verwendung der entgegenstellenden Konjunktion „Doch“ (V. 27, 29) **relativiert**. In Bezug auf ihren Sohn gelingt es der Mutter nicht, Vertrauen in das Gute auf der Welt zu haben. In den letzten vier Versen muss sie **sich eingestehen, dass** ihr Sohn seinen Weg selbst beschreiten und **sie ihn loslassen muss**. Dass dies ambivalent und mit Gefahren verbunden sein wird, zeigt sich im abschließenden Fazit, das als Antithese „Gegen dich und für dich zu streiten“ (V. 32) formuliert ist.

Zukunftsbefürchtungen der Mutter

Akzeptanz des Loslassens durch die Mutter

Das Gedicht thematisiert **Abhängigkeitsstrukturen in Eltern-Kind-Beziehungen** aus Sicht einer Mutter. Ihr innerer Konflikt zwischen der rational akzeptierten, aber emotional **nicht bewältigten Trennung von ihrem Sohn** wird deutlich. Es zeigt sich, dass hierbei elterliche Wünsche und Sorgen auf die Kinder projiziert werden. Zudem werden mit dem Begriff der „irdischen Pflicht“ (V. 31) **Herausforderungen des Erwachsenwerdens** angedeutet, die der Sohn so wie alle Kinder unausweichlich bewältigen muss.

Gesamtdeutungsansatz:

Abhängigkeitsverhältnisse zwischen Eltern und ihren Kindern

Der Verlust eines Sohns und die Trauer darüber sind Themen, die auch in **Christoph Heins Roman** ***In seiner frühen Kindheit ein Garten*** eine Rolle spielen. Im Mittelpunkt des 2005 erschienenen Buchs steht das **Ehepaar** Richard und Friederike Zurek, deren **Sohn Oliver** als mutmaßlicher Terrorist den **Tod** fand. Dabei bleibt bis zum Ende unklar, ob Oliver sich selbst das Leben genommen hat oder ob er von einem Polizisten erschossen wurde. Der **Kampf der Eltern um die Wahrheit** in Bezug auf den Tod ihres Sohns und ihre Suche nach Gründen für die Entwicklung Olivers durchziehen den gesamten Roman.

Zusammenhang von Gedicht und Roman

Vorstellung des Romans

Der vorliegende Textauszug stammt aus dem zweiten Teil des Romans, in welchem die **Zeit unmittelbar nach Olivers Tod** geschildert wird. Richard Zurek und seine Frau haben aus den Nachrichten erfahren, dass ihr Sohn sich selbst getötet haben soll. In einem **Telefonat** versucht nun die Tochter Christin, ihre aufgewühlte Mutter zu beruhigen. Friederike Zurek zeigt sich sehr emotional, wenn sie zum Beispiel äußert: „Es ist alles so schrecklich,

Einordnung des Auszugs in den Handlungszusammenhang

Christin.“ (Z. 1) Außerdem ist sie **unsicher und zweifelt** an ihrer rationalen Wahrnehmung (vgl. Z. 30, 37 f.).

Damit gleicht sie der Mutter im Gedicht Strittmatters. Denn auch diese äußert ihre inneren Befindlichkeiten und stellt ihnen objektive Sachverhalte gegenüber. Beide Mütter sind in der **Sorge und Trauer um ihren Sohn** gefangen, sodass vorerst alle **Trostversuche scheitern** müssen. Dem lyrischen Ich im Gedicht will es nicht gelingen, in Bezug auf den Sohn an das Gute in der Welt zu glauben (vgl. V. 25 ff.), und Friederike Zurek bleibt unempfänglich für die Erklärungsversuche ihrer Tochter, die der Mutter den in ihren Augen absehbaren Tod des Bruders als Erleichterung nahebringen will (vgl. Z. 27 ff.). Die Mütter erleiden in beiden Fällen einen **Kontrollverlust** und können sich höchstens **gedanklich in die Vergangenheit flüchten** und sich die Kindheit ihrer Söhne zurückwünschen.

Gemeinsamkeiten zwischen beiden Texten:

Sorge und Trauer um verlorenen Sohn

Zudem werden in Heins Roman – wie im Gedicht Strittmatters – die **Sorge und Fürsorge der Eltern** thematisiert, die ihren Sohn geliebt haben, ihn in ihrem Sinn erzogen, ihm ein gutes Zuhause gegeben und ihm alle Möglichkeiten für ein erfülltes Leben eröffnet haben. Allerdings müssen auch im Roman **Vater und Mutter ihre Grenzen erkennen**, da Oliver sich entgegen dem elterlichen Verständnis von staatsbürgerlicher Pflicht entwickelt und sich in einer linksextremistischen Organisation für seine Ideale eingesetzt hat. Den Eltern ist es, genauso wie der Mutter im Gedicht, **nicht gelungen, ihren Sohn lebenslang zu beschützen**.

Grenzen des elterlichen Einflusses auf ihre Kinder

Dabei gibt es allerdings durchaus gravierende **Unterschiede** zwischen der Lage der beiden Mütter. Die Sprecherin im Gedicht hat **Angst vor der Zukunft ihres Sohns** und sorgt sich, dass er auf Abwege geraten könnte (vgl. V. 19 ff.). Die Mutter im Roman dagegen kann sich nicht mehr um die Zukunft ihres Sohns sorgen, sondern nur konstatieren, dass **Oliver tot** ist (vgl. Z. 6), also resigniert auf das Vergangene blicken. Sie ist verzweifelt, weil ihr Sohn bereits zu Lebzeiten auf Abwege geraten und damit gescheitert ist, sodass sie jetzt nur noch seinen Tod beklagen kann. Im Gedicht steht dagegen die **Sorge, dass das Leben des Sohnes missglücken könnte**, im Mittelpunkt.

Unterschiede zwischen den beiden Texten:

Zukunftsängste (Gedicht) vs. fehlende Zukunft (Roman)

Im Vergleich zum Gedicht, in dem der **Fokus auf** die Gedanken der **Mutter** gerichtet ist, wird im Roman deutlich, dass bei der Bewältigung und Aufklärung des Schicksalsschlags der **Vater die dominierende Figur** ist. Dieser wird bei Strittmatter nicht einmal erwähnt. Es handelt sich bei ihrem Gedicht also um eine ganz intime, **persönliche Ansprache einer Mutter an ihren Sohn**, die für Friederike Zurek gar nicht mehr möglich ist, da ihr **Sohn nur noch in ihren**

persönliche Ansprache (Gedicht) vs. Sprachlosigkeit (Roman)

Erinnerungen weiterlebt. Sie unterhält sich mit ihrer Tochter Christin am Telefon über den Verstorbenen, verfällt dabei jedoch in **Sprachlosigkeit** und überlässt Christin die Deutung des Geschehenen (vgl. Z. 7 ff.). Die Tochter ist es auch, die für sich feststellt, dass ihre Angst weg ist (vgl. Z. 24), und die die Hoffnung ausspricht, der Schmerz über den Verlust des Sohns werde mit der Zeit einschlafen (vgl. Z. 35). Dass die Mutter daran zweifelt, kann man nur aus ihren **einsilbigen Äußerungen** erahnen (vgl. Z. 30).

Fazit

zusammenfassender Vergleich

Beim Lesen der beiden Texte stellt man fest, dass **beide Mütter ähnlich traurig und verzweifelt** wirken, auch wenn die eine ihre Gefühle wortreicher artikuliert (Mutter im Gedicht) als die andere (Friederike Zurek). Dabei ist es letztere, die ihren **Sohn tatsächlich unwiederbringlich verloren** hat, während der **Sohn** im Gedicht nur der **Obhut seiner Mutter entgleitet**. Diese weint demzufolge auch über sich selbst bzw. über die allgemeine Vergänglichkeit des Lebens, da eine eigentlich ganz natürliche und **notwendige Entwicklung** sie mit Angst und Trauer erfüllt. Demgegenüber ist **Oliver Zurek grausam aus dem Leben seiner Eltern gerissen** worden, wodurch sich alle für ihn gehegten Hoffnungen von Vater und Mutter zerschlagen haben.

Grundkurs Deutsch (Sachsen): Abiturprüfung 2022
Aufgabe 3: Textgebundene Erörterung

Hartmut Rosa (*1965): Vom Wunder narrativer Resonanz (2020)

Ich kann morgens nicht aufstehen, ohne ein paar Seiten, ein paar Absätze wenigstens, eines Romans, einer Erzählung oder manchmal auch eines Krimis gelesen zu haben. Es geht einfach nicht. Und selbst wenn ich den Wecker so gestellt habe, dass kein zeitlicher Spielraum bleibt bis zum ersten Termin, so dass ich jede dem Lesen geopferte Minute beim Duschen, Frühstücken oder auf dem Weg ins Büro wieder aufholen muss, dass ich also *gleich werde rennen müssen*, kann ich dem Impuls nicht widerstehen. Und auch abends falle ich nur sehr selten jemals in den Schlaf, ohne vorher mit Hilfe eines Buches woanders gewesen zu sein.

Viele Jahre habe ich mich darüber gewundert, dass das so ist, mich gefragt, wieso es so ist, und mich gegrämt, wie sich viele Leser seit der „Erfindung" des Romanlesens an der Schwelle zum 19. Jahrhundert grämten und grämen, weil dem Lesen der Ruf anhaftet, nur Ersatz für das richtige, das wahre, das wirkliche Leben zu sein. In Romane und Erzählungen und erst recht in Krimis flüchtet sich, wer kein richtiges, intensives eigenes Leben hat. Oder?

Inzwischen sehe ich das anders. Ganz anders. Lesen ist nicht ein Ersatz für das Leben, es ist seine Erweiterung und Vertiefung. Es ist bestimmt kein Zufall, dass Leben und Lesen nur durch einen Buchstaben unterschieden sind. *Lesen ist Leben.* Ohne Lesen gibt es kein richtiges Leben im Falschen, bin ich versucht, Adorno[1] umzudichten. In den wenigen Minuten morgens und abends verflüssigt sich mein Weltverhältnis, löst sich die Starrheit und Verpanzerung meines alltäglichen, routinierten In-der-Welt-Seins, wird meine Weltbeziehung variabel, vielgestaltig und facettenreich. Im Alltag weiß ich, wer ich bin und wer die anderen sind und wie ich zu ihnen stehe: die Nachbarn, die Kinder aus dem Erdgeschoss, die Studierenden, die Kolleginnen, die Mitarbeiter – ich weiß, wie ich ihnen begegne und begegnen muss, und sie mir. Ich weiß, wie die Welt aussieht, wie sie sich anfühlt, wie es an der Kreuzung klingt und wie es in der Mensa riecht. *Und dieses heißt Hund und jenes heißt Haus, und hier ist Beginn und das Ende ist dort,* heißt es in Rainer Maria Rilkes berühmtem Dinggedicht *Ich fürchte mich so vor der Menschen Wort.* Es ist eine Warnung davor, dass unsere Weltbeziehung starr und stumm werden kann, weil wir zu allem eine immer schon definierte, funktionale Beziehung haben: *Ihr rührt sie an: sie sind starr und stumm/Ihr bringt mir alle die Dinge um.*

Im Lesen aber ändern die Menschen und Dinge plötzlich ihren Charakter. Ich tauche ein in gänzlich andere Weltbeziehungen. Ich bin ein Soldat im Schützengraben hinter meinem Maschinengewehr und fürchte mich vor der feindlichen Artillerie. Ich bin eine Frau in einem fernen Land unter einer fremden Sonne, die einen schweren Korb für ihre Mutter trägt, und ich spüre den Korb und ihre Sorgen auf meinen Schultern. Ich bin ein Junge, der mit bloßen Füßen in einer amerikanischen Turnhalle steht. Ich kann sie fühlen, hören und riechen. Ich bin sogar ein Mörder, der hinter einer Regalwand kauert und hofft, dass er nicht entdeckt wird; mein Herz pocht schnell und laut. Und vielleicht bin ich sogar ein Fuchs im Wald oder ein Stern im Weltall. Jedes Mal bin ich anders auf die Welt bezogen und in die Welt gestellt. Ich erahne ein anderes Verhältnis zum Sand, zum Wind, zum Boden, zur Sonne, zu Vater, Mutter und Kind; anders als das, das ich kenne; und dabei verändert sich auf magische Weise auch mein Selbstverhältnis, mein Selbstgefühl. Es gibt Passagen, in denen und nach denen ich plötzlich meinen Körper anders wahrnehme als vorher, vielleicht anders als jemals zuvor. Ich erlebe eine fortwährende Modulation meiner Weltbeziehung: Es kommen und gehen Empfindungen der Angst, des Begehrens, der Sehnsucht, der Verlassenheit, der Isolation, der Sorge und der Liebe, auch des Hasses und der Wut, in immer neuen Variationen und Kombinationen. Als Mörder hoffe ich, nicht entdeckt zu werden, und zugleich ist da auch noch das Gefühl, dass es nicht richtig ist, ein nicht-entdeckter Mörder zu sein oder ein unbesiegbarer Scharfschütze oder ein rachsüchtiger Pharao. Neulich las ich den *Klavierspieler vom Gare du Nord* von Gabriel Katz und kam aus dem Staunen über mich selbst nicht mehr heraus: *Das ist keine große Kunst,* dachte ich die ganze Zeit, *das ist nur ordentliche Unterhaltungsliteratur, ziemlich klischeebeladen und reichlich vorhersagbar,* und doch, und doch: Ich konnte nicht nur nicht aufhören zu lesen, ich war richtig mitgenommen, mein Herz raste mit dem Auto, in dem der potenzielle Pianist zum entscheidenden Wettbewerb gefahren werden sollte, und ich fühlte den wahnsinnig starken, physischen Impuls: *Wenn das jetzt nicht klappt, wenn er da jetzt nicht hingeht, werfe ich das Buch mit Karacho an die Wand!* Und ich bin sicher, ich hätte es getan …

Aber es gibt andere Bücher, da ist die Identifikation mit der Handlung nicht so vorbehaltlos einfach. Manchmal hasse ich eines und finde es zutiefst verstörend, so dass ich mich immer wieder frage: *Wie kann man so etwas schreiben? Wie kann man so etwas schreiben?!* Es bringt Weisen des Bezogenseins auf Menschen, Dinge, Körper zum Ausdruck, die mir fremd und unheimlich sind: physisch, emotional, kognitiv oder moralisch unangenehm. Und doch kann ich nicht aufhören, es zu lesen, es berührt etwas ganz tief in mir und löst dort allerhand irritierende Reaktionen aus. Das ist narrative Resonanz.

Leben und Lesen sind nur durch einen Buchstaben unterschieden: Beide sind zuallererst Resonanzphänomene. Ihre Essenz besteht aus einem lebendigen, dynamischen Wechselspiel von Hören und Antworten. Oder Vernehmen und Entgegengehen. Vielleicht ist alles Leben so: Ob etwas lebendig ist, zeigt sich in seiner Berührbarkeit. Man testet, ob ein Objekt lebt, dadurch, dass man es berührt – wenn es mit einer Bewegung antwortet, lebt es. *Welche* Bewegung es zeigt, ist dabei allerdings oft kaum vorhersagbar und nicht kontrollierbar; sie ist *unverfügbar.* Es gibt nicht die richtige und die falsche Bewegung. Ein solches Wechselspiel aus Berührtwerden und darauf Antworten in einem ergebnisoffenen Prozess, der die Beteiligten verwandelt: Das nenne ich Resonanz.

Resonanz meint dabei nicht eine äußere, mechanische Berührung, auf die eine kausale Reaktion erfolgt – wie etwa in einer Situation, in der mir ein Tannenzapfen auf den Kopf fällt und ich mich gegen die Berührung physisch und psychisch zu verschließen versuche –, sondern ein innerliches Berührtsein, auf das wir mit einer Bewegung des Entgegengehens oder der Öffnung reagieren. Solche Selbst-Welt-Wechselwirkungen können durchaus neuronal verankert sein – etwa in unseren Reaktionen auf ein Streicheln der Haut, auf ein Lächeln, auf die Wärme von Sonnenstrahlen oder auf Bratenduft (sei er nun vegan oder nicht).

Rosa, Hartmut: Vom Wunder narrativer Resonanz. In: Raabe, Katharina und Frank Wegner (Hg.): Warum Lesen. Mindestens 24 Gründe. Berlin: Suhrkamp 2020, S. 196–201.

Hartmut Rosa (*1965) ist ein deutscher Soziologe und Politikwissenschaftler.

1 „Es gibt kein richtiges Leben im falschen." Sprichwörtlich gewordener Satz des deutschen Philosophen Theodor W. Adorno (1903–1969).

Arbeitsanweisung:

Arbeiten Sie die Kernaussagen des Textes *Vom Wunder narrativer Resonanz* von Hartmut Rosa heraus.

Erörtern Sie davon ausgehend die Aussage, Lesen fiktionaler Literatur sei „nicht ein Ersatz für das Leben", sondern es sei „seine Erweiterung und Vertiefung" (vgl. Z. 15 f.). Beziehen Sie eigene Lektüreerfahrungen ein.

Der Schwerpunkt der Aufgabe liegt auf der Erörterung.

Lösungsvorschlag

*Bei der vorliegenden Aufgabe handelt es sich um eine **textgebundene Erörterung**, bei der der Aufsatz „Vom Wunder narrativer Resonanz" als Grundlage für Ihre Auseinandersetzung mit einer vorgegebenen Aussage dient. Deshalb müssen Sie diesen Text inhaltlich erfassen und – wie in der ersten Teilaufgabe verlangt – seine Kernaussagen herausarbeiten. Benennen Sie in Ihrer **Einleitung** Titel, Autor, Erscheinungsort und -jahr sowie das Thema des Textes. Denken Sie daran, bei der **Inhaltszusammenfassung** den **Konjunktiv I** zu verwenden oder durch Formulierungen wie „Hartmut Rosa zufolge" deutlich zu machen, dass es sich nicht um Ihre eigenen Aussagen handelt. Eine Analyse sprachlich-stilistischer Mittel wird hier nicht von Ihnen verlangt. Im Anschluss an die Wiedergabe des Textes **erörtern** Sie die Aussage, dass Lesen kein Ersatz für das Leben, sondern seine Erweiterung und Vertiefung sei. Die Aufgabenstellung lässt Ihnen die Wahl, ob Sie eine **lineare Erörterung** verfassen oder **Pro- und Kontra-Argumente** gegeneinander abwägen. In der vorliegenden Musterlösung werden nur die positiven Auswirkungen des Lesens beleuchtet. Wichtig ist, dass Sie **eigene Lektüreerfahrungen** in Ihre Darstellung einbeziehen. Dafür können Sie Schullektüren und/oder private Lesebeispiele nutzen. Erzählen Sie hierbei nicht die Handlungen der Bücher nach, sondern skizzieren Sie nur grob den jeweiligen Inhalt bzw. das Thema, soweit es für Ihre Ausführungen erforderlich ist. Machen Sie Ihren Standpunkt auch über die Anordnung der Argumente deutlich, indem Sie bei einer Pro-/Kontra-Erörterung erst auf die Gegenposition, dann auf Ihre eigene Position eingehen, und bei einer linearen Erörterung das gewichtigste Argument zum Schluss nennen. Ihre Sichtweise auf die erörterte Aussage sollten Sie in Ihrem **Fazit** nochmals konkret formulieren. Beachten Sie bei Ihrer Ausarbeitung, dass der **Schwerpunkt** der Aufgabe auf der **Erörterung** liegt.*

Einleitung
Informationen zur Textgrundlage

Der Soziologe und Politikwissenschaftler Hartmut Rosa thematisiert in seinem Text *Vom Wunder narrativer Resonanz*, der 2020 in der Sammlung *Warum lesen. Mindestens 24 Gründe* veröffentlicht wurde, die **Auswirkungen des Lesens von Literatur** auf die Lebenswelt des Lesers.

Kernaussagen von Rosa
Lesen als Erweiterung des Lebens

Hartmut Rosa beginnt seine Ausführungen, indem er sein persönliches Leseverhalten und die für ihn bestehende absolute Notwendigkeit täglichen Lesens beschreibt (vgl. Z. 1–8). Im nächsten Absatz (Z. 9–14) bezeichnet er die tradierte Ansicht, **Lesen sei „Ersatz für das richtige**, das wahre, das wirkliche **Leben**" (Z. 12), als **Vorurteil**. Er behauptet, Literaturkonsum sei „Erweiterung und Vertiefung" (Z. 16) des Lebens und formuliert zugespitzt: „**Lesen ist Leben**." (Z. 17)

Folgen des Lesens

Rosa begründet seine These, indem er anschließend die **positiven Folgen aufzählt**, die das Lesen für ihn selbst habe. **Sein Weltverständnis weite sich aus** (vgl. Z. 19), seine „Weltbeziehung [werde] variabel, vielgestaltig und facettenreich“ (Z. 21). Um seine Behauptung zu stützen, verweist Rosa auf ein berühmtes Rilke-Gedicht, in dem ein starrer Bezug zur Welt kritisiert wird.

Anschließend führt der Verfasser seine These weiter aus: Während des Lesens würde man **Menschen und Dinge anders erleben** und in deren Beziehungen zur Welt eintauchen (vgl. Z. 32 f.). Anhand von Beispielen untermauert Rosa diese Aussage. Er selbst schlüpfe während des Lesens in unterschiedliche Figuren, erlebe deren Emotionen und stelle somit immer **neue Verbindungen zur Welt** her (vgl. Z. 33 ff.). Zwar gibt Rosa zu, dass es auch Bücher gebe, bei denen ihm die Identifikation schwerfalle (vgl. Z. 61 f.), da ihre Inhalte ihm „fremd und unheimlich“ (Z. 65) seien. Trotzdem könne er nicht aufhören zu lesen und erfahre dabei tiefgehende Irritationen (vgl. Z. 67). Die beim Lesen entstehenden Empfindungen bezeichnet Rosa als „**narrative Resonanz**“ (Z. 67 f.).

veränderte Weltbeziehungen durch Lesen

Im vorletzten Absatz führt der Soziologe aus, dass **Leben und Lesen Resonanzphänomene** seien (vgl. Z. 69 f.). Resonanz definiert Hartmut Rosa als „**Wechselspiel aus Berührtwerden und darauf Antworten** in einem ergebnisoffenen Prozess, der die Beteiligten verwandelt“ (Z. 76 f.). Der Mensch ließe sich beim Lesen also innerlich berühren und reagiere darauf mit einer gewissen Offenheit, durch die er in eine **Beziehung zur Welt** trete (vgl. Z. 82 f.).

Leben und Lesen als Resonanzphänomene

Hartmut Rosa zeigt in seinem Text **vielfältige Wirkungsmöglichkeiten von Literatur** auf und hebt deren Einfluss auf das Fühlen und Selbsterleben der Lesenden hervor. Er stellt sogar Lesen dem Leben gleich. Damit verweist der Verfasser auf die große **Bedeutung fiktionaler Literatur**.

Zwischenfazit

Erörterung

Annäherung an die vorgegebene Aussage über das Gegenteil

Wahrscheinlich hat fast jeder bei der Lektüre einer Geschichte, eines Märchens oder eines Romans schon einmal die **Zeit vergessen**, weil die Handlung spannend war, weil man wissen wollte, welche Entscheidungen der Held oder die Heldin trifft und wie es ihnen damit ergeht. Man könnte in solchen Fällen durchaus sagen, dass hier das **Lesen als Ersatz für das wahre Leben** fungiert. Denn in den Momenten des Lesens, in denen man in fremde Geschichten eintaucht, entzieht man sich der Realität. Die reale und die literarische Welt scheinen dann keinerlei Berührungspunkte zu haben, sondern der Lesende erweckt den Eindruck, als wäre er aus der Wirklichkeit geflüchtet. Wie kann hier also die von Hartmut Rosa behauptete **Erweiterung und Vertiefung des Lebens durch das Leseerlebnis** stattfinden?

Zunächst einmal gibt es zahlreiche Bücher, die auf die eine oder andere Weise mit unserer **Realität in Zusammenhang** stehen. Man denke zum Beispiel an **Juli Zehs dystopischen Roman *Corpus Delicti*** aus dem Jahr 2009. In diesem wird gezeigt, welche Folgen es hat, in einer Diktatur zu leben, und was geschehen kann, wenn sich Menschen gegen ein solches System stellen. Die Protagonistin Mia Holl ist im Grunde systemtreu. Aus Trauer um ihren Bruder Moritz, der unschuldig des Mordes angeklagt worden ist und sich deshalb das Leben genommen hat, gerät sie aber in Konflikt mit der Regierung, unter anderem, weil sie die obligatorische Meldung ihrer Gesundheitsdaten unterlässt. Obwohl Juli Zeh in ihrer düsteren Zukunftsvision vieles vereinfacht und zuspitzt, sind **Parallelen zu gegenwärtigen Entwicklungen** in der realen Welt unverkennbar. Es ist also kaum möglich, das Buch zuzuklappen und einfach aus der Handlung auszusteigen. Im Kern geht es um Datenmissbrauch, Überwachung und dadurch Beschränkung von Freiheit. Wer eine Fitnessuhr, ein Smartphone oder ein Notebook verwendet und im Internet surft, muss sich mit der **Nutzung seiner persönlichen Daten** auseinandersetzen. Außerdem wirft der Roman die Frage auf, wie viel individuelle Freiheit man aufgeben möchte, um in Sicherheit leben zu können. Juli Zeh appelliert mit *Corpus Delicti* an die Eigenverantwortung jedes Einzelnen. Es braucht mündige Bürger, damit sich ein solches System, wie es im Buch geschildert wird, nicht etablieren kann. Der Roman beeindruckt, lässt staunen und regt im besten Fall zum **Überdenken des eigenen Verhaltens** an. Damit geschieht narrative Resonanz, wie Hartmut Rosa sie formuliert.

Beispiel: *Corpus Delicti* (Juli Zeh)

inhaltliche Verknüpfung von Roman und Realität

Auswirkung des Lesens: Lenkung der Aufmerksamkeit auf reale Probleme

Nachdenken über eigenes Verhalten

Natürlich passiert das nicht bei jedem Buch so intensiv, denn neben dem Thema ist auch die **Art des Erzählens** entscheidend für die Wirkung. Wenn Hartmut Rosa in seinem Text davon spricht, dass er zum Beispiel als „ein Soldat im Schützengraben" (Z. 33) neue Weltbeziehungen erlebt, kann diese Aussage mit dem Roman ***Im Westen nichts Neues* von Erich Maria Remarque** untermauert werden. Darin schildert der 19-jährige Paul Bäumer seine Kriegserlebnisse als Frontkämpfer. Die Ereignisse sind besonders aufgrund der Erzählweise aus der **Ich-Perspektive** spannend und berührend, denn der Leser befindet sich quasi im Kopf des Protagonisten und sieht durch dessen Augen. Er erlebt mit, was Paul Bäumer im Ersten Weltkrieg widerfährt, er ängstigt sich und er kämpft um sein Leben. Ein sachlicher historischer Bericht hätte wohl keine derart **intensive Wirkung** auf die Leserschaft. Wenn man den Roman liest, vergleicht man unwillkürlich Bäumers Situation mit dem eigenen Dasein und überlegt, was es bedeuten würde, jetzt in einem Krieg zu kämpfen. Dadurch können sich **Lebenseinstellungen ändern**, beispielsweise können Leserinnen und Leser eine kritische Sichtweise

Bedeutung der Erzählweise für die Wirkung von Literatur

Beispiel: *Im Westen nichts Neues* (Erich Maria Remarque)

Auswirkung des Lesens: Veränderung von Einstellungen

auf Kriege entwickeln und somit die Erhaltung des Friedens unterstützen. Des Weiteren werden **scheinbare Selbstverständlichkeiten**, zum Beispiel, die Schule besuchen zu können, **neu betrachtet und wertgeschätzt**. Dadurch „löst sich die Starrheit [...] alltäglichen, routinierten In-der-Welt-Seins" (Z. 19 ff.), wie Rosa sagt.

Literatur als Auslöser von Gefühlen

Hartmut Rosa schreibt, beim Lesen „kommen und gehen Empfindungen der Angst, des Begehrens [...] und der Wut" (Z. 46 ff.). Das heißt, der Leser ist, während er im Buch versinkt, **den unterschiedlichsten Eindrücken ausgesetzt** und diese bewirken in ihm einiges. Dem kann unumwunden zugestimmt werden, denn wer zum Beispiel einen Liebesroman liest, wünscht sich normalerweise, dass sich die Liebenden annähern und letztlich zusammenkommen. Hier werden **Gefühle angesprochen, die jeder** auf die eine oder andere Weise **bereits selbst empfunden hat**. Wer ein Buch liest, in dem eine Familiengeschichte geschildert wird, erkennt vielleicht Verhaltensmuster aus dem eigenen Umfeld wieder. Man schüttelt eventuell den Kopf über die Äußerung einer literarischen Figur, nickt zustimmend beim Verhalten einer anderen und versteht gegebenenfalls, warum zum Beispiel ein Elternteil oder Kinder so handeln. Der Leser ist also mitten in der Handlung und **wird vom Gelesenen berührt**. Durch Literatur erlebt man somit **Gefühle**, die man auch **aus dem realen Leben** kennt, was Rosas These einer Vertiefung der Welterfahrung stützt. Manchmal fällt diese Berührung, wie Rosa schreibt, auch **negativ** aus: In einem **Kriminalroman** zum Beispiel wirken die aufzuklärenden Mordfälle sowie die Täter oft **abstoßend**. Trotzdem löst die **mentale Berührung mit dem Gelesenen** beim Rezipienten eine Empfindung aus, was Rosa als Resonanz bezeichnet.

Ambivalenz der Gefühle beim Lesen

Förderung von Empathie durch Lesen

Literatur ermöglicht es, durch den Einblick in fremde Lebensweisen **Verständnis für die Sorgen und Nöte anderer Menschen** zu entwickeln. Wer beispielsweise durch einen Roman die Empfindungen einer Person nachvollzieht, die aus ihrem Land fliehen muss, wird Asylsuchende danach mit verständnisvolleren Augen betrachten. Zudem können Leserinnen und Leser sich durch Literatur **gedanklich in Situationen versetzen**, in die sie später einmal geraten könnten. Das Ende von Liebesbeziehungen wird beispielsweise häufig in Büchern thematisiert. Durch die Protagonisten lernt man **unterschiedliche Handlungsweisen und deren wahrscheinliche Folgen** kennen, beispielsweise, dass es keine gute Idee ist, Beziehungen per Textnachricht zu beenden. Passionierte Leserinnen und Leser haben viele Situationen also zumindest gedanklich bereits erlebt, was ihnen bei der Bewältigung ihres Alltags helfen kann. Literatur kann somit die **Empathie und Handlungssicherheit schulen** und daher für das Leben in der wirklichen Welt nützlich sein.

Verbesserung der Handlungssicherheit

Weitere Aspekte der **Verflechtung von Literatur und Realität** zeigen sich an den **Kriminalromanen um Kommissar Max Heller**, von denen der Dresdner Autor **Frank Goldammer** sieben Bände geschrieben hat. Die Arbeit des Polizisten steht hier im Mittelpunkt. Dies ermöglicht es dem Leser, Einblick in einen Beruf zu bekommen, den er vielleicht nie selbst ausüben wird. Daneben bietet Literatur eine Vielzahl weiterer **gedanklicher Erlebnisse, die einem in der realen Welt verwehrt bleiben:** In Büchern kann man sich für einige Stunden an weit entfernten Orten aufhalten, dem anderen Geschlecht angehören oder eine Zeitreise unternehmen. Der erste Heller-Roman spielt beispielsweise in den Jahren 1944–1945 in Dresden und thematisiert damit ein besonderes Kapitel der Stadtgeschichte. Liest man als Dresdner oder Dresdnerin dieses Buch, geht man plötzlich in Gedanken die Wege des Protagonisten entlang, vergleicht Beschreibungen im Krimi mit aktuellen Gegebenheiten und vertieft dadurch sein Verhältnis zur Heimatstadt. Darin zeigt sich eine weitere Art der Erweiterung des realen Lebens durch Literatur: Leserinnen und Leser können mithilfe von Büchern **vertraute Orte durch die Augen eines anderen erleben** oder **auf bisher unbekannte Plätze aufmerksam werden**, die sie später in der Realität aufsuchen. Weltbeziehungen ändern sich durch das Lesen, wie auch Hartmut Rosa in seinem Text schreibt.

Beispiel: Kriminalromane von Frank Goldammer

Ermöglichung von gedanklichen Erlebnisse

realer Besuch von Romanschauplätzen

Literatur berührt auf vielfältige Weise, etwa durch Parallelen zur Realität oder eindringlich geschilderte Erlebnisse. Romane können aus dem realen Leben bekannte Gefühle widerspiegeln und Empathie wecken. Außerdem ermöglichen sie eine Erweiterung des Weltbildes durch gedankliche Erfahrungen und eine neue Perspektive auf vertraute Orte. Durch all diese Aspekte ist die **Verbindung zwischen fiktionaler Literatur und mir als Leser** gegeben, denn beide Seiten wirken aufeinander ein, sodass **keine Parallelwelten** existieren. Wäre fiktionale Literatur nur „Ersatz für das richtige, das wahre, das wirkliche Leben“ (Z. 12), würden sich beide Welten, die ausgedachte und die reale Welt, nicht berühren. Deshalb kann abschließend mit Hartmut Rosa konstatiert werden: „Lesen ist nicht ein Ersatz für das Leben, es ist seine Erweiterung und Vertiefung.“ (Z. 15 f.)

Fazit

Leistungskurs Deutsch (Sachsen): Abiturprüfung 2022
Aufgabe 1: Literarische Erörterung

Johann Wolfgang Goethe (1749–1832): Wilhelm Meisters Lehrjahre (1795/96)

„[…] Und da der Geist verschwunden ist, wen sehen wir vor uns stehen? Einen jungen Helden, der nach Rache schnaubt? Einen gebornen Fürsten, der sich glücklich fühlt, gegen den Usurpator seiner Krone aufgefordert zu werden? Nein! Staunen und Trübsinn überfällt den Einsamen; er wird bitter gegen die lächelnden Bösewichter, schwört, den Abgeschiedenen nicht zu vergessen, und schließt mit dem bedeutenden Seufzer: ‚Die Zeit ist aus dem Gelenke; wehe mir, daß ich geboren ward, sie wieder einzurichten.'

In diesen Worten, dünkt mich[1], liegt der Schlüssel zu Hamlets ganzem Betragen, und mir ist deutlich, daß Shakespeare habe schildern wollen: eine große Tat auf eine Seele gelegt, die der Tat nicht gewachsen ist. Und in diesem Sinne find ich das Stück durchgängig gearbeitet. Hier wird ein Eichbaum in ein köstliches Gefäß gepflanzt, das nur liebliche Blumen in seinen Schoß hätte aufnehmen sollen; die Wurzeln dehnen sich aus, das Gefäß wird zernichtet.

Ein schönes, reines, edles, höchst moralisches Wesen, ohne die sinnliche Stärke, die den Helden macht, geht unter einer Last zugrunde, die es weder tragen noch abwerfen kann; jede Pflicht ist ihm heilig, diese zu schwer. Das Unmögliche wird von ihm gefordert, nicht das Unmögliche an sich, sondern das, was ihm unmöglich ist. Wie er sich windet, dreht, ängstigt, vor- und zurücktritt, immer erinnert wird, sich immer erinnert und zuletzt fast seinen Zweck aus dem Sinne verliert, ohne doch jemals wieder froh zu werden."

Aus: Goethe, Johann Wolfgang: Wilhelm Meisters Lehrjahre. Stuttgart: Reclam 1982, S. 254 f.

1 Bei dem Ich-Erzähler handelt es sich um die Titelfigur Wilhelm Meister aus Goethes Roman.

Figurenverzeichnis: William Shakespeare (1564–1616), Hamlet (1601)

Hamlet	Prinz von Dänemark
Claudius	König von Dänemark, Hamlets Onkel
Gertrude	Königin von Dänemark, Hamlets Mutter
Polonius	Kämmerer des Königs
Ophelia	Tochter des Polonius
Laertes	Sohn des Polonius
Horatio	Freund und Vertrauter Hamlets
Rosenkranz und Güldenstern	Jugendfreunde Hamlets

Arbeitsanweisung:

Erschließen Sie das im Auszug aus dem Roman *Wilhelm Meisters Lehrjahre* von Johann Wolfgang Goethe vermittelte Hamlet-Bild.

Erörtern Sie diese Sicht auf Hamlet vor dem Hintergrund Ihrer Kenntnisse zu William Shakespeares Tragödie.

Der Schwerpunkt der Aufgabe liegt auf der Erörterung.

Lösungsvorschlag

Die vorliegende Aufgabe setzt ***Methodenkenntnisse zur literarischen Erörterung*** *voraus. Darüber hinaus sollten Sie über anwendungsbereites Wissen zu Shakespeares Tragödie „Hamlet“ verfügen. Der zweigeteilte Arbeitsauftrag verlangt zunächst von Ihnen, sich mit einem Auszug aus* ***Goethes Roman „Wilhelm Meisters Lehrjahre“*** *zu beschäftigen und das im Textausschnitt vermittelte Hamlet-Bild zu erschließen. Diese Aufgabenstellung impliziert eine* ***differenzierte inhaltliche Beschäftigung*** *mit dem Text, um ergiebige Erörterungsaspekte ableiten zu können. Die sprachlich-stilistische Gestaltung des vorliegenden Romanauszugs können Sie unberücksichtigt lassen. Beachten Sie, dass die zur Hamlet-Figur geäußerten Behauptungen die* ***Gedanken der literarischen Figur Wilhelm Meister*** *sind und nicht zwangsläufig die Sicht Goethes auf Shakespeares Tragödie widerspiegeln. Kenntnisse zum Roman oder eine Einordnung des Werks in die Epoche der Klassik werden nicht vorausgesetzt.*

Weil das im Romanauszug vermittelte Hamlet-Bild die Grundlage für eine sich anschließende Erörterung bildet, ist es notwendig, die Äußerungen Wilhelm Meisters genauestens zu analysieren und den ***Gedankengang der literarischen Figur nachzuvollziehen****, um sich im Folgenden dazu positionieren zu können.*

Ausgangspunkt der Erörterung sollte eine klare ***Bestimmung des tragischen Konflikts in „Hamlet“*** *sein, da sich der vorliegende Romanauszug im Wesentlichen mit den Ursachen von Hamlets Scheitern auseinandersetzt. Außerdem knüpft der Text, welcher der Erörterung zugrunde liegt, direkt an den Moment an, in dem der Geist des verstorbenen Königs Hamlet den Racheauftrag erteilt, der den Dramenkonflikt auslöst. Dies sollten Sie bei Ihrer Erschließung erwähnen. Nicht zielführend ist allerdings eine umfangreiche Zusammenfassung des Tragödieninhalts.*

Im Erörterungsteil des Aufsatzes haben Sie die Aufgabe, die ***Sicht der Romanfigur Wilhelm Meister auf die Dramenfigur Hamlet mit Ihrem eigenen Hamlet-Bild abzugleichen****. Legen Sie in diesem Zusammenhang Ihre Position auf Basis Ihrer Werkkenntnisse zu Shakespeares „Hamlet“ begründet dar. Beachten Sie, dass die Aufgabe nicht erfüllt ist, wenn Sie nur einige Teilaspekte des Romanauszugs herauslösen und diese diskutieren. Es ist zwingend notwendig, das* ***in seiner Komplexität vermittelte Hamlet-Bild zu erfassen und sich differenziert damit auseinanderzusetzen****. Sie ha-*

ben die Möglichkeit, den Aussagen Wilhelm Meisters zuzustimmen, diesen zu widersprechen oder auch Gedanken weiterzuführen und zu hinterfragen, die im Textauszug nur kurz angerissen werden. Beweisen Sie unter ***Nutzung Ihrer Werkkenntnisse****, dass Sie selbst über ein fundiertes und reflektiertes Hamlet-Bild verfügen.*
Schließen Sie Ihren Aufsatz mit einem klaren ***Fazit zum Vergleich Ihres persönlichen Hamlet-Bilds mit dem der Romanfigur Wilhelm Meister*** *ab. Beachten Sie bei der Konzeption Ihrer Ausführungen, dass der Schwerpunkt der Aufgabe auf der Erörterung liegt.*

Einleitung
Hinführung zum Thema

Für die einen ist **Hamlet** ein „schönes, reines, edles, höchst moralisches Wesen" (Z. 14), für die anderen ein neurotischer Psychopath. Nur wenige literarische Figuren werden seit ihrer Erschaffung derart **kontrovers diskutiert** und können eine so umfangreiche Rezeptionsgeschichte vorweisen wie die Titelfigur Hamlet aus William Shakespeares gleichnamiger Tragödie. Es überrascht also nicht, dass auch Johann Wolfgang Goethe in seinem 1795/96 erschienenen Roman *Wilhelm Meisters Lehrjahre* (s)eine Sichtweise auf den dänischen Thronfolger entwirft, die er mithilfe seines Protagonisten Wilhelm Meister darlegt. Während Goethes Romanfigur **Empathie für Hamlet** entwickelt und die unverschuldete Ausweglosigkeit seines Kampfes in den Fokus rückt, sehen andere Rezipienten der Shakespeare-Tragödie in Hamlet lediglich einen **egozentrischen Versager**, der sich und alle ihm nahestehenden Personen in den Untergang führt. Inwiefern trägt die Gestaltung der Dramenfigur Hamlet dazu bei, dass einige sich mit ihr identifizieren können und in ihren Konflikten wiederfinden, während andere eine klare, vernichtende Ablehnung des dänischen Thronfolgers formulieren?

Analyse des Goethe-Textes
komplexes Hamlet-Bild

In dem zu erschließenden Textauszug spricht Wilhelm Meister gegenüber einer nicht näher bezeichneten Person oder mehreren nicht genannten Menschen **wohlwollend und empathisch über die Dramenfigur Hamlet**. Goethe hat die von ihm geschaffene fiktive literarische Figur mit umfangreichem Wissen zu Shakespeares Tragödie ausgestattet, sodass sie ein **komplexes Hamlet-Bild** entwickeln und sich auch zu **Shakespeares Intention in Bezug auf Hamlets Charaktergestaltung** äußern kann. Dass Wilhelm Meisters Ansichten mit Goethes Meinung korrespondieren, lässt sich nur vermuten, ist aber naheliegend.

Ausgangssituation: Racheauftrag des Vaters

Der vorliegende Romanauszug nimmt im ersten Satz Bezug auf jene Szene der Tragödie, in der der überraschend **verstorbene Dänenkönig** zu nächtlicher Stunde **seinem Sohn Hamlet in Gestalt eines Geistes erscheint**, ihn über die wahren Umstände seines gewaltsamen Ablebens informiert und ihm einen klaren **Racheauftrag erteilt**. Diese väterliche Anordnung nimmt Hamlet unter Ableistung eines Schwurs an. Der Leser des Textauszugs fühlt sich durch Wilhelm Meisters Frage: „[W]en sehen wir vor uns stehen?“ (Z. 1) unmittelbar angesprochen und hineinversetzt in die beschriebene Situation. Erst im nächsten Satz wird deutlich, dass sich die Frage nicht – wie zunächst angenommen – auf den Namen der Person bezieht, sondern auf die unmittelbare Reaktion Hamlets, nachdem er mit dem Racheauftrag konfrontiert wurde.

erwartete Reaktionen Hamlets

Durch die Verwendung rhetorischer Fragen führt Wilhelm Meister seinem Gesprächspartner (und damit auch dem Leser) sodann zwei wahrscheinliche und vom Theaterbesucher vermutlich **erwartete Reaktionen Hamlets** auf den Racheauftrag seines Vaters vor Augen. Zunächst zeichnet er das Bild „[e]ine[s] jungen Helden“ (Z. 1 f.), der emotional höchst berührt ist und sich unverzüglich dem Auftrag widmet, seinen **geliebten Vater zu rächen**. Anschließend beschreibt Meister es als logische Reaktion auf die Ermordung des dänischen Königs, dass Hamlet als Thronfolger und „geborne[r] Fürs[t]“ (Z. 2) hochmotiviert **um die dänische Krone kämpft** und deren „Usurpator“ (Z. 3) Claudius, den Bruder des verstorbenen Königs, besiegt. Beide beschriebenen Szenarien führen uns einen **tatkräftigen und entschlossenen Hamlet** vor Augen, der einerseits als Sohn Blutrache für seinen geliebten Vater üben und andererseits für das Wohl Dänemarks kämpfen würde. Die Worte des Geistes würden ihm dann nur bestätigen, was er intuitiv schon gespürt hat.

passive Reaktion Hamlets wegen Überforderung

Wilhelm Meister zeigt nun mit dem Ausruf „Nein!“ (Z. 3), dass die Erwartungen des Theaterpublikums durch Shakespeare ad absurdum geführt werden. Denn **Hamlet reagiert** im weiteren Handlungsverlauf der Tragödie **überraschend passiv**. Statt sich umgehend der Durchführung des Racheauftrags zu widmen, zieht er sich in sich selbst zurück und scheint **mit der Krisensituation überlastet**. Die Worte des Geistes würden bei Hamlet „Staunen“ (Z. 3) auslösen, er werde von „Trübsinn“ (Z. 4) geplagt, nehme sich als einsam und von der Welt verlassen wahr und scheine damit überfordert zu sein, täglich den „lächelnden Bösewich[t]“ (Z. 4) Claudius ertragen zu müssen. Der vor den Augen des Theaterzuschauers zunächst bereitwillig angenommene Racheauftrag des Vaters wird nun reduziert auf das **Versprechen, den Verstorbenen nicht zu vergessen** (vgl. Z. 5).

Äußerung Hamlets als Ausdruck seines Charakters

Wilhelm Meister zitiert im Folgenden eine Äußerung Hamlets, in der er dessen charakterliche Wesenszüge zu erkennen glaubt: „Die Zeit ist aus dem Gelenke; wehe mir, daß ich geboren ward, sie wieder einzurichten.“ (Z. 6 f.) Diese Aussage, in der Meister die **Ursache für Hamlets ungewöhnliches Verhalten** sieht, erläutert er nun genauer. Er behauptet, es sei Shakespeares Intention, dem Theaterpublikum bewusst einen Charakter vor Augen zu führen, der in einer

Konfliktsituation an der ihm auferlegten, für ihn übermächtigen Aufgabe scheitert (vgl. Z. 9 f.). Mit Blick auf den „bedeutenden Seufzer" (Z. 5 f.) Hamlets liegt die Vermutung nahe, dass dieser selbst zu der Schlussfolgerung gelangt ist, der Aufgabe nicht gewachsen zu sein. Hamlets psychische Disposition tritt auch dadurch hervor, dass er sein **persönliches Problem zum Weltuntergangsszenario stilisiert** („Die Zeit ist aus dem Gelenke", Z. 6) und beklagt, geboren worden zu sein, um die Bürde der Weltrettung zu tragen. Der vom Theaterbesucher erwartete nach Rache schnaubende Held und Verteidiger der dänischen Krone wird zum **ichbezogenen, klagenden, introvertierten Opfer**.

Metapher für Hamlets unausweichliches Scheitern

Meister führt im Folgenden seine These weiter aus, Shakespeare habe den Charakter Hamlets bewusst so angelegt, dass der Theaterzuschauer gezwungen sei, dem an seiner Aufgabe scheiternden Königssohn zuzuschauen und seinen **unausweichlichen Untergang** mitzuerleben. Er veranschaulicht seine Sichtweise **metaphorisch** durch die Umschreibung Hamlets **als „köstliches Gefäß"** (Z. 11), in dem nur „liebliche Blumen" (Z. 12) Platz hätten, gleichzusetzen mit einem sorgenfreien und glücklichen Leben. Den Racheauftrag, der nicht mit Hamlets Wesen korrespondiere, beschreibt Meister als einen mit seinen Wurzeln um sich greifenden „Eichbaum" (Z. 11), der das dafür nicht vorgesehene „köstlich[e] Gefäß" (Z. 11) Hamlet zerbreche. Die sich ausdehnenden, **zerstörerischen Wurzeln** (vgl. Z. 12 f.) beschreiben die **Zuspitzung des Konflikts** im weiteren Handlungsverlauf der Tragödie und die daraus resultierende **Vernichtung Hamlets**.

positive Charakterisierung Hamlets

Wilhelm Meisters offenkundig **wohlwollende Sichtweise auf Hamlet** wird im folgenden Abschnitt (vgl. Z. 14 ff.) weiter ausgeführt. Eine Akkumulation an Adjektiven beschreibt den **einzigartigen Charakter** der Dramenfigur. Hamlet sei „[e]in schönes, reines, edles, höchst moralisches Wesen" (Z. 14). Zum Verhängnis werde ihm jedoch die **fehlende**, einen Helden ausmachende **mentale Stärke** („sinnliche Stärke", Z. 14), was dazu führe, dass er unter der ihm auferlegten Last zugrunde gehe. Hamlets **Pflichtbewusstsein** (vgl. Z. 16) mache es ihm unmöglich, die Last abzuwerfen, die ihn zu Boden drückt. Meister betont explizit, dass die Aufgabe – die Durchführung der Rache – an sich lösbar gewesen wäre, jedoch nicht für Hamlet wegen dessen psychischer Disposition (vgl. Z. 16 f.). Damit **relativiert und entschuldigt er Hamlets Scheitern**.

psychische Disposition als Entschuldigung für Scheitern

erneute Betonung der Überforderung und des unausweichlichen Scheiterns

Inhaltlich an den ersten Abschnitt des Romanauszugs anknüpfend, wird nun erneut darauf hingewiesen, wie **unbeholfen, unentschlossen und ängstlich** der dänische Thronfolger bei der Erfüllung des Racheauftrags agiere, da er sich, statt zu handeln, „windet, dreht, ängstigt, vor- und zurücktritt, immer erinnert wird, sich immer erinnert“ (Z. 18). Die Überforderung Hamlets mit der Last, die er nicht tragen kann, führt letztendlich dazu, so Meister, dass Hamlet in der Krise fast seinen „Zweck“ (Z. 19), das heißt **seinen Racheauftrag, aus den Augen verliert** und trotz aller Bemühungen keine Chance hat, zu einem glücklichen Leben zurückzufinden (vgl. Z. 19 f.).

Zwischenfazit: Hamlet-Figur bei Goethe

Johann Wolfgang Goethe zeichnet mithilfe seiner Romanfigur Wilhelm Meister ein **komplexes und sehr positives Hamlet-Bild**. Meister formuliert im vorliegenden Romanauszug die These, dass Shakespeare schon allein durch die Konzeption seiner fiktiven Dramenfigur die Intention verfolgt habe, ein **Versagen Hamlets zwingend** herbeizuführen und ihn **aufgrund seines Charakters** an der Aufgabe zugrunde gehen zu lassen. Es entsteht der Eindruck, dass Meister Hamlet im Wesentlichen von der Schuld am Scheitern in Bezug auf den Racheauftrag freisprechen möchte. Charakterliche Dispositionen sind dem Menschen zum Großteil angeboren; sie können durch Erfahrung und Erziehung zwar beeinflusst und geformt, jedoch nicht grundsätzlich verändert werden. Resümierend lässt sich festhalten, Shakespeare hat laut Meisters Behauptung den Theaterzuschauern zeigen wollen, wie ein **Mensch aufgrund seines Wesens am Leben und seinen Konflikten zerbricht**.

Erörterung

Hamlet als Charaktertragödie

Untersucht man die Gründe für das Scheitern Hamlets genauer, so sollte man zunächst die Prämisse setzen, dass eine **Tragödie**, um die es sich bei Shakespeares Werk handelt, grundsätzlich gekennzeichnet ist durch einen **unlösbaren tragischen Konflikt**, der die beteiligten Personen unausweichlich in Leid und Vernichtung führt. Shakespeare gilt als Meister der sogenannten **Charaktertragödie**, in der die **Ursachen für das Scheitern** der Dramenfiguren nicht in äußeren Umständen begründet liegen, sondern **im Charakter der Figuren** selbst, der in ihnen unlösbare innere Konflikte hervorruft. Dieser Grundidee scheint sich auch Wilhelm Meister anzuschließen. Doch lässt sich diese Annahme anhand des Verhaltens und der zahlreichen Monologe Hamlets belegen?

Begründung von Hamlets Reaktion auf den Geist durch seine Bildung

Folgt man der These, dass Hamlets charakterliche Disposition zu seinem Untergang geführt hat, so sollte man zunächst konstatieren, dass **Hamlet ein empfindsamer, intelligenter junger Mann** ist, der in seinen Einstellungen maßgeblich durch seine Zeit an der Universität Wittenberg geprägt wurde. Als **humanistisch gebildeter Mensch** der Renaissance scheint er förmlich deplatziert an Dänemarks mittelalterlichem Königshof. Nach der plötzlichen Rückkehr von seinem Studienort ist er permanent wechselnden Gefühlen und Gedanken ausgesetzt, die ihn verzweifeln lassen. Soll er tatsächlich den verführerischen Worten eines Geistes glauben, weil sie genau dem entsprechen, was er hören möchte? Der plötzliche Tod des geliebten Vaters kann nicht nur ein einfacher Schicksalsschlag sein, sondern muss auf einer Intrige des verhassten Onkels beruhen. Unüberlegt und geradezu im Affekt nimmt Hamlet den Racheauftrag an, um die Welt wieder ins Lot zu bringen. Auf der anderen Seite ist er rational genug, um zu wissen, dass eine mittelalterliche Blutrache nicht zu seinen Überzeugungen passt. Wenn Hamlet also zunächst **Beweise für die Worte des Geistes sammeln** will und sich, um Zeit zu gewinnen, vorübergehend wahnsinnig stellt, können die Theaterbesucher dies gut nachvollziehen. Brillant erscheint die Szene in der Bibliothek, in der Hamlet, **Wahnsinn vortäuschend**, den Kämmerer Polonius an der Nase herumführt und ihn als Marionette des Königs entlarvt.

vorgetäuschter Wahnsinn zum Sammeln von Beweisen

Im weiteren Verlauf der Handlung kommen dem Publikum jedoch zunehmend **Zweifel, ob Hamlet den Wahnsinn nur vortäuscht** oder ihm tatsächlich verfallen ist. Träfe Letzteres zu, spräche das für seine Schuldunfähigkeit und würde Wilhelm Meisters These stützen. Dann wäre dies ein erster Beleg dafür, dass Hamlet wegen seines Wesens den Racheauftrag nicht ausführen kann. So stellt sich auch die Frage, ob Hamlet in der Szene, in der er in Gegenwart seiner Mutter Polonius tötet, wirklich zurechnungsfähig ist. Mit absoluter **Gefühllosigkeit und Ignoranz** konstatiert er den Tod des Kämmerers, der zwar kein Sympathieträger ist, aber dennoch keine Ratte, wie Hamlet ihn verächtlich bezeichnet. Ist Hamlet tatsächlich Herr seiner Sinne und Gefühle, als er Ophelia als Hure beschimpft und ihr rät, ins Kloster zu gehen? Peinlich berührt ist man als Zuschauer, wenn Hamlet vor dem Hofstaat unter Verwendung zahlreicher sexueller Anspielungen mit seiner früheren Geliebten darüber diskutiert, ob er seinen Kopf in ihren Schoß legen solle. Es scheint schwierig, sich an dieser Stelle Meisters Meinung anzuschließen, Hamlet sei ein „schönes, reines, edles, höchst moralisches Wesen" (Z. 14). Er vernichtet seine Geliebte Ophelia und treibt sie in den Selbstmord, tötet den zwar anstrengenden, aber doch harmlosen Polonius im Affekt und schickt seine ehemaligen Schulfreunde Rosenkranz und Güldenstern nach England in den sicheren Tod. Betrachtet man Hamlet als zurechnungsfähig, **lädt er eindeutig Schuld auf sich**, indem er sein persönliches Leid über alles und alle stellt und sich sogar legitimiert sieht, andere Menschen zu töten. Persönliches Unglück rechtfertigt es niemals, im Gegenzug anderen Menschen Unrecht und Schaden zuzufügen. Auch der von Meister formulierte Vergleich Hamlets mit einem „köstliche[n] Gefäß" (Z. 11) ist fragwürdig. Andererseits zeigt diese Metapher treffend, dass **Hamlet nicht in der Lage ist, sich auf unerwartete Situationen einzustellen** – Eichbaum statt lieblicher Blumen – und deshalb zerbricht.

Hamlets Wahnsinn vorgetäuscht oder echt?

fehlende Anpassungsfähigkeit

Mit Zuspitzung des Konflikts gibt sich Hamlet immer mehr seinem persönlichen Schmerz hin und **verliert die Empathiefähigkeit** gegenüber ihm nahestehenden Personen, sodass man als Theaterzuschauer an den von Meister gepriesenen guten Charaktereigenschaften wiederholt zweifeln muss. Hamlet hätte wissen müssen, dass Ophelia in ihren Entscheidungen nicht frei ist und ihrem Vater gehorchen muss, der sie als Lockvogel einsetzt, um im Auftrag des Königs den Grund für Hamlets Wahnsinn herauszufinden. Sein Zorn trifft eine Unschuldige und verschont den eigentlichen Gegner. Auffällig oft **reflektiert** Hamlet in seinen zahlreichen Monologen **seine persönlichen Befindlichkeiten** und schwelgt darin, seine eigene Situation umfassend zu analysieren. Wilhelm Meister beschreibt dieses Verhalten, indem er Hamlet von „Staunen und Trübsinn" (Z. 3 f.) überfallen sieht. Staunen? – Oft hat der Zuschauer des Theaterstücks während der umfangreichen Monologe das Gefühl, Hamlet genieße und zelebriere seine Situation und liebe es, immer wieder **mit neuen Worten zu beschreiben, in welch auswegloser Lage er sich befinde**, statt darauf zu reagieren. Diese Neigung Hamlets unterstreicht der von Wilhelm Meister erwähnte „bedeutend[e] Seufzer" (Z. 5 f.). Trübsinn? – Hamlet gibt seinen melancholischen Stimmungen gern Raum und **zieht sich bewusst von vertrauten Menschen zurück, um** einsam und vor allem ungestört absichtsvoll **zu leiden**. Hamlet müsste nicht einsam sein – seine Mutter liebt ihn und will sein Vertrauen zurückgewinnen. Ophelia glaubt seinen Liebesschwüren und träumt zu Beginn des Dramas von einer gemeinsamen Zukunft, die Hamlet auf grausame Art und Weise zerstört. Horatio ist bis zum Einsetzen der Katastrophe im fünften Akt ein treuer und verlässlicher Freund. Und auch das dänische Volk würde Hamlet als neuen König unterstützen und ihn verehren. Hamlet entscheidet sich bewusst dafür, alle ihm vertrauten Menschen von sich zu stoßen und sich zurückzuziehen. Dieser **Hang zur Egozentrik** und die **Unfähigkeit, auf andere Menschen zuzugehen**, um offen mit ihnen zu kommunizieren, sind Wesenszüge, die ihn in Konfliktsituationen maßgeblich behindern, von Meister aber mit keinem Wort erwähnt werden.

mangelnde Empathiefähigkeit Hamlets

Egozentrik

genussvolles Leiden statt Handeln

bewusst gewählte Einsamkeit

Das beschriebene Verhalten korrespondiert allerdings mit Hamlets **Problem, sich mit** dem **Racheauftrag aktiv auseinanderzusetzen** und konkrete Maßnahmen zu ergreifen, deren Konsequenzen er zu verantworten hätte. So wie er sich anderen Personen gegenüber – mit Ausnahme Horatios – nicht öffnen kann und will, ist er auch nicht in der Lage, für sich selbst Antworten zu finden und die **Konsequenzen anzunehmen**. Dieses Dilemma wird schon in Hamlets berühmtestem Satz deutlich: „Sein oder Nichtsein, das ist hier die Frage".

fehlende Entschlusskraft und mentale Stärke

Wilhelm Meister umschreibt dies in seinem Text mit der Behauptung, Hamlet fehle „die sinnliche Stärke, die den Helden macht" (Z. 14 f.). Die Formulierung „sinnliche Stärke" ist nicht eindeutig definierbar. Gemeint sind hier wahrscheinlich unter anderem Eigenschaften wie **mentale Stärke, Mut, Entschlossenheit und Zielstrebigkeit**, die unabdingbar sind, um sich als Held zu bewähren, und die Hamlet eindeutig **fehlen**.

Bewusstsein Hamlets für persönliche Defizite

In der Tragödie lassen sich zahlreiche Hinweise dafür finden, dass **Hamlet um seine Passivität und um seine persönlichen Defizite weiß** – Eigenschaften, für die er sich sogar verachtet. Als Beleg kann jene Szene angeführt werden, in der Hamlet auf das durch Dänemark in den Krieg gegen Polen ziehende norwegische Heer trifft und er sich mit dem jungen **Fortinbras**, dem Thronfolger Norwegens, vergleicht. Der dabei gefasste Entschluss, ebenso wie Fortinbras unverzüglich zur Tat zu schreiten, hat jedoch nicht lange Bestand. Erneut findet Hamlet Gründe, wichtige Entscheidungen nicht zu treffen, sein Schicksal zu beklagen und wieder einmal nichts zu tun. Eine weitere von Shakespeare als **Kontrast zu Hamlet** angelegte Figur ist **Laertes**, der Sohn des Polonius. Anders als Hamlet fordert er sofort und völlig überstürzt Rache für die Ermordung seines Vaters und lässt sich – blind vor Hass – von Claudius als Werkzeug für dessen Intrige gegen Hamlet benutzen. Laertes handelt falsch, aber er ist aktiv. Damit verkörpert er die Hamlet fehlenden Eigenschaften, die Wilhelm Meister mit „sinnliche[r] Stärke" (Z. 14) umschreibt.

Fortinbras und Laertes als Kontrastfiguren zu Hamlet

Zweifel an Hamlets Eignung zum König

Hamlets Entsendung zum Studium nach Wittenberg diente vermutlich dem Ziel, ihn auf seine **Rolle als Dänemarks zukünftigen König** vorzubereiten. Es stellt sich die Frage, ob er dazu wirklich in der Lage wäre oder ob es ihm eventuell ganz recht ist, dass der Usurpator Claudius sich um die Geschicke Dänemarks kümmert und er selbst sich der Trauer um seinen Vater sowie der Wut über die Blutschande seiner Mutter und ihre überstürzte Heirat hingeben kann. Fehlt Hamlet die persönliche Reife, um die politische Tragweite seines Verhaltens im Vorfeld zu ermessen? Wäre er in der Lage gewesen, **seine persönlichen Befindlichkeiten dem Wohle Dänemarks unterzuordnen?** Nach Hamlets Tod spricht Fortinbras lobende Worte, die Hamlet als fähigen König feiern. Vermutlich hat ein Großteil der Theaterbesucher nach der im fünften Akt eingetretenen Katastrophe **berechtigte Zweifel** daran, dass Hamlet diesen tatsächlich hätte gerecht werden können.

vorbestimmtes Scheitern erst im Laufe der Handlung erkennbar

Tatsächlich gewinnt man den Eindruck, dass Shakespeare uns mit **Hamlet** einen Menschen zeigen will, der **von Anfang an zum Scheitern verurteilt** ist. Da es sich um eine Tragödie handelt, wird dies dem Theaterpublikum, das mit den Dramenfiguren mitleidet und Empathie für sie empfindet, jedoch **erst im Laufe der Handlung bewusst**. Nach Annehmen des Racheauftrags erscheint es zunächst so, als hätte Hamlet alle Fäden in der Hand und wäre durchaus befähigt, souverän mit der Situation umzugehen. Nicht überstürzt zu handeln und die Rache detailliert zu planen, kann als klug und weitblickend interpretiert werden. Wilhelm Meister beschreibt Hamlets Verhalten mit den Worten: „Wie er sich windet, dreht, ängstigt, vor- und zurücktritt, immer erinnert wird, sich immer erinnert" (Z. 17 f.), was dazu führe, dass er „zuletzt fast seinen Zweck aus dem Sinne verliert" (Z. 19), also die Rache auszuführen. Da Hamlet ein Meister darin ist, sich selbst und anderen die Gründe darzulegen für sein permanentes Zögern, glaubt auch der Theaterbesucher die **Entschuldigungen und Rechtfertigungen** und empfindet **Empathie**. Ob und an welcher Stelle der Tragödie Hamlet für den Zuschauer unglaubwürdig wird und der **Blick auf ihn ins Negative umschlägt**, hängt sicher von der subjektiven Einstellung und den Lebenserfahrungen jedes einzelnen Rezipienten ab. Problematisch erscheint jedoch die Sichtweise Wilhelm Meisters, der Hamlet mit der Begründung, Shakespeares Protagonist sei mit der ihm auferlegten Aufgabe einfach überfordert gewesen, die Absolution erteilt für sein Versagen und Zögern, das zu zahlreichen Toten und dem Untergang des dänischen Königshauses führt.

zunächst glaubwürdig scheinende Entschuldigungen

Im letzten Akt der Tragödie tötet Hamlet den Vatermörder und Usurpator Claudius. Aber hat er seinen Racheauftrag damit tatsächlich erfüllt? Es scheint, dass **Hamlet Claudius im Affekt tötet**, nachdem er realisiert hat, welch perfiden Plan der amtierende König in Vorbereitung auf das Duell geschmiedet hat, um ihn als Gegner auszuschalten. Besonders der **unerwartete Tod seiner Mutter lässt Hamlets Zögern und Taktieren endgültig als Fehler hervortreten**, da er nun indirekt genau das herbeigeführt hat, was zu verhindern der Geist ihm aufgetragen hatte: der Mutter zu schaden. Zunehmend absurd wirkt es, dass – obwohl Claudius und Hamlet sehr wohl wissen, was gespielt wird – nur Claudius derjenige ist, der mehrfach aktiv versucht, seinen Gegner zu beseitigen, während **Hamlet** bis zum letzten Akt **der Dinge harrt**, die da kommen, und sterbend bedauernd und pathetisch die Worte spricht: „O ich sterbe, Horatio! [...] Der Rest ist Schweigen."

Tötung von Claudius im Affekt

Tod der Mutter als Folge von Hamlets Zögern

Zusammenfassend lässt sich sagen, dass Wilhelm Meister ein Hamlet-Bild entworfen hat, mit dem man nicht gänzlich einverstanden sein kann. Die **sehr positive Sicht auf Hamlet** ist anhand seines Verhaltens in der Tragödie **nur schwer nachzuvollziehen**. Betrachtet man jedoch die **Ursachen für Hamlets Scheitern**, ist Meister zuzustimmen, wenn er konstatiert, dass sie **in Hamlets Charakter begründet** liegen.

Fazit

teilweise Zustimmung zu Meisters Hamlet-Bild

Abschließend stellt sich jedoch die Frage, mit welcher Intention Shakespeare dem Theaterzuschauer seiner Zeit den Untergang dieser Dramenfigur vor Augen führen wollte. Seine Absichten sind nicht auf den ersten Blick ersichtlich, denn Shakespeare versteht es meisterhaft, einen soeben sicher geglaubten Eindruck von Hamlet in der darauffolgenden Szene erneut infrage zu stellen und den Rezipienten des Theaterstückes zu verwirren. Hamlet gilt deshalb als einer der undurchsichtigsten und ambivalentesten Charaktere der Weltliteratur. Nicht zufällig hat der englische Dramatiker T. S. Eliot ihn die „Mona Lisa der Weltliteratur“ genannt und als ewiges Rätsel bezeichnet. Zunächst ist zu erwähnen, dass **Hamlets innerer Konflikt** – sein Abwägen und Zögern, wichtige Entscheidungen zu fällen, sowie sein Scheitern an einer übermächtigen Aufgabe – vielen Menschen vertraut ist und somit ein **zeitloses Problem** darstellt. Dies ist sicher ein Grund dafür, dass Shakespeares Tragödie nicht an Aktualität eingebüßt hat und Menschen seit der Uraufführung des Stücks im Jahr 1601 Empathie für Hamlet und sein Versagen empfinden lässt.

Schluss

Undurchsichtigkeit der Figur Hamlet

Zeitlosigkeit der *Hamlet*-Tragödie

Wahrscheinlich ist jedoch auch, dass Shakespeare mit der am dänischen Königshof spielenden Rachetragödie indirekt auf **Probleme der englischen Monarchie unter Elisabeth I.** hinweisen wollte und darin seine Sorgen über die politische Situation Englands zu seinen Lebzeiten thematisierte. Die europäischen Großmächte England, Frankreich und Spanien kämpften um die politische Vorherrschaft in Europa. Persönliche Interessen und Charakterschwächen der Herrschenden führten leicht zu **politischen Fehlentscheidungen, die gravierende negative Konsequenzen für ein ganzes Land nach sich ziehen** konnten, was Shakespeare exemplarisch am Untergang des dänischen Königshauses demonstrieren wollte.

historische Deutung

Leistungskurs Deutsch (Sachsen): Abiturprüfung 2022
Aufgabe 2: Interpretation eines literarischen Textes

Christoph Ransmayr (*1954): Sternenpflücker (2012)

Ich sah einen gestürzten Kellner auf dem Parkplatz eines Straßencafés in der kalifornischen Küstenstadt San Diego. Der Mann hatte ein mit Getränken beladenes Tablett eben noch scheinbar mühelos über seiner Schulter balanciert und war dann über ein Kabel gestolpert, das eine Autobatterie mit einem Teleskop verband. Nun lag er in den Scherben von Gläsern, Flaschen und Tassen, die er jenen Gästen hatte servieren wollen, die von der Theke ins Freie gelaufen waren oder schon seit Stunden zwischen geparkten Autos auf mitgebrachten Klappstühlen saßen und durch ihre Ferngläser, Teleskope und mit bloßem Auge zum Abendhimmel emporblickten, an dem die ersten Sterne glitzerten.

Obwohl seine Hose an einem Knie zerrissen war und aufgedruckte Klatschmohnblüten an seinem Hemd an Blutflecken denken ließen, schien der Mann unverletzt. Stumm, ohne Klage, aber auch ohne jeden Fluch, richtete er sich auf, zog das große, kreisrunde Messingtablett, das bei seinem Sturz unter ein geparktes Kabriolett geklirrt war, wieder unter dem Wagen hervor und begann auf allen vieren, die von Kaffee, Wein, Fruchtsäften und bloßem Wasser tropfenden Scherben aufzusammeln und auf das Tablett zu häufen.

Über den Abend- und Nachthimmel dieser Märztage zog einer der strahlendsten Kometen der vergangenen tausend Jahre, ein Himmelskörper von kaum sechzig Kilometern Durchmesser, der mit einem goldgelb leuchtenden Staubschweif und einem blauen Gasschweif eine fünfzig Millionen Kilometer lange Spur an den Nachthimmel schrieb. Der Besenstern hatte am Vorabend seinen erdnächsten Punkt in einer Entfernung von etwa zweihundert Millionen Kilometern passiert und raste nun wieder in jene Abgründe des Raumes zurück, aus denen er emporgestiegen war. Nach Monaten, in denen er neben dem großen Sirius als hellstes Licht am Nachthimmel erschienen war, würde er nun allmählich wieder kleiner und unscheinbarer werden, schließlich verschwinden und dann erst um das Jahr 4535 wiederkehren. Der Komet war nach seinen beiden Entdeckern Alan Hale und Thomas Bopp, die ihn während einer Vermessung des Kugelsternhaufens M70 im Areal des Schützen unabhängig voneinander beobachtet hatten, *Hale-Bopp* getauft worden – und schon kurze Zeit nach seinem Eintritt ins Blickfeld des bloßen Auges war gewiß, daß in der Geschichte der Menschheit kein Himmelslicht jemals so viele Blicke auf sich gezogen hatte.

Ich hatte Hale-Bopp in den vergangenen Wochen, auf langen Wanderungen durch die Mojave-Wüste und in der Sierra Nevada, oft über den Silhouetten verschneiter Gebirgszüge oder den schwarzen Weiten der Wüste gesehen und im Radio meines Geländewagens immer wieder Berichte von Ängsten, Hoffnungen, Träumen und astronomischen Vermutungen gehört, die mit diesem wandernden Licht verbunden wurden. Religiöse Phantasten und Sektenanhänger, hieß es, sähen in diesem Kometen nicht bloß ein Himmels-, sondern ein göttliches Zeichen, das den nahen Untergang der Welt oder das Kommen eines allmächtigen Erlösers ankündigte. Der Besenstern mit seinem

Doppelschweif – ein dritter, aus Natrium bestehender Schweif zeigte sich nur in den Teleskopen der größten Sternwarten – war innerhalb von beinahe sechshundert Tagen, in denen man seine zu- und wieder abnehmende Strahlkraft auch mit freiem Auge beobachten konnte, zu einer so vertrauten Erscheinung am Himmel geworden, daß sich an diesem Abend wohl kaum ein solches Publikum auf dem Parkplatz des Straßencafés eingefunden hätte, wäre da nicht noch ein zweites Schauspiel in unmittelbarer Nachbarschaft des Kometen zu verfolgen gewesen – eine von Sternfreunden und Astrofotografen sehnsüchtig erwartete Mondfinsternis.

Die Lage des Straßencafés auf einem Hügel mit weitem Blick auf die Lichter der Stadt und des Himmels hatte mehr als hundert Gäste und Beobachter angezogen, die schon am späten Nachmittag begannen, ihre Fernrohre, Stative und Kameras zwischen Wagenburgen aufzubauen und bei Wein, Bier oder Fruchtsäften an den kreisrunden Tischen des Cafés die Wahrscheinlichkeit zu besprechen, ob die wechselnde Bewölkung dieses Tages das Schauspiel verhüllen würde und ein rechtzeitiger, gerade noch möglicher Aufbruch ins wolkenärmere Wüstenland nicht das Gebot der Stunde sei.

Wie langsam über solchen Gesprächen die Zeit verging.

Aber als es zu dämmern begann, dunkel wurde, Nacht wurde und alle Wolken wie an Schnüren gezogen verflogen und den Kometen, den Sternenhimmel und einen noch schattenlosen Mond freigaben, begann die Zeit schneller zu laufen. Und als dann der auf die Sekunde berechnete Zeitpunkt kam, an dem der Mond träge und unaufhaltsam in den Erdschatten glitt, dabei mehr und mehr von seinem Licht verlor und so den Kometen noch heller glänzen ließ, begann die Zeit zu fliegen. Die Rufe der auf dem Parkplatz versammelten Zeugen der Verfinsterung *Der Mond! Der Mond! Es beginnt!* klangen wie Alarmgeschrei und ließen die letzten Gäste aus dem Café hinausstürzen ins Freie.

Und dann war da plötzlich nur noch das wolkenlose Firmament und ein dunkler Platz voll Menschen, die schweigend zu den Sternen aufsahen, zwischen denen der hellste Komet des Jahrtausends an einem verfinsterten Mond vorüberzog – und war da trotzdem und immer noch hinter einer erleuchteten Glasfront diese lange leere Theke, von der ein Kellner sein schwer beladenes Tablett in die Nacht hinaustrug, dann zwischen Autos und Teleskopen dahinhuschte und dabei seinen Blick immer wieder gegen den Himmel richtete, bis plötzlich dieses böse Klirren zu hören war und der Gestürzte in einer Scherbensaat lag.

Aber während so weit, weit draußen im Raum das Himmelsschauspiel ungerührt seinen Lauf nahm, der Erdschatten, unser eisiger Schatten, über die Mondwüsten glitt und Hale-Bopp mit einer Geschwindigkeit von fast einhundertsechzigtausend Stundenkilometern unseren Planeten wieder hinter sich ließ, begann auf dem ölfleckigen nächtlichen Parkplatz ein Gegenschauspiel, das von einer anderen Helligkeit war.

Denn obwohl es lange, sehr lange dauern würde bis zu einer nächsten vergleichbar schönen Finsternis und obwohl der fliehende Komet nach seinem allmählichen Verblassen und Verschwinden erst nach mehr als zweitausendfünfhundert Jahren wiederkehren, aber niemals, niemals wieder in der Geschichte dieses Universums in so enger Gemeinschaft mit einem verfinsterten Mond zu sehen sein würde, wandten sich …, nein, nicht alle Zeugen und Zuschauer, aber doch viele, viel mehr als zu erwarten waren, von dieser Einzigartigkeit, einem unwiederholbaren kosmischen Ereignis, ab und dem gestürzten Kellner zu, kehrten dem Himmel den Rücken, beugten sich zu dem stummen, beschämten Mann hinab, boten ihm ihre ausgestreckten Arme und sanken, als er nicht aufstehen, sondern bloß auf allen vieren die Scherben einsammeln wollte, neben ihm auf die Knie und lasen gemeinsam mit ihm die selbst im verfinsterten Mondschein noch blinkenden Scherben vom schwarzen Asphalt, als pflückten sie Sterne.

Aus.: Ransmayr, Christoph: Atlas eines ängstlichen Mannes. Frankfurt a. M.: S. Fischer Verlag [4]2012, S. 36–40

Arbeitsanweisung:

Interpretieren Sie den Text *Sternenpflücker* von Christoph Ransmayr. Gehen Sie dabei insbesondere auf die erzählerische Gestaltung des Textes ein.

„Geschichten ereignen sich nicht, Geschichten werden erzählt.“ Setzen Sie die Ergebnisse Ihrer Textinterpretation in Beziehung zu dieser Aussage von Christoph Ransmayr.

Der Schwerpunkt der Aufgabe liegt auf der Interpretation.

Lösungsvorschlag

*Die vorliegende Aufgabe erfordert das **Interpretieren**, d. h. das verstehende Erschließen und die anschließende Deutung, **eines erzählenden Textes**. Die Aspektorientierung in der Aufgabenstellung verlangt dabei, dass Sie besonders auf die **erzählerische Gestaltung** des Textes eingehen. Es wird also deutlich, dass Sie sich bei der Auseinandersetzung mit dem Text zwar auch damit beschäftigen müssen, WAS erzählt wird (Textaspekte wie Figuren, Figurenbeziehungen oder Handlung spielen hier eine Rolle), sich aber vor allem darauf konzentrieren sollen, WIE erzählt wird. Die vom Autor bewusst getroffenen Entscheidungen zur **Erzählinstanz**, zur **Erzählperspektive** und zur **Erzählhaltung** unterliegen also Ihrem besonderen Erkenntnisinteresse.*
*Im **zweiten Teil** der Aufgabenstellung wird von Ihnen eine über die Interpretation hinausgehende **Einordnung des Textes in einen literaturtheoretischen Kontext** erwartet. Ransmayrs **Zitat** zum Charakter von Geschichten generalisiert eine Position zur Darstellung von Ereignissen durch einen Erzähler: Ihre Aufgabe ist es, diese verallgemeinernde Aussage wieder konkret **auf den vorliegenden Erzähltext zu beziehen** und ihre Gültigkeit zu prüfen. Wichtig für die Planung Ihres Aufsatzes ist dabei, wie Sie Ransmayrs **poetologische These** einflechten wollen. Sie können sie wie im vorliegenden Lösungsvorschlag quasi als **„roten Faden“** Ihrer Ausführungen an passenden Stellen immer wieder aufgreifen oder aber (z. B. im Rahmen eines Resümees) erst am Ende **separat reflektieren**. Beim ersten Vorschlag laufen Sie nicht so leicht Gefahr, sich zu wiederholen, müssen dafür aber Ihre Analyse geschickt mit der Äußerung von Ransmayr verknüpfen, was eine größere Herausforderung darstellt. Für die zweite Variante können*

Sie sich entscheiden, wenn Sie sich zunächst lieber vollkommen auf die Interpretation der Kurzgeschichte konzentrieren und sich abschließend speziell mit Ransmayrs Aussage auseinandersetzen wollen. Ein allgemeingültiges Rezept kann, wie immer bei der Beschäftigung mit literarischen Texten, nicht ausgestellt werden. Wichtig ist in jedem Fall, dass ***Ransmayrs Zitat und Ihre Textinterpretation nachvollziehbar miteinander verknüpft*** *werden.*

Einleitung

Assoziationen zum Titel

Vorstellung der Kurzgeschichte

Sterne pflücken. – So wie Äpfel, Erd- und Stachelbeeren?

Wenn man über den **Titel** *Sternenpflücker* von Christoph Ransmayrs Erzählung aus dem 2012 veröffentlichten Band *Atlas eines ängstlichen Mannes* nachsinnt, kann man sich schon am Wortklang und an der ungewohnten Zusammenstellung der Bedeutungen erfreuen. Denkt man nicht tatsächlich gleich an die **Obsternte**, wenn es ums Pflücken geht? Oder sind Assoziationen zum **Blumenpflücken** näher liegend – etwa zum Blaustern, dessen Blüten wir als Kinder im März als Frühjahrsboten in die Vase stellten, oder zu den weißen Blütensternen des Bärlauchs im Mai? Vielleicht fällt einem auch das Sprichwort ein, jemandem die **Sterne vom Himmel zu holen** oder nach den Sternen zu greifen. In jedem Fall sind es **angenehme Gedankenverbindungen**, die sich einstellen. Welche davon im Kontext des Erzähltexts von Christoph Ransmayr die passendste ist, muss durch eine **genauere Analyse** sorgsam herausgearbeitet werden.

Hauptteil

Inhaltszusammenfassung mit Bezügen zu Ransmayrs poetologischer Äußerung

Selbst nach mehrmaliger Lektüre des Textes fällt es schwer, diesen auf eine bloße Abfolge von Handlungsschritten zu reduzieren und seinen **Inhalt** zusammenzufassen. Das hat weniger damit zu tun, dass zu viel passieren würde – das Gegenteil ist richtig. Es passiert (fast) nichts. Zum **Ausgangs- und Endpunkt des Erzählens**, quasi zur **Rahmenhandlung**, wird das **Ungeschick eines Kellners**, der sein „mit Getränken beladenes Tablett […] scheinbar mühelos über seiner Schulter" (Z. 2 f.) durch die Menschenmenge balanciert, dann ins Stolpern gerät und sich zwischen den „Scherben von Gläsern, Flaschen und Tassen" (Z. 5) wiederfindet. Es sind diese Scherben, die am Ende von dem „gestürzten Kellner" (Z. 85) und seinen Helfern „vom schwarzen Asphalt" (Z. 89) aufgelesen werden. Dazwischen entfaltet Ransmayr über 90 Zeilen – die **vermeintliche Haupthandlung** – ein Universum an Beobachtungen, Eindrücken, Erinnerungen, Vergleichen, Informationen und Kommentaren zum Himmelskörper Hale-Bopp. Genau darin – in der **fast völligen Abwesenheit konkreter Ereignisse** – liegt aber eben auch die Schwierigkeit des Zusammenfassens, das gemeinhin daraus besteht, Unwesentliches wegzulassen: Denn der Autor hat diese Auswahl hier vorher schon getroffen. Seine Geschichte enthält nichts Unwesentliches oder Überflüssiges mehr. Sie ist stattdessen so dicht gewebt, dass das ganze Gewirk auseinanderfallen würde, wenn man auch nur einen Faden entfernen wollte. Damit bestätigt sich Ransmayrs **poetologische Aussage, dass Geschichten** sich nicht (in einzelnen Schritten) ereignen, sondern **erzählt werden müssen**. Dabei komponiert der Autor das für erzählenswert Befundene auf so kunstvolle Art und Weise, dass sich seine **Geschichte**, anders als ein Bericht oder eine Beschreibung, deuten und **interpretieren lässt**.

Aufbau und Wiedergabe der Handlung

Infolgedessen orientiert sich die Wiedergabe der **Handlung** einfach an den **vom Autor vorgesehenen Abschnitten:** der erste, der zweite und der letzte (neunte) widmen sich dem **Unglück des Kellners**. Die Abschnitte drei und vier stellen dieses Unglück in den **Kontext eines astronomischen Ereignisses**, nämlich des Erscheinens des Kometen Hale-Bopp, der „[ü]ber den Abend- und Nachthimmel dieser Märztage zog“ (Z. 17) und am Tag des Geschehens zusätzlich mit einer „sehnsüchtig erwartete[n] Mondfinsternis“ (Z. 47) auftreten soll. In den Abschnitten 5–8 werden die **räumlichen und zeitlichen Rahmenbedingungen** für den Sturz des Kellners erzählt. Es geht einerseits um die „Lage des Straßencafés auf einem Hügel mit weitem Blick auf die Lichter der Stadt und des Himmels“ (Z. 48 f.), andererseits um die zeitliche Folge von Nachmittag, Dämmerung, Abend und Nacht sowie um das Wetter mit seiner „wechselnde[n] Bewölkung“ (Z. 52 f.) und dem „wolkenlose[n] Firmament“ (Z. 65). Außerdem spielen die Menschen eine Rolle, die zunächst „schweigend zu den Sternen aufs[e]hen“ (Z. 66), um das „Himmelsschauspiel“ (Z. 73) nicht zu verpassen. Später kehren sie „dem Himmel den Rücken“ (Z. 85), sie wenden sich ab von einem „unwiederholbaren kosmischen Ereignis“ (Z. 84), das sich in weiter Ferne abspielt, um sich stattdessen um den Kellner vor Ort zu kümmern.

Erzähltext-analyse:

Figurendarstellung und Erzählperspektive

In der Regel funktioniert eine Inhaltszusammenfassung auch als Handlungsüberblick. Wo Handlung aber eigentlich gar nicht stattfindet, ist ein Überblick darüber kaum herzustellen. Selbst für das „Figurenensemble“ wird es schwierig, substanzielle Aussagen zu treffen. Bei der **Darstellung der Personen** fällt auf, dass keine einzige namentlich genannt wird. Die **Hauptfigur** bildet zwar der gestürzte **Kellner, im Mittelpunkt** des Textes steht allerdings der **Ich-Erzähler**, dessen Wahrnehmung im ersten Satz unmittelbar in das Geschehen einführt („Ich sah einen gestürzten Kellner“, Z. 1). der von seinen Reisen durch die amerikanische Landschaft berichtet („auf langen Wanderungen durch die Mojave-Wüste und in der Sierra Nevada“, Z. 32 f.) und der sowohl **sorgfältig als auch distanziert beobachtet** („aufgedruckte Klatschmohnblüten an seinem Hemd“, Z. 10 f.). Zugleich kann er aber seine **unterschwellige emotionale Beteiligung** kaum verhehlen. So lassen ihn die Klatschmohnblüten „an Blutflecken denken“ (Z. 11) und er resümiert, dass „der Mann [dennoch] unverletzt“ (Z. 11) schien.

Auffällig ist die **Ambivalenz der Erzählhaltungen** – rational, nüchtern, sachlich als Ausdruck seiner **detaillierten Informiertheit** über die anstehenden kosmischen Ereignisse („Der Besenstern hatte […] seinen erdnächsten Punkt in einer Entfernung von etwa zweihundert Millionen Kilometern passiert", Z. 21 f.) einerseits, andererseits durch sein eigenes Interessenspektrum (Astronomie, Wanderungen in der Natur, gesellschaftliche Phänomene) auch immer **individuell-wertend** und **leise kommentierend**. Manche Wertung versteckt sich im Konjunktiv, wenn zum Beispiel wiedergegeben wird, dass „[r]eligiöse Phantasten und Sektenanhänger" den Kometen zu ihren Zwecken deuten würden (vgl. Z. 37 ff.). Andere Möglichkeiten eines subtilen Urteils findet der Erzähler im Gebrauch treffender, positiv konnotierter Begriffe („strahlen[d]", Z. 17; „leuchten[d]", Z. 19; „hellstes Licht", Z. 24) und in Umschreibungen für den Kometen wie „Himmelskörper" (Z. 18), „Himmelslicht" (Z. 31) oder „Besenstern" (Z. 21, 39). Der häufig eingesetzte **Superlativ** (u. a. „einer der strahlendsten Kometen der vergangenen tausend Jahre", Z. 17 f.; „hellstes Licht am Nachthimmel", Z. 24; „hellste[r] Komet des Jahrtausends", Z. 66 f.) vermittelt zwischen der sachlichen Information und der emotionalen Bewertung des „unwiederholbaren kosmischen Ereignis[ses]" (Z. 84) und macht dessen **Besonderheit** eindrücklich deutlich. Dadurch wird die **Kontrastierung** mit dem „Gegenschauspiel" (Z. 77) des gestürzten Kellners **bereits vorbereitet**.

ambivalente Erzählhaltungen

Was den Erzähler nämlich noch mehr interessiert als der Komet – und deshalb erzählt er die Geschichte überhaupt – sind die **Figur des Kellners** und die beobachtende **Menschenmenge**. Der Kellner und sein unglücklicher Sturz „über ein Kabel" (Z. 4 f.) sind das **auslösende Moment für den Erzählprozess**. Der Servierer erfährt die Aufmerksamkeit der Erzählfigur, weil er mit diesem Missgeschick „[s]tumm, ohne Klage, aber auch ohne jeden Fluch" (Z. 11 f.) umgeht und dadurch seinem **Pflichtbewusstsein** ebenso Ausdruck verleiht wie seiner **Leidensfähigkeit**. Er ist vor Ort, um seinen Dienst zu tun an den Menschen; eine Servicekraft, die zu servieren, d. h. im Wortsinn zu dienen hat, ohne Rücksicht auf missliche Zwischenfälle. Wenn sie passieren, folgt kein Lamento, sondern Schadensbegrenzung und -behebung. So ist das Selbstverständnis von Service-Personal, und insofern wäre das „Unglück" **eigentlich nicht der Rede bzw. des Erzählens wert**.

Sturz des Kellners als Auslöser für Erzählung

Warum Ransmayrs Erzählfigur es dennoch thematisiert, liegt im **Verhalten der „Zeugen und Zuschauer"** (Z. 83) begründet, wobei auch diese Phrase doppeldeutig ist und mit der Erwartungshaltung der Leserschaft spielt. Mit „Zuschauer" sind wohl die „mehr als hundert Gäste und Beobachter" (Z. 49) gemeint, das Wort „Zeugen" bezieht sich vermutlich nur auf diejenigen unter den Zuschauern, die

unterschiedliche Verhaltensweisen der Menschen

das Missgeschick des Kellners beobachtet haben. Die Alliteration in dieser Wendung führt **zwei unterschiedliche Verhaltensweisen** vor Augen, die es wert sind, erzählt zu werden.

Hilfe für Kellner trotz Himmelsspektakel als eigentlicher Erzählanlass

Denn die Leute sind ja nicht an diesem Ort, um einem Kellner zu helfen. Sie haben sich auf den Weg gemacht, um eines **kosmischen Spektakels** teilhaftig zu werden, das „niemals, niemals wieder in der Geschichte dieses Universums" (Z. 81) erneut stattfinden würde. Sie sind also vornehmlich als „Zuschauer" (Z. 83) zu dem Café gekommen, werden dann aber unerwartet zu „Zeugen" (Z. 83) eines ganz anderen Geschehens. Die Einmaligkeit, ja sogar die **Unvergleichbarkeit des kosmischen Ereignisses** wird Ransmayrs Erzähler nicht müde zu betonen (siehe auch Z. 80: „erst nach mehr als zweitausendfünfhundert Jahren" würde der Komet wiederkehren). Und dennoch beginnt „auf dem ölfleckigen nächtlichen Parkplatz ein **Gegenschauspiel**, das **von einer anderen Helligkeit** war" (Z. 76 f.). Dass die Menschen sich von ihrer geplanten, lang vorbereiteten und „sehnsüchtig erwartete[n]" (Z. 47) Sensation abwenden, um dem **in der Banalität seines Alltags gefangenen Kellner** aus seiner Bredouille zu helfen, ist der **eigentliche Erzählanlass** für Ransmayr.

Bezug zu Ransmayrs poetologischer Äußerung

Wie er aus einem im Grunde **belanglosen Vorfall** eine **Geschichte** macht, **die es wert ist, erzählt zu werden**, hat wesentlich mit dem Umgang des Autors mit den einzelnen Komponenten des Erzählens zu tun.

Gestaltung von Raum und Zeit

Betrachtet man nämlich die Untersuchungskriterien von **Raum- und Zeitgestaltung** in Ransmayrs Text, fällt folgendes auf: Beide Elemente werden bei der Beschreibung des Handlungsrahmens (**Setting**) sehr präzise angegeben; gleichzeitig werden sie auch zum eigentlichen Gegenstand, also zum **Sujet** des Erzählten.

Beschreibung des Handlungsrahmens

Das **Setting** für die scheinbar belanglose Handlung wird gleich zu Beginn umrissen: der „**Parkplatz eines Straßencafés** in der kalifornischen Küstenstadt San Diego" (Z. 1 f.). Der „Abendhimmel" (Z. 8) spannt sich darüber und in verschiedenen **Rückblenden** wird auf den Nachmittag dieses Tages ebenso verwiesen („schon seit Stunden", Z. 6; „am späten Nachmittag", Z. 50) wie auf den etwas weiteren Rahmen „dieser Märztage" (Z. 17) bzw. auf die „vergangenen Wochen" (Z. 32).

antithetische Gegenüberstellung von Kosmos und irdischen Vorgängen

Zum **Thema** der Erzählung werden Raum und Zeit vor allem, weil Ransmayr durch seine **antithetischen Gegenüberstellungen von astronomischen Einheiten** (Entfernungen, Lichtstärken) **und irdischen Gegebenheiten** (Parkplätze, Gaffer, Servicekräfte) dieses Material nutzt, um etwas, was eigentlich nicht der Rede wert ist, dermaßen mit Bedeutung aufzuladen, dass sich das Erzählen dieser

„Nichtigkeit" dann doch wieder lohnt. Auf diese Art und Weise entsteht aus der Aussage „Wie langsam über solchen Gesprächen die Zeit verging." (Z. 55) die **Klimax** „die Zeit [begann] schneller zu laufen" (Z. 58), ja sogar „zu fliegen" (Z. 61). Dass die Zeit wie im Flug vergeht, passiert genau dann, als der **personifizierte Mond** „träge und unaufhaltsam", also langsam, „in den Erdschatten glitt" und „so den Kometen noch heller glänzen ließ" (Z. 59 ff.). Mithilfe dieser Stilmittel gelingt es Ransmayr, **Spannung zu erzeugen** und noch einmal subtil darauf hinzuweisen, dass alle Anwesenden auf den einen großen Moment, die Verdunklung des Mondes neben dem umso heller strahlenden Kometen, hinfiebern. Über diesen „Umweg" fokussiert Ransmayr wie in einem Brennglas die gesamte Darstellung auf den **Moment des Sturzes**, der den eigentlichen **Höhe- und Wendepunkt** seiner Geschichte bildet. Während vor diesem Ereignis stark **zeitraffend** von mehreren Phänomenen erzählt wird, **fokussiert** der Erzähler **plötzlich detailliert ein Ereignis,** sodass sich die **Handlung geradezu dramatisch** zuspitzt, als sie auf das Schlussbild der „Sternenpflücker" zusteuert. In einem 13 Zeilen umfassenden letzten Satz wird dann schließlich fast **wie in Zeitlupe** vom Sturz des Kellners und den zu seiner Hilfe herbeieilenden Menschen berichtet (vgl. Z. 78 ff.).

weitere Ausführungen von Gegensätzen

Das antithetische Modellieren des Textes gilt darüber hinaus auch für die **akustische Ebene**, da die **Welt plötzlich stillzustehen scheint**, als der Mond vom Erdschatten verdeckt wird. Stürzen die Menschen eben noch mit „Alarmgeschrei" (Z. 63) ins Freie, finden sie sich „plötzlich" (Z. 65) „schweigend" (Z. 66) auf dem dunklen Platz voller Leute wieder, die ergriffen „zu den Sternen aufs[e]hen" (Z. 66). Und mit **Gegensätzen** arbeitet Ransmayr auch **hinsichtlich der Bewegung im Raum**, wenn der Kellner einerseits sein „schwer beladenes Tablett" hinausträgt, zugleich aber „zwischen Autos und Teleskopen dahinhusch[t]" (Z. 69 f.).

Deutungsansätze:

Makrokosmos vs. Mikrokosmos

Die genannten Auffälligkeiten in der sprachlichen Gestaltung der Geschichte verweisen bereits auf das **Sinnpotenzial**, das Ransmayr seinem Erzählprozess eingeschrieben hat. So lässt sich der Fokus, den der Erzähler auf die Darstellung von räumlichen und zeitlichen Beziehungen richtet, ganz nah am Text auch auf das **Verhältnis von kosmischen und irdischen Gegebenheiten** beziehen. Was in den unendlichen Weiten des Alls, im **Makrokosmos des Universums** geschieht, verliert signifikant an Bedeutung, wenn in meinem **Mikrokosmos**, meiner „kleinen" Welt, in meinen begrenzten irdischen Verhältnissen, jemand meiner Hilfe und Unterstützung bedarf. Wenn ich, statt **passiv** einen **bloßen Anblick** (und sei er noch so exorbitant) zu genießen, durch mein **aktives Tun** einen Mitmenschen aus einer misslichen Lage befreien kann – und sei sie noch so banal. Wenn ich, statt mich in der **Anschauung des nicht Beeinflussbaren** zu verlieren, durch mein **konkretes Eingreifen** etwas Gutes bewirken kann.

wahre Größe in Mitmenschlichkeit

Worte wie Hinwendung und **Hilfsbereitschaft**, Sorge (um den Nächsten) und **Fürsorge** (für meine Mitmenschen), **Empathie** und Altruismus sind keine bloßen Worte. Die Werte, für die sie stehen, müssen täglich neu gelebt werden. Dass dies in einer lauten, an Show und Publicity orientierten Gesellschaft nicht selbstverständlich ist, lässt sich auch an Ransmayrs Erzähler und seinem Erzählverhalten gut zeigen. Mehrmals (vgl. „lange, sehr lange", Z. 78; „niemals, niemals wieder", S. 81; „nein, nicht alle […], aber doch viele, viel mehr als zu erwarten waren", Z. 83 f.) arbeitet er mit Wiederholungen bzw. Präzisierungen, um die **Dringlichkeit seines Anliegens** zu unterstreichen und seiner Überraschung darüber Ausdruck zu verleihen, dass **Mitmenschlichkeit sich dort findet, wo er sie gar nicht vermutet** hat. Wo keine Mühen gescheut werden, das Sensationelle und Spektakuläre zu genießen, kann mit dem schnellen, unreflektierten, unkalkulierten Eingreifen zugunsten eines Missgeschicks-Opfers nicht unbedingt gerechnet werden. Im Endeffekt ist dieses also die **eigentliche Sensation** und für den Erzähler noch einmal „von einer anderen Helligkeit" (Z. 77) als das kosmische Geschehen am Himmel. Im Gegensatz zu seinen vorherigen Ausführungen tritt hier deutlich eine **persönliche Beteiligung des Erzählers** zutage, zum Beispiel wenn er plötzlich die **Blickrichtung wechselt** und von der eben noch konstatierten Fokussierung auf das Himmelsschauspiel („Und dann war da plötzlich nur noch das wolkenlose Firmament", Z. 65) den Blick des Lesers wieder auf die zeitgleich weiterexistierenden irdischen Gegebenheiten lenkt („– und war da trotzdem und immer noch […] diese lange leere Theke, von der ein Kellner sein schwer beladenes Tablett in die Nacht hinaustrug", Z. 67 ff.). Er geht sogar so weit, die beobachtete **menschliche Geste beim Aufsammeln der Scherben** mit dem **Pflücken von Sternen** zu vergleichen (vgl. Z. 89 f.). Gerade angesichts des kosmischen Schauspiels am Himmel unterstreicht dieses Stilmittel, dass die **wahre Schönheit und Bedeutsamkeit oft** nicht im auf den ersten Blick Großartigen, sondern **im Kleinen und Unscheinbaren** zu finden ist.

zusammenfassender Bezug zu Ransmayrs poetologischer Aussage

Ransmayrs Aussage, dass **Geschichten sich nicht ereignen, sondern erzählt** würden, wird an der vorgestellten Erzählung **idealtypisch** deutlich. Es zeigt sich, dass es immer **im Auge des Betrachters** liegt, ob ein Ereignis hinreichendes **Erzählpotenzial** enthält. Ransmayr behauptet nicht, dass die Ereignisse nicht stattfänden, sondern dass es die **Geschichten** darüber sind, die entweder ausbleiben oder aber aus einem bestimmten Blickwinkel, **mit einer bestimmten Intention** erzählt werden. Ob aus einem Ereignis eine

Geschichte wird, kann nur derjenige entscheiden, der sie erzählen will – oder eben nicht. Dabei ist es völlig unerheblich, ob es sich um ein weltbewegendes, **spektakuläres Vorkommnis oder** um einen alltäglichen und **unscheinbaren Vorfall** handelt. Dies illustriert Ransmayr durch die Gegenüberstellung des kosmischen und irdischen Geschehens in seiner Geschichte. **Ransmayrs Erzähler** ist mithilfe seiner gestalterischen Mittel so **nah am mündlichen Erzählen**, dass man ihn beim Lesen förmlich sprechen hört (vgl. die Wiederholungen, das scheinbar assoziative Verknüpfen, die Rahmenhandlung). Der Leser gerät somit in den **Sog der Geschichte**, die ihn erst wieder loslässt, wenn er den letzten Satz gelesen hat.

Schluss

Zusammenhang von Überschrift und Schlussbild

Dieser **letzte Satz** korrespondiert in verblüffender Manier mit der **Überschrift** und kann in geradezu bewegender Weise als **Hoffnungsschimmer** verstanden werden. Er gibt eine – zugegebenermaßen unerwartete, gleichwohl erzähltechnisch akribisch vorbereitete – **Antwort auf die Sinnfrage** der Einleitung dieser Interpretation. Nach der Analyse des Prosatextes kann man auflösen, dass es weder ums Pflücken noch um die Sterne im astronomischen Sinn geht. Und wer partout nach den Sternen greifen will, muss es metaphorisch tun, indem er die heruntergefallenen aufhebt. Nicht die Erforschung und Entdeckung ferner Galaxien sollen im **Mittelpunkt unseres Handelns** stehen, sondern unsere **Mitmenschen in ihrer Not und Hilfsbedürftigkeit**.

moralischer Appell

literaturgeschichtliche Einbettung des Motivs der Hilfsbereitschaft

Dieser moralische Appell ist älter als Ransmayrs Kurzgeschichte aus dem Jahr 2012. Wir kennen sie aus **Grimms Märchen vom Sterntalerkind**, das Brot und Rock mit den Bedürftigen teilt und schließlich sein letztes Hemd wegschenkt, weil es die eigenen Bedürfnisse geringer schätzt als die der Menschen, denen es begegnet. Am Ende wird es dafür **mit vom Himmel fallenden Sternen belohnt**, die sich auf der Erde als wertvolle Goldtaler erweisen. Ganz sicher hätten wir dieses Mädchen auch beim Aufsammeln der Scherben in Ransmayrs Erzählung treffen können.

Roberto Simanowski (*1963): Kommunikationsutopien (2017)

[…] **Verstummtes Kommunizieren**
Das beschreibungslose Bezeugen des Erlebten verkündete Zuckerberg[1] bereits auf Facebooks Entwicklerkonferenz 2011 unter dem Schlagwort „frictionless sharing“[2]. Konkret heißt dies, dass zum Beispiel der Song, den man auf Spotify hört, und der Film, den man auf Netflix sieht, automatisch den Facebook-Freunden angezeigt wird, wenn man die Funktion dafür aktiviert hat. Man muss die Nachricht nicht mehr begründen und auch nicht mehr formulieren. Man beschreibt seine Aktivitäten nicht mehr nachträglich und bedeutungsvoll wie einst im Brief und Tagebuch als frühere Formen der Selbstdarstellung: „Habe heute ein Buch gelesen, das mich aus folgendem Grund sehr beschäftigt …“. Inzwischen teilen sich die Aktivitäten selbst mit. Die neue Losung heißt nicht etwa „I share therefore I am“[3], sondern „*Es* postet, also bin ich“ und hat, weil dem Vorgang das bewusste Zutun fehlt, nicht mehr viel mit Descartes’[4] Selbsterkenntnisformel zu tun.
Das Verstummen beginnt allerdings schon, wenn man noch selbst den Auslöser drückt, wie bei all den Fotos, mit denen wir spontan und reflexartig unsere Erlebnisse ans Netzwerk melden. Seit Snapchat die Fotos nach dem Ansehen löscht, sagt man noch weniger, was man tut oder wie man sich fühlt, und schickt umso mehr Schnappschüsse: Ich im Gym, ich nach dem Training, ich im Restaurant, ich vor dem Fernseher … Eifrige Snapchatter wissen am Abend zwar kaum noch, was alles sie auf diese Weise während des Tages kommuniziert haben, aber das ist auch egal. Genau darum geht es. Man kann die Visualisierung der Kommunikation als technische Antwort des 21. Jahrhunderts auf die Krise der Repräsentation[5] im 20. Jahrhundert verstehen: Die Unzuverlässigkeit der Sprache wird mit nichtverbalen Mitteln kuriert. Ein Bild sagt nicht nur mehr als tausend Worte, man muss vor allem kein einziges mehr finden. Die Dinge teilen sich selbst mit, wenn sie fotografiert oder automatisch registriert werden. Deswegen nannte Siegfried Kracauer[6] die Fotografie 1927 „das Vabanque-Spiel[7] der Geschichte“: Zum einen befreit die Selbstanzeige der Dinge von menschlicher Verzerrung, zum anderen macht die mechanische Reproduktion der Realität deren bewusste Erfassung überflüssig. In dieser Rolle der Fotografie als „Streikmittel gegen die Erkenntnis“ sah Kracauer das historische Risiko.

Automatische Autobiografie
90 Jahre später erhöht sich der Einsatz durch die Selbstanzeige nicht nur der Dinge, sondern auch des Menschen an dessen Bewusstsein vorbei: Auf Facebook und in anderen sozialen Netzwerken ‚beschreiben‘ wir unser Leben, indem wir es leben, und produzieren so eine Autobiografie, die nie durch unser Hirn ging. Zugleich registrieren die Algorithmen aber sehr genau, was geschieht. Zuckerbergs Angestellte tüfteln der-

zeit, inspiriert durch Microsofts *Captionbot*[8], an AI-Technologien[9], die alle Gegenstände auf einem Bild erkennen und als Information verarbeiten können. Damit sind nicht nur Zeit und Ort des Fotos klar, sondern auch, was im Restaurant auf dem Teller lag und welcher Film im Fernseher lief. Die zugehörigen Daten zu Nährwert und kulturellem Kapital[10] holt sich der Algorithmus leicht aus dem Internet – und weiß so durch das, was wir übermitteln, schließlich mehr über uns als wir selbst.

In dieser Wissensschere liegt das Problem. Während wir den Algorithmen immer mehr Daten liefern, verarbeiten wir selbst immer weniger davon. Je mehr das Sagen, Benennen, Beschreiben durch das automatische Registrieren und audiovisuelle Kopieren verdrängt wird, umso weniger müssen wir uns reflektierend mit der Welt und unserer Rolle in ihr auseinandersetzen. Sprache ist das Medium, mit dem man Distanz zur Welt einnimmt, um sie klarer zu sehen und zu verstehen. Jeder Versuch, über Sprache hinauszugehen, riskiert zugleich den Verlust an Erkenntnis.

Aus diesem Grund ist der BBC-Slogan[11] „We don't just report a story, we live it"[12] recht problematisch – und mehr noch, dass Zuckerberg sich genau so die Zukunft des Journalismus vorstellt: „mehr immersiver Inhalt[13] wie VR"[14], mehr „rich content"[15] statt „just text and photos"[16]. „Wir betreten das goldene Zeitalter der Videos", sagt Zuckerberg im Frühjahr 2016 und ist sicher, dass in fünf Jahren das meiste, was Menschen täglich auf Facebook mitteilen, Videos aus ihrem Alltagsleben sein werden. […] Wir lassen die Objekte sprechen, damit die Leere, die unser Verstummen hinterlässt, gefüllt ist; je detaillierter umso besser.

Die Kommunikationsutopie des Mark Zuckerberg zielt auf die Anwendung dieses Modells auf den Menschen selbst: die Selbstanzeige des Subjekts vorbei am eigenen Bewusstsein. Wie Zuckerberg zum konstatierten Video-Trend betont, es handelt sich nicht um inhaltlich und ästhetisch bearbeitete Filme, sondern um das begehrte „Rohmaterial" des sozialen Lebens. Das paradoxe Resultat ist eine automatische Autobiographie, die wir ‚schreiben', *indem* wir leben; eine posthumane[17], algorithmische Autobiografie. […]

Aus: Simanowski, Roberto: Abfall. Das alternative ABC der neuen Medien. Berlin: Matthes und Seitz 2017, S. 158–163.

Roberto Simanowski (*1963) ist ein deutscher Medien- und Literaturwissenschaftler. Sprachliche Fehler in der Textvorlage wurden entsprechend der geltenden Norm korrigiert.

1 *Mark Zuckerberg* (geb. 1984): Gründer und Vorstandsvorsitzender des Unternehmens Facebook.
2 *frictionless sharing:* (engl.) automatisches, nicht kommentiertes und nicht bewusst bewilligtes Teilen von Inhalten in den Sozialen Medien, sobald sie aufgerufen werden.
3 *I share therefore I am:* (engl.) im Sinne von: „Ich teile, also bin ich".
4 *René Descartes* (1596–1650): französischer Philosoph, Mathematiker und Naturwissenschaftler, der den lateinischen Satz prägte: „Cogito ergo sum." (deutsch: „Ich denke, also bin ich.").
5 *Krise der Repräsentation:* Gemeint ist hier die Sprachkrise des ausgehenden 19. und des beginnenden 20. Jahrhunderts, in der sich der Zweifel ausdrückte, dass die Wirklichkeit objektiv erkennbar und mithilfe von sprachlichen und literarischen Mitteln darstellbar sei. Die traditionelle Aufgabe der Sprache wurde dadurch fragwürdig.
6 *Siegfried Kracauer* (1889–1966): deutscher Journalist, Soziologe, Filmtheoretiker und Geschichtsphilosoph.
7 *Vabanque-Spiel:* (frz.) mit hohem Risiko verbundene Vorgehens- bzw. Verhaltensweise.
8 *Captionbot:* (engl.) künstliche Intelligenz, die Bildinhalte erkennt und benennt.
9 *AI-Technologien* (engl.: *artificial intelligence*): Technologien, die auf künstlicher Intelligenz basieren.

10 *kulturelles Kapital:* nicht-ökonomisches Kapital, die Bildung einer Person betreffend.
11 *BBC-Slogan:* (engl.) Werbespruch der British Broadcasting Corporation, einer öffentlich-rechtlichen Rundfunkanstalt in Großbritannien.
12 *We don't just report a story, we live it:* (engl.) Wir berichten keine Geschichte, wir leben sie.
13 *immersiver Inhalt:* Inhalt, der auf Immersion (Eintauchen) in eine künstliche Welt beruht.
14 *VR:* (engl.) Virtual Reality, durch Computer erzeugte Wirklichkeit.
15 *rich content:* (engl.) unterschiedliche Medienformate, die zu gleicher Zeit und am gleichen Ort verwendet werden.
16 *just text and photos:* (engl.) nur Text und Fotos.
17 *posthuman:* abgeleitet von Posthumanismus: die besondere Stellung des Menschen negierend.

Arbeitsanweisung:

Stellen Sie den Argumentationsgang und die Intention des Textes dar.

Erörtern Sie Simanowskis Position zu den Folgen audiovisueller Kommunikation für Sprache und menschliches Selbstverständnis.

Der Schwerpunkt der Aufgabe liegt auf der Erörterung.

Lösungsvorschlag

*Bevor Sie sich dem vorliegenden Sachtext widmen, sollten Sie zunächst die **Aufgabenstellung erfassen**, um sich einen Überblick über die Anforderungen zu verschaffen. Die Aufgabe ist in zwei Bereiche untergliedert: In einem ersten Schritt sollen Sie den **Argumentationsgang** und die **Autorintention** darstellen. In einem zweiten Schritt folgt dann die **Erörterung der Position des Autors**. Der Schwerpunkt liegt dabei auf der Erörterung.*

*Bevor Sie mit dem Schreiben beginnen, sollten Sie den Text mehrfach lesen und seine **Kernaussagen festhalten**. Hilfreich ist es zudem, Schlüsselwörter zu markieren.*

*In der **Einleitung** Ihres Aufsatzes nennen Sie die **Basisinformationen** zum Text (Titel, Autor, Erscheinungsdatum und -ort) und formulieren knapp den Hauptinhalt. Eine vorangestellte **Hinführung zum Thema** ist keine Pflicht, sorgt aber für einen positiven ersten Eindruck von Ihrem Aufsatz.*

*Versuchen Sie, **im ersten Abschnitt des Hauptteils** die Darstellung des Argumentationsgangs **objektiv** zu gestalten, auch wenn Simanowskis Text dazu verleiten kann, subjektiv zu werden. Wichtig ist zudem, dass Sie die Aussagen des Autors **in Ihren eigenen Worten** und in **indirekter Rede** (mit Konjunktiv I) wiedergeben. Leiten Sie am Ende Ihrer Darstellung eine **Problemfrage** aus dem Text ab, die Sie nachfolgend behandeln.*

*Im **zweiten Teil** der Aufgabe sollen Sie die Position des Autors zu den Folgen audiovisueller Kommunikation für Sprache und menschliches Selbstverständnis erörtern. Überlegen Sie sich vor dem Schreiben, ob Sie Ihre **Erörterung** nach dem **Sanduhrenmodell** (erst Argumente der Gegenposition, dann eigene Position) oder nach dem **These-Gegenthese-Modell** (abwechselnd Gegenargument und eigene Position) aufbauen*

möchten. Ihre Wahl dürfen Sie nach Ihren eigenen Präferenzen treffen. Im vorliegenden Lösungsvorschlag wurde das These-Gegenthese-Modell verwendet. Den Abschluss der Erörterung sollte Ihre eigene Position bilden. Heben Sie sich deshalb Ihr wichtigstes und einprägsamstes Argument bis zum Schluss auf.
*Runden Sie Ihre Ausführungen mit einem **Fazit** ab, in dem Sie die Ergebnisse Ihrer Erörterung zusammenfassen und/oder in einen größeren Zusammenhang einordnen.*

Einleitung

Hinführung zum Thema

Dass das Internet mit seiner Fülle und Tiefe an Informationen unsere Welt bestimmen und definieren würde, hätten sich die meisten Menschen noch vor 25 Jahren nicht vorstellen können. Im Hinblick auf die **Errungenschaften und Herausforderungen der Digitalisierung** gehen die Positionen neurologischer, pädagogischer und sozialwissenschaftlicher Fachleute auseinander. Das Thema polarisiert: Auf der einen Seiten stehen die **Befürworter**, die die Effektivität und Vielfalt der digitalen Medien loben. Auf der anderen Seite mahnen die **Kritiker** zur Vorsicht, weil im Zuge der dauerhaften Nutzung Sozialer Medien zum Beispiel wichtige neuronale Strukturen im Gehirn anders ausgeprägt würden, weil wesentliche Lerninhalte auf der Strecke bleiben würden und weil sich soziale Interaktion ändere.

Basisinformationen zum Text

Im vorliegenden Text *Kommunikationsutopien* von Roberto Simanowski, der seinem 2017 erschienenen Werk *Abfall. Das alternative ABC der neuen Medien* entnommen ist, vertritt der Autor eine **kritische Position** zu der teils automatisch erfolgenden **Verbreitung audiovisueller Inhalte** in Sozialen Medien. Zudem stellt er eine Verbindung zu einer negativen **Veränderung der Sprachkultur** und zu einem **Verlust an Reflexionsfähigkeit** her.

Argumentationsgang und Intention des Textes

1. Absatz:

automatisches Teilen (bildlicher) Inhalte in Sozialen Netzwerken

Ausgangspunkt von Simanowskis Überlegungen ist Mark Zuckerbergs Idee einer **automatisierten Dokumentation des medialen Handelns** des Einzelnen, die er im ersten Absatz (Z. 1–13) beschreibt. Die Bedeutung dieser 2011 geäußerten Vision des Facebook-Gründers erläutert der Autor mithilfe von Beispielen, etwa, dass Online-Freunde automatisch über die Filme informiert würden, die ein Nutzer gesehen hat (vgl. Z. 4 f.). Das habe zur Folge, dass für ein Posting **keine Begründung oder kommentierende Botschaft** mehr notwendig sei. Diese Form der modernen Mediennutzung kontrastiert Simanowski mit dem Verfassen eines Briefes oder Tagebuchs, wobei er das rückblickende schriftliche Festhalten als Tätigkeit charakterisiert, die dem Erlebten Bedeutung verleihe, und somit Zuckerbergs Vision herabstuft. Damit kritisiert er, dass die **bewusste Handlung des Schreibens immer weiter abnehme**. Im letzten Teil des Abschnitts nutzt Simanowski den Ausspruch „I share therefore I am" (Z. 11), um das Ungleichgewicht zwischen Zuckerbergs Idee, bei der „das bewusste Zutun fehl[e]" (Z. 12), und der

„Selbsterkenntnisformel“ (Z. 13) des Philosophen Descartes hervorzuheben.

Im darauffolgenden Absatz (Z. 14–30) äußert der Autor die These, dass die **Nichtkommunikation** bereits beim Aufnehmen von Fotos beginne, die dann automatisch in Sozialen Netzwerken geteilt würden (vgl. Z. 14 ff.). Beispielhaft verweist er auf die zahlreichen **Bilder** auf der Plattform Snapchat, **die banale Alltagstätigkeiten zeigen** und nach einmaligem Ansehen von selbst gelöscht werden. Simanowski behauptet, abends könnten sich die Menschen zwar nicht mehr an die Inhalte ihrer Postings erinnern, dies spiele für die Nutzerinnen und Nutzer aber auch keine Rolle. Als **Grund** für den Trend zur „Visualisierung der Kommunikation“ (Z. 21) nennt der Autor die im vorigen Jahrhundert vermehrt kritisierte „**Unzuverlässigkeit der Sprache**“ (Z. 22 f.), die man umgehen wolle, indem man Worte durch Bilder ersetze. Durch Fotografie oder automatisches Teilen **informieren** Simanowski zufolge **Objekte oder Ereignisse** ohne menschliche Sprachvermittlung **über sich selbst**. In diesem Zusammenhang verweist der Autor auf Siegfried Kracauer, der bereits vor rund 100 Jahren vor der Fotografie als „Vabanque-Spiel der Geschichte“ (Z. 26 f.) gewarnt habe. Einerseits könne man durch die mechanische Erfassung der Umwelt bei der Bilderstellung menschliche Verfälschung vermeiden, andererseits **lasse** die automatische Reproduktion und Beschreibung der Realität eine **bewusste Wahrnehmung verzichtbar erscheinen**.

2. Absatz:
massenhaftes Posten von Bildern ohne Text in Sozialen Medien

Ursachen und Folgen

Im dritten Absatz (Z. 31–42) führt Simanowski Kracauers Einschätzung fort: Inzwischen würden sich nicht nur die Dinge selbst mitteilen, sondern sogar die **Erstellung menschlicher Autobiografien geschehe unbewusst**, nämlich durch automatische Beiträge in Sozialen Netzwerken (vgl. Z. 33 ff.). Einen Beleg für seine These liefert Simanowski nach, indem er auf von Facebook entwickelte **Algorithmen** eingeht, die exakt erkennen können, was auf den geteilten Fotos abgebildet ist. Dadurch wüssten Algorithmen mehr über das Leben einer Person als diese selbst.

3. Absatz:
Erstellung von Autobiografien mithilfe von Algorithmen

Aus dieser Überlegung zieht Simanowski im vierten Absatz (Z. 43–49) die generalisierende Schlussfolgerung, je mehr Daten Computer verarbeiten würden, desto weniger müssten Menschen selbst denken. Dadurch würden **Reflexion und Weltverständnis**, die über eine durch Sprache hergestellte Distanzierung von Dingen und Geschehnissen ermöglicht würden, massiv **abnehmen**. Seine Argumentation in diesem Absatz beschließt Simanowski mit einem allgemeingültigen Grundsatz: Ein Verlust von Sprache führe zu einem „**Verlust an Erkenntnis**“ (Z. 49).

4. Absatz:
Folgen der aktuellen Entwicklung

Im Folgenden (Z. 50–57) **problematisiert** der Autor einen BBC-Slogan sowie Zuckerbergs in die gleiche Richtung gehende **Vision von zukünftigem Journalismus**, bei der auf den vermehrten Einsatz von Videos und Virtual Reality statt auf Texte und Bilder gesetzt werden solle. Simanowski glaubt, darin eine Strategie zu erkennen, die darauf abziele, die **Dinge für sich selbst sprechen zu lassen**, um „die Leere, die unser Verstummen hinterlässt" (Z. 56), auszufüllen.

5. Absatz: kritische Betrachtung möglicher zukünftiger Entwicklungen

Abschließend (Z. 58–64) unterstellt Simanowski, dass Zuckerberg eine „**Kommunikationsutopie**" (Z. 58) propagiere, die in ein „paradoxe[s] Resultat" (Z. 62) münde: Durch das elektronische Dokumentieren des Lebens mithilfe von algorithmisch ausgewerteten Alltagsvideos, das mehr oder weniger nebenbei geschieht, entwickelt sich laut Simanowski eine „**posthumane** [...] **Autobiografie**" (Z. 63 f.), die ohne bewusstes Zutun des betreffenden Menschen erstellt werde.

6. Absatz: Rückbezug auf Textbeginn und Fazit

Insbesondere die letzten Absätze des Textausschnitts wirken belehrend oder stimmen nachdenklich. Darin lässt sich Simanowskis Intention erkennen, die Leserschaft auf die neue Medienkultur **aufmerksam zu machen** und von seiner These **zu überzeugen**, dass unter dieser Form des nonverbalen Mitteilens zunächst die Sprache und anschließend die Reflexionsfähigkeit des Menschen leide. Simanowski beabsichtigt also, seine Leserschaft zu einem **bewussteren Umgang mit modernen Medien** zu erziehen und ihnen den **Wert einer sprachlich reflektierten Auseinandersetzung mit der Welt** nahezubringen. Dieses Ziel versucht er durch eine **einseitige Argumentation** zu erreichen, die die Gegenposition weitgehend außer Acht lässt und dadurch die Meinung der Rezipienten im Sinne des Autors beeinflussen soll.

Intention des Textes

Zusammenfassend lässt sich aus Simanowskis Äußerungen folgende **Erörterungsfrage** ableiten: Ist die im Textausschnitt problematisierte neue Form der Kommunikation tatsächlich so belanglos, oberflächlich, spracharm und ziellos, dass die Menschen, wie vom Autor behauptet, ihre eigenen Erlebnisse weniger reflektieren?

Überleitung zur Erörterung

Es ist unbestreitbar, dass es Menschen gibt, die zwanghaft jedes Detail ihres Lebens in Sozialen Netzwerken mitteilen müssen und jeden Moment fotografieren, statt ihn zu genießen. Betrachtet man solche **Extremfälle**, ist es offensichtlich, dass man dabei nicht mehr von einem gesunden Konsum Sozialer Medien sprechen kann, sondern von einer Art **Suchtverhalten** ausgehen muss. Verdeutlicht wird dies durch die Unwichtigkeit und Alltäglichkeit der Informationen, die gepostet werden. Die Beispiele in Simanowskis Ausführungen

Erörterung

Gegenposition: zwanghaftes Teilen von Alltäglichkeiten in Sozialen Medien (vgl. Z. 18) beschreiben hierbei nur die Spitze des Eisbergs an Banalitäten, die man fotografisch oder per Video festhalten und in den Sozialen Medien ohne weiteren Kommentar massenweise teilen kann.

Gleichzeitig scheinen solche einfachen Darstellungen des Alltags viele Menschen zu unterhalten. Sicherlich darf man die Frage stellen, inwiefern solche **Unterhaltungsformen** qualitativ hochwertig sind. Ihr Ziel ist es jedoch nicht, bedeutsame Erkenntnisse zu vermitteln, sondern **beim Entspannen und Abschalten zu unterstützen**. Wir alle kennen Fernsehsendungen oder -serien, deren Konzept nicht unseren persönlichen Geschmack trifft, von denen aber andere Menschen begeistert sind. Ebenso verhält es sich mit Inhalten in Sozialen Netzwerken: Was der eine belanglos findet, ist für den anderen unterhaltsam. Ein weiteres Beispiel ist der Lieblingssport im europäischen Raum: Fußball. Es ist objektiv gesehen zwischen „Zuschauen-wie-andere-hinter-einem-Ball-herrennen" und „Von-anderen-gepostete-Alltagsbilder-ansehen" kein großer Unterschied feststellbar, was die Qualität der Unterhaltung betrifft. Was Menschen entspannt und erfreut, ist nun einmal **individuell verschieden** und kann nicht verallgemeinert werden. Dabei darf man nicht den **Fehler** machen, **vom Unterhaltungsgeschmack** eines Menschen **auf dessen Intelligenz** und Reflexionsfähigkeit **zu schließen**, wie es Simanowski unterschwellig tut.

eigene Position: Unterhaltungsfunktion von Inhalten in Sozialen Netzwerken

Betrachtet man jedoch die sprachliche Komponente des Postens, ist durchaus ersichtlich, dass mit der Reduktion auf ein Bild oder Video und die damit verbundene quantitative Sprachverminderung auch ein **Absinken der Sprachqualität** in diesem Medium einhergeht. Ein Beispiel für eine solche Entwicklung sind Messenger-Gruppen, in denen Freunde und Bekannte ganze Alben von Urlaubsbildern posten. Oftmals bleiben diese **Bilder unkommentiert** und der Konsument muss sich den Sinn der geteilten Fotos selbst erschließen. Der zunehmende Sprachverzicht wird außerdem deutlich, wenn bei einem Gespräch das thematisierte Geschehen als Video gezeigt wird, statt die Begebenheit in Worten zu schildern. Es ist zu befürchten, dass durch den Ersatz von sprachlichen durch visuelle Mittel die Kommunikation simpler und banaler wird. Darunter könnte wiederum die Fähigkeit leiden, schwierige Zusammenhänge auszudrücken und sie dabei zu reflektieren. Sollten die Videos und Bilder dann auch noch automatisch und ohne menschliche Vorauswahl gepostet werden, kann man Simanowskis Befürchtungen, dass es zu einem „**Verstummen**" (Z. 14) **in Kommunikationsprozessen** kommt, gut nachvollziehen.

Gegenposition: Verminderung des Sprachvermögens

Hier verallgemeinert Simanowski allerdings stark: Die Kommunikation, die er beschreibt, ist **nur ein Teil der täglichen Sprachnutzung**. Das persönliche Gespräch unter Bekannten und engen Vertrauten erfreut sich weiterhin großer Beliebtheit. Insbesondere in der Corona-Zeit wurde dies spürbar. Die Überbrückung von Entfernungen mit digitalen Mitteln war zwar temporär eine sinnvolle Kommunikationsform, konnte jedoch das tatsächliche Beisammensein nicht ersetzen. Im Gegenteil: Der **Wert der direkten Kommunikation** und des gemeinsamen Miteinanders wird durch den zeitweisen Verzicht nun deutlich höher geschätzt. Es ist deswegen ein Irrtum, von den Gepflogenheiten in Sozialen Medien auf die Gesamtheit der Kommunikation zu schließen.

eigene Position: Pflege von mündlicher Kommunikation außerhalb der Sozialen Medien

Simanowski spricht von der „Unzuverlässigkeit der Sprache“, die man „mit nichtverbalen Mitteln“ (Z. 22 f.) zu beheben versuche. Jedoch birgt auch das **unkommentierte Teilen** von Fotos und Videos die **Gefahr von Missverständnissen**. Möglicherweise ist die Bildaussage nicht so eindeutig wie beim Posten angenommen. Das Selfie vor einem Kinoplakat könnte beispielsweise als Aufforderung verstanden werden, sich den Film anzuschauen, obwohl es eigentlich als Dokumentation des eigenen Besuchs geplant war. Womöglich möchte die betreffende Person den Film wegen seiner schlechten Qualität gar nicht weiterempfehlen. Besonders, wenn **unterschiedliche kulturelle Prägungen** vorliegen, können Bildaussagen komplett verschieden verstanden werden. Zudem besteht das **Risiko, mehr preiszugeben als beabsichtigt**, denn ein Foto oder Video setzt sich aus unzähligen Einzelinformationen zusammen, von denen jeder Betrachter andere als vorrangig wahrnimmt. Scheinbar harmlose Schnappschüsse können deshalb in den Sozialen Medien einen **Shitstorm** auslösen. Das Video vom Spiel mit der kleinen Schwester verkommt beispielsweise schnell zu einer Lehrstunde in Kindererziehung. Schlichte sprachliche Mitteilungen anstelle von Bildern oder Videos hätten diese Probleme vermieden.

Gegenposition: Missverständlichkeit unkommentierter Bilder und Videos

Auf der anderen Seite ist **auch sprachliche Kommunikation nicht frei von Missverständnissen**, insbesondere wenn sie wie in den Sozialen Medien schriftlich erfolgt und somit weitere Informationen wie Mimik und Gestik des Gegenübers fehlen. Der häufige Gebrauch von **Emojis** zeigt, dass es notwendig ist, **sprachliche Botschaften visuell zu verdeutlichen**, beispielsweise um Ironie zu kennzeichnen. Zudem sind sprachlich formulierte Posts in der globalen Welt des Internets nur für diejenigen verständlich, die der verwendeten Sprache mächtig sind. Die **Bildsprache** hingegen stellt eine **Verbindung zwischen Menschen unterschiedlicher sprachlicher Hintergründe** her und schließt auch Personen ein, die nicht in der Lage sind, sich sprachlich auszudrücken oder schriftlich zu

eigene Position: Missverständlichkeit von Sprache

Kommunikation durch Bilder als Mittel der Inklusion

kommunizieren. Somit **fördert** die visuelle Kommunikation eine inklusive **Gemeinschaft, an der alle teilhaben können**. Da der Mensch ein soziales Wesen ist, stellt Kommunikation einen wichtigen Pfeiler des menschlichen Selbstverständnisses dar. Simanowskis Ausführungen vermitteln den Eindruck, der Begriff Kommunikation sei mit Sprache gleichzusetzen. Jedoch gehört auch die Verwendung visueller Mittel zur Verständigung dazu.

Gegenposition: Gefahr des Verlusts menschlicher Reflexion

Hingegen hat Simanowski zweifelsfrei recht, wenn er beschreibt, dass beim automatischen Posten von Inhalten das **menschliche Reflexionsvermögen keine Rolle mehr spiele**, anders als bei bewusst und sprachlich festgehaltenen Erinnerungen, beispielsweise in Briefen oder Tagebüchern. Selbstverständlich kann eine vollkommen automatisch erzeugte digitale Autobiografie nicht unterscheiden, welche Erlebnisse wichtig oder unwichtig sind. Genau hierin liegt die Gefahr: Während unser **Gehirn** die unzähligen Eindrücke eines jeden Moments **filtert**, damit nur die wesentlichen Inhalte aktiv verarbeitet werden müssen, ist eine **Maschine dazu nicht in der Lage**. Sie sammelt Daten auf Vorrat, ist bei deren Verarbeitung aber auf die Urteilsfähigkeit des Menschen angewiesen. Ist man sich dessen nicht bewusst, **versinkt** man schnell **in Unwichtigkeiten**. Neigt man beispielsweise dazu, Videos von Influencern zu konsumieren, kann sich schnell eine mediale Abhängigkeit entwickeln, bei der man zunehmend der Filterfunktion des eigenen Gehirns weniger Gehör schenkt als den Algorithmen, die das nächste Video heraussuchen, das einem auch gefallen könnte. Dadurch wird **Unmündigkeit gefördert** und es besteht die Gefahr, dass die Reflexion als wichtiger Teil des menschlichen Selbstverständnisses verloren geht.

eigene Position: menschliche Empfindungen nicht durch Algorithmen dokumentierbar

Simanowski fügt hinzu, dass gerade in der „Wissensschere [zwischen dem Menschen und dem Computer] das Problem" (Z. 43) liege. Er meint damit, dass **Algorithmen** beim automatischen Posten von Ereignissen **zusätzliche Informationen beifügen** können, sodass der Computer „schließlich mehr über uns [weiß] als wir selbst" (Z. 42). Dies ist zwar quantitativ richtig, **qualitativ** gesehen jedoch **falsch**. Ein Algorithmus kann beispielsweise zu einem Restaurantbesuch automatisch den Ort, die Zeit, die Beteiligten, die Kalorienzahl des Essens und eine Liste der gespielten Musik ergänzen, er wird jedoch nicht die Gesprächsatmosphäre, den Grad der Anspannung oder Entspannung, das **Empfinden** des Geschmacks beim Essen oder das Nachklingen der Musik im Ohr hinzufügen können. Die Elemente, die Geschehnisse erst zu einem besonderen, menschlichen Moment machen, sind **nicht mess- und fassbar**. Die Überwältigung, die man auf dem Gipfel eines Berges gespürt hat, wird man nicht besser beschreiben können, indem man die Luftfeuchtigkeit, die Art des Gesteins oder die Anzahl bisheriger Besucher hinzufügt.

Hierin liegt der große Unterschied: Ein Bild, ein Video, ein Gegenstand oder ein kurzer Text gewinnt erst dann einen **persönlichen Wert**, wenn man mit ihm eine **Emotion oder eine Erinnerung** verbindet. Darum wirken gepostete Bilder vom Restaurantbesuch anderer seltsam auf einen unbeteiligten Betrachter. Die Teilnehmenden können dies jedoch vollkommen anders wahrnehmen, weil für sie die Fotos mit einem realen Erlebnis verknüpft sind. Eine „posthumane, algorithmische Autobiografie" (Z. 63 f.) liegt also nur dann vor, wenn man selbst nicht beteiligt ist. Für alle anderen können die automatisch dargestellten Erlebnisse einen **emotionalen und damit menschlichen Wert** haben.

Fazit

Einseitigkeit von Simanowskis Darstellung

Simanowskis Ausführungen im vorliegenden Textauszug stellen eine sehr **einseitige negative Sichtweise** auf die Thematik des (automatischen) Postens audiovisueller Inhalte dar. Auch wenn die Konsequenzen der Digitalisierung bisher noch nicht in allen Facetten erforscht sind, muss man anerkennen, dass Computer aller Art ebenso wie Algorithmen und die Sozialen Netzwerke aus unserer Gesellschaft nicht mehr wegzudenken sind. Neben den von Simanowski aufgezeigten Risiken bringt die **moderne Kommunikationstechnik auch viele Vorteile** mit sich. Die extreme Position, die in digitalen Medien ausschließlich positive Entwicklungstendenzen sieht, ist deshalb meines Erachtens genauso unzutreffend wie die gegenteilige Meinung, Computer möglichst wenig zu verwenden. Der Königsweg liegt vermutlich – wie bei so vielen Dingen – in der Mitte. Es ist wichtig, die **Vorteile** neuer digitaler Möglichkeiten zu **nutzen** und sich gleichzeitig der damit einhergehenden **Gefahren bewusst zu sein**.

differenziertes Urteil über Soziale Medien

Grund- und Leistungskurs Deutsch (Sachsen):
Abiturprüfung 2023

Um Ihnen die Prüfung 2023 schnellstmöglich zur Verfügung stellen zu können, bringen wir sie in digitaler Form heraus.

Sobald die Original-Prüfungsaufgaben 2023 freigegeben sind, können sie als PDF auf der Plattform **MyStark** heruntergeladen werden (Zugangscode vgl. Umschlaginnenseite des Buches).

Aktuelle Prüfung

www.stark-verlag.de/mystark